대혜도경종요 외
大慧度經宗要 外

동국대학교 불교기록문화유산아카이브사업단(ABC)
본서는 문화체육관광부 지원으로 동국대학교 불교학술원에서 간행하였습니다.

한글본 한국불교전서 신라 19
대혜도경종요 외

2017년 10월 10일 초판 1쇄 인쇄
2017년 10월 20일 초판 1쇄 발행

지은이 원효
옮긴이 성재헌·이기운·최원섭·이정희
펴낸이 한태식
펴낸곳 동국대학교출판부

주소 04620 서울시 중구 필동로 1길 30
전화 02-2260-3483~4
팩스 02-2268-7851
Homepage http://www.dgpress.co.kr
E-mail book@dongguk.edu
출판등록 제2-163(1973. 6. 28)
편집디자인 나라연
인쇄처 보명C&I

© 2017, 동국대학교(불교학술원)

ISBN 978-89-7801-592-9 93220

값 15,000원

이 책의 무단 전재나 복제 행위는 저작권법 제98조에 따라 처벌받게 됩니다.

한글본 한국불교전서 신라 19

대혜도경종요大慧度經宗要
법화종요法華宗要
화엄경소 제3권花嚴經疏 卷第三
십문화쟁론十門和諍論

원효元曉
성재헌·이기운·최원섭·이정희 옮김

동국대학교출판부

차례

대혜도경종요 大慧度經宗要

대혜도경종요 大慧度經宗要 해제 9
대혜도경종요 大慧度經宗要 24

법화종요 法華宗要

법화종요 法華宗要 해제 91
법화종요 法華宗要 106

화엄경소 花嚴經疏 제3권

화엄경소 華嚴經疏 해제 169
진역晋譯『화엄경소 華嚴經疏』서序 177
화엄경소 제3권 花嚴經疏 卷第三 182

십문화쟁론 十門和諍論

십문화쟁론 十門和諍論 해제 207
십문화쟁론 十門和諍論 224

찾아보기 / 245

대혜도경*종요
大慧度經宗要**

석원효 지음 釋元曉撰
성재헌 옮김

---

* 『대혜도경大慧度經』: ⓢ Mahā-prajñāpāramitā-sūtra. 현장玄奘이 한역한 『대반야바라밀다경大般若波羅蜜多經』 600권이 완역본이며, 이외에도 다수의 별역이 존재한다. 그 가운데 대표적인 것이 후진後秦의 구마라집鳩摩羅什이 한역한 『마하반야바라밀다경摩訶般若波羅蜜經』 27권이다. 이것은 현장이 한역한 『대반야바라밀다경』의 제4분에 해당하며, 범문 2만 5천 송 반야가 여기에 해당한다. 이를 『대품반야경大品般若經』・『신대품경新大品經』・『대품경大品經』・『마하반야경摩訶般若經』으로 부르기도 한다. 또한 『대품반야경』의 동본이역으로 『광찬반야경光讚般若經』 10권・『방광반야경放光般若經』 20권이 있으며, 용수보살龍樹菩薩이 지은 『대지도론大智度論』 100권 역시 이 경에 대한 해석서이다.

** ㉾『속장경』 제1편 38투套 2책冊에 수록된 것을 저본으로 삼았다.

대혜도경종요大慧度經宗要 해제

김 주 경
서울대학교 철학사상연구소 객원연구원

1. 개요

한국 불교를 대표하는 신라 시대 학승인 원효元曉(617~686)가 구마라집鳩摩羅什이 번역한 『마하반야바라밀경摩訶般若波羅蜜經』의 핵심 내용을 특유의 방식으로 제목을 세우고(立題) 논지를 펴 나간 저술이다. 『한국불교전서』 제1책(동국대학교출판부, 1988)에 수록되어 있다.

2. 저자

원효의 일대기를 적은 「고선사서당화상비高仙寺誓幢和上碑」는 일부가 파손된 채 몇 조각의 단편만 전해지고 있다. 원효의 생애는 비문 이외에 다른 몇 가지 자료를 통해 대략적으로 파악할 수 있다. 현재 부분적으로나마 생애를 알 수 있는 주요 자료로는 『삼국유사』 권4 「원효불기元曉不羈」, 『송고승전』 권4 「당신라국황룡사원효전唐新羅國黃龍寺元曉傳」, 「당신라국의

상전唐新羅國義湘傳」, 『동사열전東師列傳』 권1 「원효국사전」 등이 있다.

원효는 진평왕 39년(617)에 태어났다. 속성은 설薛씨이며, 조부는 잉피공仍皮公 또는 적대공赤大公, 아버지는 담날내말談捺乃末(내말은 관직 이름)이다. 원효라는 이름은 스스로 부른 것으로 '불교를 처음으로 빛나게 하였다.'라는 뜻이고, 당시의 사람들은 그 고장의 말로 그를 '새벽(始旦)'이라고 불렀다고 한다.

원효의 출가 시기는 명확하지 않지만 대략 15세 전후의 나이에 출가하였다고 한다. 일정하게 정해진 스승을 모시지는 않고 여러 스승에게서 배웠다. 수많은 저술에서 다루고 있는 해박한 내용으로 보아 당시 중국에서 유행하고 있던 여러 불교 사상을 다양한 경로를 통해서 배웠음도 알 수 있다. 원효는 젊은 시절에 당시의 고승 낭지朗智에게 『법화경』을 배웠으며, 여러 경전의 소疏를 지으면서는 혜공惠空에게 의심나는 것을 묻기도 하였다. 또한 의상과 함께 보덕普德에게도 『열반경』과 『유마경』을 배웠다.

원효의 수학修學을 설명하면서 빼놓을 수 없는 사건 중의 하나가 의상義湘(625~702)과 함께 두 차례나 당나라로 유학을 떠나려고 했던 일이다. 현장玄奘(602~664) 스님의 신유식학新唯識學을 공부하려고 했던 원효는 중간에 유학하려는 마음을 그만두고 되돌아오게 된다. 이때 마음을 바꾼 계기가 된 것이 바로 스님의 오도悟道였다.

당나라로 가는 길에 갑자기 궂은비를 만나서 마침 길가의 토굴 사이에서 비바람을 피했다. 이튿날 아침에 보니 그곳은 오래된 무덤인데다 해골까지 옆에 있었다. 그러나 그날도 떠나지 못하고 하룻밤을 더 묵게 되었다. 전날은 편안히 잠을 잘 수 있었으나 이날은 무덤이라는 생각에 편히 잠을 이룰 수 없었다. 이때 원효는 "마음이 생하므로 갖가지 법이 생하고 마음이 멸하므로 토굴과 무덤이 둘이 아니다.(心生故種種法生 心滅故龕墳不二)"라는 깨달음을 얻는다. 깨달음을 얻은 원효는 의상에게 "마음 밖에 법이 없는데 어찌 따로 구할 필요가 있겠는가. 나는 당나라로 가지 않으리라.(心外無法。故用別求。我不入唐。)"라고 말하고는 신라로 되돌아온다. 이후 한동안 저술 활동에 골몰했던 것으로 보인다.

원효는 요석궁 공주와의 인연을 계기로 스스로 소성거사小姓居士라고 칭하고, 이후 대중 교화 활동에도 상당한 힘을 기울였던 것으로 보인다. 원효는 무애박을 두드리고 '일체무애인一切無碍人 일도출생사一道出生死'라는 무애가를 부르며 무애무를 추면서 걸림 없이 교화하였다. 이러한 원효의 교화 덕분에 민중들까지 부처님 명호를 알고 '나무(南無)'를 칭하게 되었다.

이처럼 저술 및 대중 교화 활동에 전념하던 원효는 686년 3월 혈사穴寺에서 70세를 일기로 입적하였으며, 아들인 설총이 유해를 빻아서 소상을 만들고 늘 주석하였던 분황사에 봉안하였다. 입적 후 100여 년이 지난 애장왕 대(800~808)에 스님의 손자 설중업과 각간 김언승(후대 헌덕왕) 등이 중심이 되어 「고선사서당화상비高仙寺誓幢和上碑」가 세워졌으며, 1101년 8월에 고려의 숙종은 화쟁국사和諍國師라는 시호를 추증하였다.

3. 서지 사항

『대혜도경종요』에 대한 가장 오래된 기록은 1094년 일본의 영초永超가 여러 고승들이 저술한 논論·소疏·주註·기記 등의 목록을 편집한 『동역전등목록東域傳燈目錄』에서 찾아볼 수 있다. 그중 「홍경록弘經錄」 제1 반야부에 '대혜도경종요 1권(『대정장』 55권, p.1148 상)'이라 되어 있고, '원효찬元曉撰 의대품등依大品等'이라고 주註를 달아 놓았다. 또 같은 곳 아래에 '대혜도경종요大慧度經宗要 1권一卷, 원효찬元曉撰, 의고록依古錄'이라 되어 있는데, 중복하여 기술하지만 같은 저술일 것이다. 고려의 의천이 1090년에 편집한 『신편제종교장총록新編諸宗教藏總錄』에는 이 저술에 대한 기록이 보이지 않으며, 여타 다른 판본으로는 현전하지 않는 점 등으로 보아 우리나라에서는 일찍이 산실되었던 것으로 추정된다. 『대일본속장경』 제1편 38투 2책에 수록되어 전해지게 되었고, 『대정신수대장경』 33권과 『한국불교전서』 제1책 수록본의 저본이 되었다.

『대혜도경종요』를 전체적인 내용의 구성과 문장의 서술 방식, 경經·논論을 인용하는 태도 등에 근거하여 판단할 때, 서사·간행·유통 등의 과정에서 어느 정도 변형이 있었겠지만, 원효가 저술했다는 것은 분명하다.

원효가 『대혜도경종요』에서 대상으로 삼은 경전이 구체적으로 어떤 『반야경』인가 하는 것은 다소 애매한 문제이다. 이러한 애매함은 먼저 반야사상 계통의 경전이 여러 차례에 걸쳐 한역되면서 수많은 이역본異譯本들이 출현하여 경전 자체의 고유성이 상당히 상실되었다는 점에 기인한다. 원효 당시의 대표적인 『반야경』이라면 무엇보다도 구마라집이 404년에 번역한 『마하반야바라밀경』 27권을 거론할 수 있다. 흔히 『대품반야경』이라고 일컫는 이 경은 이에 대한 용수의 주석서인 『대지도론』과 함께 현재까지도 반야사상을 대표하는 경과 논으로 자리 잡아 왔다. 그런데 원효는 본 저술의 대의 마지막 부분에서 "이 경은 600권이고 16분으로 구성되어 있다. 앞쪽 400권을 초분初分으로 삼고 있는데, 초분에 78품이 있고 그 가운데 가장 앞에서 경이 시작된 인연을 밝혔다. 따라서 「초분연기품제일初分緣起品第一」이라 하였다."라고 말하고 있다. 이에 따르면 본 저술의 텍스트는 당의 현장이 번역한 『대반야바라밀다경』 600권임이 분명하다. 또한 원효는 경의 종지를 드러내는 부분 중 실상반야의 특징을 밝히면서 『대반야바라밀다경』 578권 제10회(『대정장』 7권, p.99 중) 「반야이취분般若理趣分」의 문장을 매우 정확하게 인용하고 있다. 본 저술이 전해지는 과정에 설사 많은 첨삭이 가해졌다고 하더라도, 이 「반야이취분」의 인용은 서술의 맥락상 매우 중요한 의미를 차지하는 부분이므로 원효가 현장이 번역한 『대반야바라밀다경』을 참고하였다는 것은 확실하다. 그러나 본 저술의 내용에 입각해 보면, 원효는 주로 『대지도론』과 『대품반야경』에 의거하여 논지를 전개하고 있다. 그러므로 우리는 원효가 『대혜도경종요』를 저술하면서 어떤 특정 텍스트에 의거하기보다는 반야사상 전체를 논의의 대상으로 삼고 있음을 알 수 있다.

현장이 660년에 『대반야바라밀다경』의 번역에 착수하여 663년에 완역했고, 이것이 신라에 전해지는 경과기간을 참작한다면, 『대혜도경종요』는 원효의 저술 가운데 후기에 속하는 것이라고 볼 수 있다. 본 저술에 인용된 경론은 『대지도론』을 중심으로 하여 『대품반야경』과 『대반야바라밀다경』, 그 외에 『유가사지론』·『섭대승론』·『불성론』·『보성론』·『광백론廣百論』·『화엄경』·『해심밀경』·『법화경』·『인왕경』·『금광명경』 등이다. 이와 같이 폭넓은 경전의 인용을 통해서 우리는 원효가 반야공관을 불교의 전체적인 이론 체계 속에서 자리매김하고자 하였음을 알 수 있다.

4. 구조와 내용

1) 『대혜도경종요』의 전개 구조

원효의 종요宗要는 나름의 체계 속에서 여러 경전의 핵심 내용을 집약해서 밝힌 것으로, 『대혜도경종요』에서는 『대혜도경』, 즉 『반야경』 사상의 핵심 내용을 원효의 방식으로 크게 육문六門으로 입제立題하고 논지를 펴 나가고 있다. 『대혜도경종요』의 서술 특성상, 완비된 과문을 도출할 수는 없지만, 최대한 본문의 내용에 의거해 과도를 그려 보면 다음과 같다. 역주자가 이미 차례의 형태로 시도하였는데, 여기에 조금 더 부연했다.

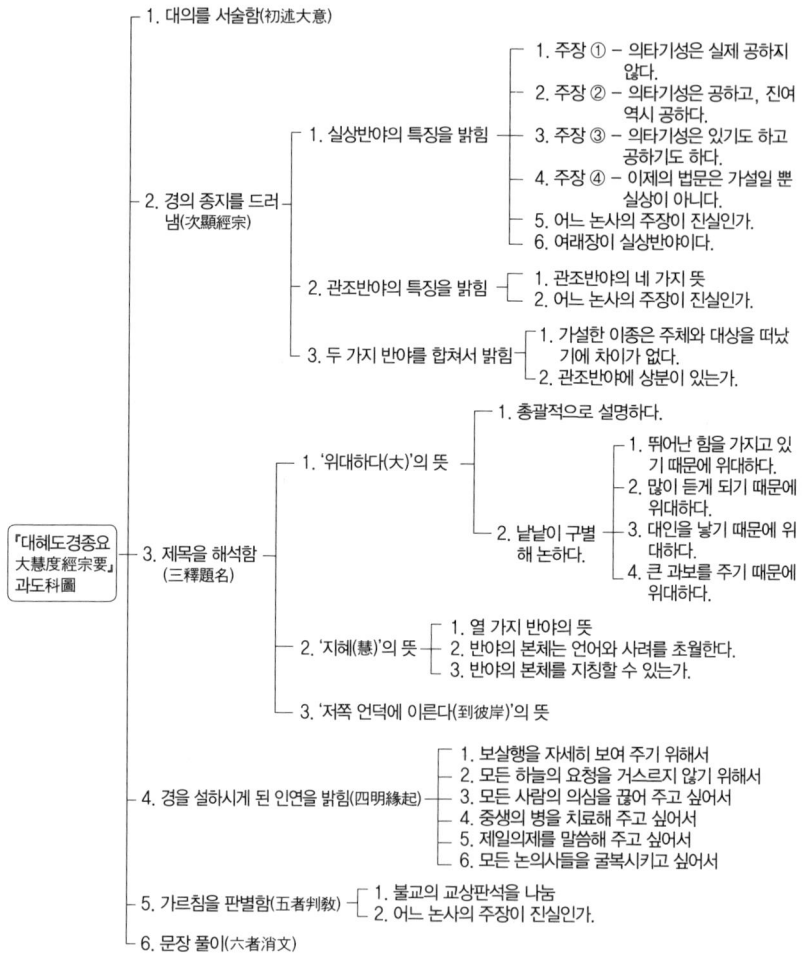

2) 육문六門의 내용

(1) 대의를 서술함(初述大意)

여기에서는 원효 특유의 거듭된 부정에 의한 연쇄적 논리 전개를 통하여, "반야가 지극한 길(至道)이라지만 길도 길 아님도 없고, 지극함도 지극하지 않음도 없다."라고 말하고 있다. 또 마하반야바라밀摩訶般若波羅蜜의 어의를 설명하면서, 이를 '대혜도大慧度'라고 번역하였다. 아는 것이 없고 알지 못하는 것도 없기 때문에 '지혜'라 하고, 도달할 곳이 없기 때문에 도달하지 못할 곳도 없기에 '건너간다(度)'고 한다고 하였다. 이처럼 반야바라밀은 하지 못하는 것이 없어서 '위없는 큰 사람(無上大人)'을 낳을 수 있고, 가없는 큰 과보를 드러낼 수 있다. 이런 뜻 때문에 '대혜도'라 한다는 것이다. 『반야경』은 반야를 종지로 삼나니, 설함도 없고 보여 줌도 없으며 들음도 없고 얻음도 없으면서 온갖 희론戲論을 끊는 격언格言으로서 "보여 주는 것이 없기 때문에 보여 주지 않는 것도 없고, 얻는 것이 없기 때문에 얻지 못하는 것도 없다."고 한다.

(2) 경의 종지를 드러냄(次顯經宗)

반야에 대한 원효의 해석이 잘 나타나 있는 부분으로 그는 반야를 문자반야(文字般若)·실상반야(實相般若)·관조반야(觀照般若)의 3종으로 나누어 문자를 가르침을 나타내는 표현(能詮敎)이라 하고, 실상반야와 관조반야의 두 가지를 그 표현의 대상인 의미(所詮旨)로 정의한다. 이에 따라 원효는 문자반야에 대한 설명을 생략하고, ① 실상반야, ② 관조반야, ③ 합명이종반야合明二種般若의 순서로 반야를 해석하고 있다. 원효의 다른 저술인 『열반종요』에서도 "『대반야경』은 3종 반야를 종지宗旨로 삼는다."고 말하고 있으나, 이에 대한 구체적인 설명은 보이지 않고 있다. 본 저술의 '경의 종지를 드러냄'에서 3종 반야에 대해 구체적으로 설명하되, 아울러 여러 종파들의 각기 다른 이론들을 수용하여 보다 다각적으로 반야를 해석함으로써 그 의미 영역을 확장시키고 있다.

(3) 제목을 해석함(三釋題名)

『대지도론』의 설명대로 '마하摩訶'·'반야般若'·'바라밀波羅蜜'을 각각 '위대하다(大)'·'지혜(慧)'·'저쪽 언덕에 이른다(到彼岸)'로 번역하여 설명한다.
'위대하다(大)'를 설명함에 총괄적으로 설명함(總言)과 낱낱이 구별해 논함(別論)으로 나누어 의미를 풀이하고 있다.

다음으로 '지혜(慧)' 역시 『대지도론』에 근거하여 다음의 열 가지 의미로 설명하고 있다. ① 완전히 이해한다. ② 앎이 없다. ③ 파괴한다. ④ 파괴하지 않는다. ⑤ 멀리 벗어난다. ⑥ 벗어나지 않는다. ⑦ 벗어남이 없고 벗어나지 않음도 없다. ⑧ 파괴함도 없고 파괴하지 않음도 없다. ⑨ 앎이 없고 알지 못함도 없다. ⑩ 뜻도 없고 뜻이 아닌 것도 없다. 이어서 문답을 통해 반야의 본체는 언어를 여의고 생각을 뛰어넘는 것이라고 하면서, '그럼에도 불구하고 반야의 본체를 지칭할 수 있는가'라는 문제를 진리의 본체에 대하여 부정하는 표현(遮詮)과 긍정하는 표현으로 설명하고 있다.

'저쪽 언덕에 이른다(到彼岸)' 또한 다음의 다섯 가지 의미로 풀이하고 있다. ① 생사의 이쪽 언덕에서 열반의 저쪽 언덕에 이른다. ② 모습이 있는 이쪽 언덕에서 모습이 없는 저쪽 언덕에 이른다. ③ 가득 차지 않은 지혜인 이쪽 언덕에서 구경의 지혜인 저쪽 언덕에 이른다. ④ 이쪽저쪽 언덕이 있다는 것에서 저쪽이쪽 언덕이 없다는 것에 이른다.

(4) 경을 설하시게 된 인연을 밝힘(四明緣起)

『대지도론』에 의거하여 부처님이 이 경을 설하신 인연을 ① 보살행을 자세히 보여 주기 위해서, ② 모든 하늘의 요청을 거스르지 않기 위해서, ③ 모든 사람의 의심을 끊어 주고 싶어서, ④ 중생의 병을 치료해 주고 싶어서, ⑤ 제일의제(第一義諦)를 말씀해 주고 싶어서, ⑥ 모든 논의사들을 굴복시키고 싶어서 등의 여섯 가지로 나누어 설명한다. 특히 이 중 '⑤ 제일의제를 말씀해 주고 싶어서'를 설명하면서 원효는 『대지도론』의 4종 실단설(悉檀說)을 인용하고 있다.

(5) 가르침을 판별함(五者判敎)

교판에서는 『반야경』의 가르침에 대한 두 가지 교상판석을 제시하고 있다. 먼저 돈頓·점漸 이교로 나누고 다시 점교 안에서 사제교四諦敎·무상교無相敎·억양교抑揚敎·일승교一乘敎·상주교常住敎의 오시를 두어 반야교를 점교 안의 무상교에 속한다고 하는 성실논사의 이교오시의 교판을 제시한다. 이어서 『해심밀경』에 의거하여 사제상법륜四諦相法輪·은밀상법륜隱密相法輪·현료상법륜顯了相法輪의 3종 법륜 가운데 반야교는 일체개공一切皆空 무자성無自性을 종지로 하는 제2 은밀상법륜에 해당한다는 유식논사의 삼시교판을 제시한다. 이와 같은 교판설에 대해 원효는 『대지도론』·『대품반야경』·『화엄경』 등의 문헌에 근거하여 이러한 교판이 가르침의 내용을 한정하는 규정적인 것이 아님을 밝히고 있다. 반야교에 대한 원효의 교판을 통해서, 반야공관의 의미를 불교의 총체적인 이론 체계 속에서 파악하고 있음을 알 수 있다.

(6) 문장 풀이(六者消文)

이 부분은 제목만 세우고(立題), 내용은 생략되어 있다. 역주자는 각주에서 "필사자가 원문을 누락시킨 것으로 추측된다."고만 하였는데, 누락 이유가 당시 관행적으로 현담 부분과 경문 풀이인 수문해석 부분을 별행으로 편집해 유통시킨 데 기인한다고 보아도 될 것 같다.

동아시아 주석 전통 속에서, 정치적 통일에 의해 다양한 학풍이 종합·통일되었던 수隋 대부터 한역 경전의 경서經序에서 다루기 시작한 내용의 비중이 커졌다. 태생적으로 경전 제목을 풀이하는(釋名) 본질적 임무 외에도, 경의 종요宗要를 명확히 하여(明宗) 여러 경전 간에 지위를 정하는(判敎) 등 현담류가 나올 수 있는 토양이 완성되어 갔다. 현담 부분의 비중과 분량이 늘어가게 되자, 경문 해석 부분과 분리되기도 하였다. 저자가 애초부터 별행으로 집필하기도 했고, 조판·유통 과정에서 별도 편집되기도 했던 것 같다.

『대혜도경종요』는 애초에 현담 부분인 '종요'와 경문 풀이 부분을 합쳐 6문으로 입제하여 저술되었지만, 필사·조판·유통의 편의상 별행으로 편집되었고, 별도로 편집된 경문 풀이 부분이 유통 과정에서 산실되었을 것이다.

5. 가치

동아시아 불교를 이끌었던 중국불교의 중심에는 역경譯經의 역사와 석경釋經의 역사가 있다. 석경의 역사라 함은 흔히 주소류라 하는 주석서들의 전개와 발전을 그 내용으로 한다. 그 석경의 역사의 한 축을 원효를 비롯한 한국의 불교학자들이 담당하였고, 중국의 불교학자들과 영향을 주고받으면서 동아시아의 주석 전통을 수립해 나갔다. 동아시아의 주석서에서는 한역경전의 경서經序에서 출발하여 해제 역할을 하며 문헌적인 정보를 제공했던 부분이, 교판에 기반한 철학적인 논구로까지 확장되었다. 그 분량이 방대해짐에 따라 소문疏文과 분리되며 별행別行되었다. 길장吉藏의 유의遊意·현론玄論, 지의智顗의 현의玄義 등은 저술 당시 별행으로 기획하였던 것 같고, 화엄가들을 포함한 학자들은 소문을 포함한 10문으로 구성하여 집필하였으며, 판각 과정에서 별행으로 유통되었던 것 같다. 이들을 일반적으로 통칭하여 현담류라고 부르는데, 원효는 '종요'라고 명명하고, 다양한 경전에 관해 저술하면서 독자적인 불교학을 정립하였던 것으로 보인다.

원효는 『대혜도경종요』를 비롯하여 많은 종요들을 저술하였는데, 산실된 그의 저술 목록과 비교·분석해 보면 주석 경전들이 불교학 전반에 걸쳐 있음을 알 수 있다. 당시 중국 불교학계에서 연구되었던 불교사상 중

밀교 계통을 제외한 대승경전 대부분에 대해 주석하고 있다. 반야·삼론·열반·여래장·법화·천태·계율·정토·유식·화엄·인명 등을 망라하고 있다. 원효는 당시까지 동아시아에서 유통되었던 대부분의 대승불교 경론과 사상적 조류에 관심을 갖고 연구했던 것으로 파악된다. 대략 원효의 경전 주석서들은 종요宗要, 소疏, 기記, 요간料簡 등의 형식으로 나누어 저술하였다. 원효의 경전 주석 방식은 당시 국제적인 흐름에 맞춰 단순한 경문해석뿐만 아니라, 자신의 불교학 체계에 입각한 경전의 해제와 다른 불교학자들의 학설을 분석하여 핵심을 가려내는 주석서들을 함께 저술했었음을 알 수 있다.

현존하는 종요들을 살펴보면 『대혜도경종요』처럼 경문을 따라 가며 풀이하는 소문 부분이 입제만 되고 생략되어 있는 경우도 있고, 아예 입제도 안 되어 있는 경우도 있다. 이는 필사·판각·유통 과정에서 전적의 성격에 따라 분리시킨 것이 아닌가 생각된다. 『대혜도경종요』와 연관되는 전적은 목록에서 보이지 않기 때문에 어떠한 추측도 할 수 없다. 다만 『무량수경종요』도 『대혜도경종요』와 마찬가지로 경문 해석 부분인 '4. 취문해석就文解釋'을 입제만 해 두고 내용은 생략되어 있는데, 산실된 『무량수경소』가 그 생략된 부분이 아닌가 조심스럽게 추측해 본다. 『열반종요』의 경우는 경문 해석 부분이 제목조차 포함되지 않은 것으로 보아, 원효가 저술할 때부터 산실된 『열반경소』 5권과 함께 기획하여 별행으로 저술했다고 생각된다. 또한 『불설아미타경소』처럼 분량이 적은 경전의 경우에는 굳이 종요와 소문을 분리하지 않고, '1. 대의大意, 2. 석경종치釋經宗致, 3. 입문석入文釋'으로 입제하여 함께 주석하고 있다.

『대혜도경종요』에서 대상으로 삼은 경전은 『반야경』이다. 당시 일반적이면서 독보적인 구마라집 번역본에만 머물지 않고, 최신 번역본인 현장의 『대반야바라밀다경』을 참고하였다. 불교학 전반에 걸쳐 폭넓은 관심을 기울였을 뿐만 아니라 최신 학문 동향도 놓치지 않았던 원효는, 오늘날

학자들에게 시사하는 바가 참으로 크다.

6. 참고 문헌

『한국불교전서』 1책, 동국대학교출판부, 1979.

해주 외 역주, 『정선 원효』, 대한불교조계종 한국전통사상서 간행위원회, 2009.

橫超慧日, 「釋經史考」, 『支那仏敎史学』 第一卷·第一號, 支那仏敎史学会編, 1937.

동국대학교 불교문화연구소 편, 『한국불교찬술문헌총록』, 동국대학교출판부, 1976.

유승주, 「원효의 반야공관과 중도론에 대한 연구」(석사학위청구논문), 1993.

김주경, 「중국 주석 전통 속에서 본 천태 오중현의」, 『불교학연구』 41, 2014.

차례

대혜도경종요大慧度經宗要 해제 / 9
일러두기 / 23

제1편 대의를 서술함......... 25

제2편 경의 종지를 드러냄......... 29
 제1장 실상반야의 특징을 밝힘......... 29
 제2장 관조반야의 특징을 밝힘......... 39
 제3장 두 가지 반야를 합쳐서 밝힘......... 45

제3편 제목을 해석함......... 49
 제1장 '위대하다(大)'의 뜻......... 49
 제2장 '지혜(慧)'의 뜻......... 56
 제3장 '저쪽 언덕에 이른다(到彼岸)'의 뜻......... 62

제4편 경을 설하시게 된 인연을 밝힘......... 65
 제1장 보살행을 자세히 보여 주기 위해서......... 66
 제2장 모든 하늘의 요청을 거스르지 않기 위해서......... 67
 제3장 모든 사람의 의심을 끊어 주고 싶어서......... 67
 제4장 중생의 병을 치료해 주고 싶어서......... 69
 제5장 제일의제를 말씀해 주고 싶어서......... 69
 제6장 모든 논의사들을 굴복시키고 싶어서......... 75

제5편 가르침을 판별함......... 77

제6편 문장 풀이......... 87

일러두기

1 '한글본 한국불교전서'는 문화체육관광부의 지원을 받아 동국대학교 불교학술원에서 수행하고 있는 '불교기록문화유산아카이브(ABC)사업'의 결과물을 출간한 것이다.
2 이 책은 『한국불교전서』(동국대학교출판부 간행) 제1책에 수록된 「대혜도경종요大慧度經宗要」를 저본으로 번역하였다.
3 번역문에 이어 원문을 병기하고 간단한 표점 부호를 삽입하였다.
4 원문의 교감 사항은 번역문의 각주와 별도로 원문 아래 부분에 제시하였다.
    ㉠은 『한국불교전서』 편찬자가 교감한 내용이다.
    ㉡은 번역자가 교감한 내용이다.
5 약물은 다음과 같다.
    『 』: 경명
    「 」: 분 또는 품명
    T: 『대정신수대장경大正新脩大藏經』
    Ⓢ: 산스크리트어

이 경을 여섯 문단으로 나누어 설명하겠다. 제일 먼저 대의를 서술하고, 다음은 경의 종지를 드러내고, 세 번째로 제목을 해석하고, 네 번째로 (경을 설하시게 된) 인연을 밝히고, 다섯 번째로 전체 가르침 중 어디에 해당하는지를 밝히고, 여섯 번째로 문장을 풀이하겠다.

將說此經。六門分別。初述大意。次顯經宗。三釋題名。四明緣起。五者判教。六者消文。

제1편 대의를 서술함

　제일 먼저 대의를 서술한다. 무릇 반야(波若)[1]가 지극한 길이라지만 길도 길 아님도 없고, 지극함도 지극하지 않음도 없다. 말쑥하여라, 고요하지 않은 것이 없구나. 태연하여라, 씻어 버리지 못하는 것이 없도다. 이로써 참된 모양(實相)은 (정해진) 모양이 없기 때문에 (그) 모양이 아니라 할 것이 없고, 참된 비춤(眞照)은 밝힘이 없기 때문에 밝히지 못함도 없다는 것을 알겠다.
　밝힘이 없고 밝히지 못함도 없다면 누가 어리석음의 어둠을 없애고 지혜의 밝음을 얻겠는가? 모양이 없고 (그) 모양이 아닌 것도 없다면 어찌 가설된 명칭을 파괴하고 참된 모양을 설명하겠는가? 그렇다면 가설된 명칭과 허망한 모양이 참된 성품 아닌 것이 없지만 네 가지 변재(四辯)[2]로도 그 모양을 설명할 수 없으니, 실상반야實相般若란 그윽하고 또 그윽한 것이도다. 탐욕의 물듦과 어리석음의 어둠이 모두 지혜의 밝음이지만 다섯 가지 눈(五眼)[3]으로도 그 비춤을 발견할 수 없나니, 관조반야觀照般若란 덜

1　반야(波若) : ⓢ prajñā. 반야般若·파야波若·반라야般羅若·발랄야鉢剌若 등으로 음역된다. 이 책에서도 음역어로 반야般若와 파야波若가 혼용되고 있다. 편의를 위해 한글음을 '반야'로 통일하여 번역하였다.
2　네 가지 변재(四辯) : 사무애지四無碍智·사무애변四無碍辯·사무애해四無碍解라고도 한다. 불보살의 걸림 없는 말솜씨를 뜻한다. 불보살은 법에 자유자재하고(法無碍辯), 뜻에 자유자재하고(義無碍), 표현에 자유자재하고(辭無碍), 즐겁게 이야기함에 자유자재하다(樂說無碍).
3　다섯 가지 눈(五眼) : 지혜의 성숙도에 따른 안목의 차이를 다섯 가지로 구분한 것으로서, 육안肉眼·천안天眼·혜안慧眼·법안法眼·불안佛眼을 말한다.

어 내고 또 덜어 내는 것이도다.

> 第一述大意者。夫波若爲至道也。無道非道。無至不至。蕭焉無所不寂。泰然無所不蕩。是知實相無相故。無所不相。眞照無明故。無不爲明。無明無不明者。誰滅癡闇而得慧明。無相無非相者。豈壞假名而說實相。斯則假名妄相無非眞性。而四辨不能說其相。實相般若。玄之又玄之也。貪染癡闇皆是慧明。而五眼不能見其照。觀照波若。損之又損之也。

지금 이 경은 반야를 종지로 삼나니, 설함도 없고 보여 줌도 없으며 들음도 없고 얻음도 없으면서 온갖 희론戲論을 끊는 격언格言이다. 보여 주는 것이 없기 때문에 보여 주지 않는 것도 없고, 얻는 것이 없기 때문에 얻지 못하는 것도 없다. (그래서) 육바라밀의 온갖 보살행이 여기에서 원만해지고, 다섯 가지 눈의 온갖 공덕이 이것으로부터 생성되니, 보살의 요긴한 곳간이요, 모든 부처님의 참된 어머니이시다.

이런 까닭에 위없는 법왕께서 이 경을 설하려 하시면서 반야를 존중해 친히 스스로 자리를 펴시자 하늘이 네 가지 꽃(四華)[4]을 비처럼 뿌려 공양하였고, 대지가 여섯 종류로 진동하여 놀라고 기쁘게 하였으며, 시방의 대사大士[5]들이 가장 변방에 계시던 분들까지 멀리서 찾아오시고, 두 세계의 모든 하늘이 높은 곳에서 광명을 비추면서 멀리서 내려왔으며,[6] 상제常啼

---

[4] 네 가지 꽃(四華) : 네 가지 색깔의 연꽃으로서, 청련화靑蓮花·적련화赤蓮花·백련화白蓮花·홍련화紅蓮花를 말한다.

[5] 대사大士 : Ⓢ mahāsattva. 보살의 미칭.

[6] 두 세계의~멀리서 내려왔으며 : 두 세계는 욕계와 색계를 말한다. 『摩訶般若波羅蜜經』권1(T8, 218a)에서 "그때 수타회천首陀會天, 범중천梵衆天, 타화자재천他化自在天, 화락천化樂天, 도솔타천兜率陀天, 야마천夜摩天, 삼십삼천三十三天, 사천왕천四天王天 및 삼천대천세계의 사람과 사람 아닌 것들이 온갖 하늘나라 꽃과 하늘나라 영락과 하늘나라 연못의 향수와 하늘나라 가루 향과 하늘나라의 파란 연꽃, 빨간 연꽃, 하얀 연꽃, 분홍 연꽃과 하늘나라의 향기로운 나뭇잎을 가지고 부처님 처소로 찾아왔다."고 하였다.

가 7년 동안 서 있으면서 골수가 부러지는 것도 돌아보지 않고,[7] 하천河天이 한자리에서 그것을 듣고 곧바로 보리를 성취하리라는 수기를 얻었던 것이다.[8]

나아가 요임금이나 순임금 같은 분들은 온 천하를 뒤덮었고, 주공이나 공자 같은 분들은 뭇 신선들의 으뜸이시다. 하지만 (그런 분들조차) 오히려 여러 하늘이 가르침을 베풀면 감히 하늘의 법칙을 거스르지 않았다. 이제 우리 법왕의 참된 경전인 『마하반야바라밀경』을 모든 하늘이 받들고 우러러 믿으면서 감히 부처님의 가르침을 어기지 않고 있다. 이로써 추론해 보면 그들[9]과는 거리가 아득하니, 어찌 같은 태양 아래에서 함께 논의할 수 있으랴! 이 경전은 네 구절의 게송만 믿고 배워도 그 복이 허공보다 드넓어 갠지스의 모래알 수만큼 몸과 목숨을 바친다 해도 (그 공덕을) 비유할 수 없으며, 비방하는 생각을 한 번만 일으켜도 그 죄가 오역죄五逆罪보다 무거워 천겁의 세월을 무간지옥에 떨어진다 해도 오히려 갚을 수 없는 것이다.

今是經者。波若爲宗。無說無示。無聞無得。絶諸戱論之格言也。無所示故。無所不示。無所得故。無所不得。六度萬行。於之圓滿。五眼萬德。從是生成。菩薩之要藏也。諸佛之眞母也。所以無上法王。將說是經。尊重波若。親自敷坐。天雨四華以供養。地動六變而警喜。十方大士。最在邊而遠來。二界諸天。下高光而邇至。常啼七歲立之。不顧骨髓之摧。河天一座聞之。

---

[7] 상제常啼가 7년~돌아보지 않고 : 상제常啼(S Sadāprarudita)는 살타파륜薩陀波崙으로 음역하기도 한다. 담무갈보살曇無竭菩薩이 삼매에서 깨어나 반야바라밀을 설하길 기다리면서 상제보살이 7년 동안 앉거나 눕지 않고 서 있었다는 이야기가 『摩訶般若波羅蜜經』「常啼品」과 「法尙品」에 나온다.

[8] 하천河天이 한자리에서~얻었던 것이다 : 하천河天은 갠지스의 여신을 말하며, 항가제바恒伽提婆로 음역하기도 한다. 갠지스의 여신이 법좌에 단 한 번 참석하고는 곧바로 수기를 받은 이야기가 『摩訶般若波羅蜜經』 권18 「河天品」(T8, 349b)에 나온다.

[9] 그들 : 요·순·주공·공자를 비롯한 유교의 성현들을 지칭한다.

便得菩提之記。至如唐虞之蓋天下。周孔之冠群仙。而猶諸天設敎。不敢
逆於天則。今我法王。波若眞典。諸天奉而仰信。不敢違於佛敎。以此而推。
去彼遠矣。豈可同日。而論乎哉。爾乃信受四句。福廣虛空。捨恒沙之身命
所不能況。起謗一念。罪重五逆。墮千劫之無間。猶不能償者也。

'마하반야바라밀'이란 말은 모두 인도 말이니, 이 땅의 말로 옮기면 대혜도大慧度이다. 아는 것이 없고 알지 못하는 것도 없기 때문에 '지혜(慧)'라 하고, 도달할 곳이 없기 때문에 도달하지 못할 곳도 없기에 '건너간다(度)'고 한다. 이와 같기 때문에 하지 못하는 것이 없어서 위없이 큰 사람(無上大人)[10]을 낳을 수 있고, 가없이 큰 과보를 드러낼 수 있다. 이런 뜻 때문에 '대혜도'라 한다. '경經'이란 말은 영원하다(常)는 뜻이고, 법칙(法)이라는 뜻이다. 영원한 성품은 존재하지 않기 때문에 선대와 후대 성현들의 영원한 길이며, 법의 모양은 끝끝내 공하기 때문에 물결을 거슬러 근원으로 돌아가는 참된 법칙인 것이다.

이 경은 600권이고 16분으로 구성되어 있다. 앞부분 400권을 초분初分으로 삼고 있는데, 초분에 78품이 있고 그 가운데 맨 앞에서 경이 시작된 인연을 밝혔다. 따라서 '초분연기품제일初分緣起品第一'이라 하였다.

所言摩訶般若波羅蜜者。皆是彼語。此土譯之。云大慧度。由無所知。無所
不知。故名爲慧。無所到故。無所不到。乃名爲度。由如是故。無所不能。能
生無上大人。能顯無邊大果。以此義故。名大慧度。所言經者。常也法也。
常性無所有故。先賢後聖之常軌也。法相畢竟空故。反流歸源之眞則也。此
經六百。有十六分。在前四百以爲初分。初分之內有七十八品。於中在前明
起經之緣。故言初分緣起品第一。

---

10 위없이 큰 사람(無上大人) : 부처님을 뜻한다.

제2편 경의 종지를 드러냄

　두 번째로 경의 종지를 드러낸다. 이 경은 바로 반야로 으뜸을 삼는다. 통틀어 말하면 반야에 세 가지가 있으니, 첫째는 문자반야(文字波若)이고, 둘째는 실상반야(實相波若)이고, 셋째는 관조반야(觀照波若)이다. 지금 이 경은 뒤의 두 가지를 으뜸으로 삼는다. 왜 그런가. 문자는 단지 설명 도구인 가르침이기 때문이고, 뒤의 두 가지가 설명 내용인 뜻이기 때문이다. 이제 이 으뜸가는 뜻을 드러내기 위해 대략 세 문단으로 나누겠다. 첫째로 신상을 밝히고, 둘째로 판소를 밝히고, 셋째로 두 가지 반야를 합쳐서 밝히겠다.

> 第二顯經宗者。此經正以波若爲宗。通而言之。波若有三。一文字波若。二實相波若。三觀照波若。今此經者。後二爲宗。所以然者。文字但是能詮教故。後二是其所詮旨故。今欲顯是宗義。略作三門。一明實相。二明觀照。三者合明二種般若。

제1장 실상반야의 특징을 밝힘

　먼저 실상반야의 특징을 밝힌다. 모든 법의 참된 모양은 설명하는 사람마다 다르다.

初明實相般若相者。諸法實相。說者不同。

이런 주장이 있다.

의타기자성依他起自性[11]에 대한 변계소집자성遍計所執自性[12]은 드러낼 만한 것이 영원히 없다. 진여眞如가 바로 참된 모양이니, 의타기성依他起性은 실제 공하지 않기 때문이다. 『유가사지론』에서 "만약 명언훈습名言熏習[13]의 생각으로 만들어진 식識이 색色 등의 모양과 현상을 반연하여 색 등의 성품이라고 헤아렸다면, 마땅히 알라. 그런 성품은 실물實物로서 있는 것도 아니고, 승의勝義[14]로서 있는 것도 아니다. 이는 오직 변계소집자성일 뿐이니, 가설로서 있는 것임을 알아야 한다. 만약 명언훈습의 생각으로 만들어진 식을 버린다면, 그 색 등의 모양과 현상 같은 인연들은 언어적 설명을 벗어난 성품이다. 이 성품이 바로 실물로서 있는 것이고, 이것이 승의로서 있는 것임을 알아야 한다."[15]고 하고, 나아가 자세히 설명했기 때문이다.

---

11 의타기자성依他起自性 : ⓢ para-tantra-svabhāva. 의타기성依他起性이라고도 한다. 유식종唯識宗에서 건립한 삼성三性의 하나. 다른 연에 의지하여 발생한 일체 현상의 모든 법을 지칭한다. 이 의타기성은 유위법有爲法에 속한다. 100법 중 6무위六無爲를 제외한 94법이 모두 의타기성에 포섭된다.

12 변계소집자성遍計所執自性 : ⓢ parikalpita-svabhāva. 변계소집성遍計所執性이라고도 한다. 유식종에서 건립한 삼성의 하나. 범부가 망정妄情을 바탕으로 의타기성의 법을 두루 계착하여 "내가 실제로 존재하고, 만물이 실제로 존재한다."고 망령되게 집착하는 성품. 망령되게 집착하는 성품에서 나타난 현상들은 망정 속에서만 겨우 존재할 수 있고, 실제 이치에서는 존재하지 않는 것이다. 따라서 '망정에 사로잡혔을 때는 있지만 이치로는 없는 법(情有理無之法)'이라 칭한다.

13 명언훈습名言熏習 : 3종 습기의 하나로 명언종자名言種子·명언습기名言習氣·등류습기等流習氣라고 칭하기도 한다. 말과 문자의 영향으로 형성된 종자를 말한다.

14 승의勝義 : ⓢ paramārtha. 제일의 진실이라고도 한다. 세속의 반대말로서 최승진실의 도리인 열반, 진리를 뜻한다.

15 『유가사지론瑜伽師地論』 권74(T30, 708c).

有義。依他起自性上遍計所執自性。永無所顯。眞如是爲實相。依他起性。實不空故。瑜伽論云。若諸名言熏習之想所建立識。緣色等相事。計爲色等性。當知。此性非實物有。非勝義有。唯是遍計所執自性。當知假有。若遣名言熏習之想所建立識。如其色等相事緣。離言說性。當知此性。是實物有。是勝義有。乃至廣說故。

이렇게 주장하는 사람도 있다.

의타기성도 공하고, 진여 역시 공하다. 이와 같아야 비로소 모든 법의 참된 모양이다. 아래 (경의) 문장에서 "색色은 존재하는 것이 없으며, 얻을 수 없다. 수受·상想·행行·식識도 존재하는 것이 없으며, 얻을 수 없다. 나아가 법의 성품이나 진실한 세계 같은 것들도 존재하는 것이 없으며, 얻을 수 없다."[16]고 말한 것과 같다. 또 "(사리불이 물었다.) 모든 법의 참된 모양은 어떻게 있습니까? (세존께서 말씀하셨다.) 모든 법은 존재하지 않지만 이렇게 있다. 이런 사실을 알지 못하는 것을 무명이라 한다."[17]고 하고, 나아가 자세히 설명했기 때문이다.

或有說者。依他性空。眞如亦空。如是乃爲諸法實相。如下文言。色無所有不可得。受想行識無所有不可得。乃至如法性實際無所有不可得。又言。諸法實相云何有。諸法無所有如是有。是事不知。名爲無明。乃至廣說故。

이렇게 주장하는 사람도 있다.

의타기성은 있기도 하고 공하기도 하다. 세속제世俗諦로 보면 있고, 승의제勝義諦로 보면 공하기 때문이다. 그 공하다는 것이 곧 진여이니, 진여

---

16 『大般若波羅蜜多經』 권55(T5, 314c).
17 『摩訶般若波羅蜜經』 권3(T8, 238c).

는 공하지 않다. 이와 같은 것을 모든 법의 참된 모양이라 한다. 아래 (경의) 문장에서 "세속법에 따랐기 때문에 업보가 있다고 말했지만 제일의제에서는 업도 없고 과보도 없다."[18]고 말한 것과 같다. 『유가론』에서도 "승의에서 보면 승의마저도 없다."[19]고 했기 때문이다.

> 或有說者。依他起性。亦有亦空。世俗故有。勝義故空。空卽眞如。眞如不空。如是名爲諸法實相。如下文云。世俗法故。說有業報。第一義中。無業無報。瑜伽論云。於勝義上。更無勝義故。

이렇게 주장하는 사람도 있다.

(진제와 속제라는) 두 가지 진리의 법문은 가설일 뿐이지 (모든 법의) 참된 모양은 아니다. 진제도 아니고 속제도 아니고 있음도 아니고 공함도 아닌 이와 같은 것이라야 비로소 모든 법의 참된 모양이라 할 수 있다. 아래 (경의) 문장에서 "얻을 것이 있다는 것과 얻을 것이 없다는 것이 평등하니, 이것을 '얻을 것 없음(無所得)'이라 한다."[20]고 하고, 『대지도론』에서 "만약 전도顚倒가 조금이라도 실체가 있다면 제일의제 역시 실체가 있어야만 할 것이다."[21]라고 하였기 때문이다.

> 或有說者。二諦法門。但是假說。而非實相。非眞非俗。非有非空。如是乃名諸法實相。如下文云。有所得無所得平等。是名無所得。論云。若顚倒少許有實者。第一義諦。亦應有實故。

---

18 『摩訶般若波羅蜜經』 권7(T8, 271c). 취의 요약.
19 『瑜伽論』에서 인용하였다고 밝혔으나 확인할 수 없다. 『大乘掌珍論』 권하(T30, 274b)에서는 이를 상응논사相應論師의 주장으로 소개하고 있다.
20 『摩訶般若波羅蜜經』 권21(T8, 374a).
21 『大智度論』 권83(T25, 643a).

❓ 여러 논사들의 주장 가운데 어떤 것이 진실입니까?

❗ 여러 논사들의 주장이 모두 진실이다. 왜 그런가. 모두 성스러운 경전의 말씀으로서 서로 어긋나지 않기 때문이고, 모든 법의 참된 모양이 온갖 희론戱論을 끊어 도무지 그렇다 할 것이 없고 그렇지 않다 할 것도 없기 때문이다. 『석론釋論』[22]에서 하신 말씀과 같다.

일체가 진실이고, 일체가 진실이 아니며
나아가 일체가 진실이면서 또한 진실이 아니고
일체가 진실이 아니면서 진실이 아닌 것도 아니니
이것을 모든 법의 참된 모양이라 하네.[23]

問。諸師所說。何者爲實。答。諸師說皆實。所以然者。皆是聖典。不相違故。諸法實相。絶諸戱論。都無所然。無不然故。如釋論云。一切實一切非實。及一切實亦非實。一切非實非不實。是名諸法之實相。

이를 검토해 보겠다.

여기에서 말한 4구[24]가 바로 (모든 법의) 참된 모양이라면 그 차례와 마찬가지인 앞의 네 가지 주장도 허용된다. 집착을 떠나서 말하면 합당하지 않은 것이 없기 때문이다. 만약 집착을 가진 자가 말씀 그대로를 취한다면 파괴되지 않는 것이 없을 것이다. 따라서 참된 모양이 아니다. 4구를 벗어나고 끊어야 파괴할 수 없을 것이니, 이와 같아야 비로소 모든 법의

---

22 『석론釋論』:『大智度論』을『摩訶般若釋論』·『大智釋論』·『釋論』·『智度論』·『智論』·『大論』이라 칭하기도 한다.
23 『大智度論』권1(T25, 61b).
24 4구 : 4구분별四句分別의 줄임말. 긍정, 부정, 종합긍정, 종합부정의 네 가지 언명 방식을 말한다.

참된 모양이라 할 수 있다. 『광백론廣百論』의 게송에서 하신 말씀과 같다.

있다, 없다, 있으면서 없다, 있는 것도 없는 것도 아니라는
온갖 주장이 모두 사라지니
이에 대해 힐난하고 싶어도
끝내 논리를 펴지 못하리라.[25]

案云。此說四句。是實相者。如其次第。許前四說。離著而說。無不當故。若有著者。如言而取。無不破壞。故非實相。離絶四句。不可破壞。如是乃名諸法實相。如廣百論頌曰。有非有俱非。諸宗皆寂滅。於中欲興難。畢竟不能申。

이렇게 주장하는 사람도 있다.
이 『대반야경』에 의거하면 여래장如來藏이 실상반야가 된다. 아래 「이취분理趣分」에서 하신 말씀과 같다.

그때 세존께서 다시 일체 유정이 머무르고 유지해 온 장법藏法(여래장)이라는 여래의 모습에 의거하여, 모든 보살을 위해 반야바라밀다가 일체 유정이 머무르고 유지해 온 보편하고 원만한 이취理趣(도리, 나아갈 곳이라는 뜻)인 승장勝藏(뛰어난 보배를 담은 창고, 곧 여래장)에 대한 법문이라는 것을 널리 설하였다. (이 법문은) 말하자면, 일체 유정이 모두 여래장如來藏이니 보현보살의 자체自體가 (일체 유정에게) 보편하기 때문이고, 일체 유정이 모두 금강장金剛藏이니 금강장보살이 깨끗이 씻었기 때문이며, 일체 유정이 모두 정법장正法藏이니 (일체 유정이) 모두 바른 말씀

---

25 『廣百論本』 권1(T30, 186c).

을 따라 구르기 때문이고, 일체 유정이 모두 묘업장妙業藏이니 모든 사업事業에 있어서 가행加行(후천적인 실천행)이 이를 의지하기 때문이란 것이었다. 부처님께서 이와 같이 (일체) 유정이 머무르고 유지해 온 깊고 깊은 이취인 승장에 대한 법을 설하신 뒤에 금강수보살에게 말씀하였다.

"만약 이와 같이 보편하고 원만한 반야의 이취인 승장에 대한 법문을 듣고서 믿고 이해하여 받아 지니고 읽고 외우고 닦아 익히는 자가 있다면, 그는 능히 승장의 법성을 통달하여 위없는 바르고 평등한 보리를 빨리 증득하리라."[26]

『보성론寶性論』에서는 이렇게 말씀하셨다.

시작 없는 세상부터 있어 온 성품이
모든 법이 의지하는 바탕이 되나니
이 성품을 의지해 모든 도가 있고
나아가 열반의 과보를 증득한다.[27]

(이 게송을 그 아래) 산문에서 이렇게 해석하였다.

이 게송은 어떤 뜻을 밝힌 것인가? "시작 없는 세상부터 있어 온 성품"이란 『승만경勝鬘經』에서 "모든 부처님 여래는 여래장에 의지한다."고 말씀하신 것과 같다. "모든 중생은 처음 시작이 없다."고 말한 것은 (그 시작을) 알 수 없기 때문이다. "성품"이라 말한 것은 『성자승만경聖者勝

---

[26] 『大般若波羅密多經』 권578 『般若理趣分』(T7, 990b).
[27] 『究竟一乘寶性論』 권4(T31, 839a).

鬘經』에서 "세존이시여, 여래장이란 바로 법계장法界藏이고, 출세간법신장出世間法身藏이고, 출세간상상장出世間上上藏이고, 자성청정법신장自性淸淨法身藏이고, 자성청정여래장自性淸淨如來藏입니다."[28]라고 말씀하신 것과 같다.[29]

이 다섯 구절[30]을 의거해『섭대승론攝大乘論』과『불성론佛性論』에서는 다섯 가지 뜻으로 무상無相을 해석하였다.『현식론顯識論』에서는 "성품이라 말한 것에 본래 다섯 가지 뜻이 있다. 첫째는 자성의 종류라는 뜻이고, 둘째는 원인이라는 뜻이고, 셋째는 생긴다는 뜻이고, 넷째는 파괴되지 않는다는 뜻이고, 다섯째는 비밀스럽다는 뜻이다."[31]라고 하며, 나아가 자세히 설명하였다.

或有說者。依此大般若經。以如來藏。爲實相般若。如下理趣分中言。爾時世尊。復依一切住持藏法如來之相。爲諸菩薩。宣說般若波羅蜜多。一切有情住持遍滿甚深理趣勝藏法門。謂一切有情。皆如來藏。普賢菩薩。自體遍故。一切有情。皆金剛藏。以金剛藏。所灌灑故。一切有情。皆正法藏。[1] 皆隨正語轉故。一切有情。皆妙業藏。一切事業加行依故。佛說如是[2] 住持甚深理趣勝藏法己。告金剛手菩薩云。若有得聞如是遍滿波若理趣勝藏法門。信解受持。讀誦修習。則能通達勝藏法性藏。[3] 速證無上正等菩提。如實性論云。無始世來性。作諸法依止。依性有諸道。及證涅槃果。長行釋言。此偈明何義。無始世來性者。如經說云。諸佛如來。依如來藏。說諸衆生無[4] 本

---

28 『勝鬘師子吼一乘大方便方廣經』(T12, 222b).
29 『究竟一乘寶性論』권4(T31, 839a).
30 이 다섯 구절 :『勝鬘經』에서 여래장을 두고 "법계장法界藏, 출세간법신장出世間法身藏, 출세간상상장出世間上上藏, 자성청정법신장自性淸淨法身藏, 자성청정여래장自性淸淨如來藏"이라 한 것을 말한다.
31 『顯識論』(T31, 881c).

際。不可得知。[5] 所言性者。如聖者勝鬘經云。世尊。如來藏者。是法界藏。出世間法身藏。出世間上上藏。自性淸淨法身藏。自性淸淨如來藏。依此五句。攝大乘論及佛性論。以五義釋無相。論云。所言性者。自有五義。一自性種類義。二因義。三生義。四不壞義。五祕密義。乃至廣說。

1) ㉠『大般若波羅密多經』에 따르면 '藏' 다음에 '一切'가 누락되었다. 2) ㉠『大般若波羅密多經』에 따르면 '是' 다음에 '有情'이 누락되었다. 3) ㉠『大般若波羅密多經』에 따르면 '藏'은 연자衍字이다. 4) ㉠『究竟一乘寶性論』에 따르면 '無' 다음에 '始'가 누락되었다. 5) ㉠『究竟一乘寶性論』에 따르면 '知' 다음에 '故'가 누락되었다.

지금 이『대반야경』에서 "일체 유정이 모두 여래장이니 보현보살의 자체가 보편하기 때문이다."라고 한 것은, 이 보살이 마음먹기를 "모든 유정은 오직 하나의 법계로서 별개의 유정이란 없다." 하고는 이러한 도리에 의거해 오랜 세월 익히고 닦았음을 말한다. 따라서 자기 마음이 변화해 모두 유정에게 부편하게 되었고, 그들을 지기 몸으로 삼있다는 것이다. 이와 같이 보살이 분수에 따라 관찰하는 마음도 오히려 이와 같은데, 하물며 모든 여래께서 원만하게 관찰하시는 마음이겠는가! 따라서 "모든 유정이 다 여래장에 포섭되므로 여래장이라 한다."고 이와 같이 해석한 것이다.

『불성론』에서 "일체 중생이 모두 여래의 지혜 속에 있고, 모두가 여래께서 거두시는 대상이 되기 때문이다. 여래께서 거두시는 중생을 여래장이라 말한 것은 여래께서 거두시는 것을 여래장이라 하기 때문이다."[32]라고 말씀하신 것과 같다.

"금강장보살이 깨끗이 씻었기 때문이다."라는 것은 무엇인가. 불지佛地[33]에서 얻는 대원경지大圓鏡智[34]와 상응하는 정식淨識에 포함된 종자가

---

32 『佛性論』 권2(T32, 796a).
33 불지佛地: 보살 수행의 최종 계위인 십지 중 열 번째 지위를 가리킨다.
34 대원경지大圓鏡智: ⓢ ādarśa-jñāna. 크고 둥근 거울이 일체 형상을 고스란히 비추고 나

변화하여 모든 유정이 되기에 이를 등류과等流果³⁵로 삼는다는 것을 말한다. 따라서 "깨끗이 씻었기 때문이다."라고 하였다.

"(일체 유정이) 모두 바른 말씀을 따라 구르기 때문이다."라는 것은 무엇인가. 보현보살이 변화해 모든 유정이 될 때에는 자신의 바른 말을 따라 다른 것으로 변화해 태어난다. 따라서 모든 유정이 다 바른 법이라는 것이다.

"모두 묘업장이다."라는 것은 무엇인가. 여래장 자체 내에 훈습하는 힘이 있기 때문에 모든 유정에게 두 가지 업이 생기니, 괴로움을 피하는 것과 즐거움을 찾는 것이다. 모든 착한 사업에 있어서 일체 가행加行의 착한 마음이 다 (선천적으로 얻은) 이 두 가지 업을 의지해 생긴다. 따라서 "모든 사업에 있어서 가행이 이를 의지하기 때문이다."라고 하였다. 이와 같은 도리에 의거해 '묘업妙業'이라 하였다.

今此經云。一切有情皆如來藏普賢菩薩自體遍故者。謂此菩薩意爲。一切有情唯一法界無別有情。由此道理。長時熏修。是故自心變異。遍諸有情。以爲自體。如是菩薩。隨分觀心。尙能如是。況諸如來。圓滿觀心。是故諸有情皆爲如來藏所攝名如來藏。如是釋也。如佛性論云。一切衆生。皆在如來智內。皆爲如來之所攝持故。說所攝衆生爲如來藏。如來所攝名如來藏故。以金剛藏所灌灑者。謂佛地所有大圓鏡智相應淨識所攝種子。變異爲諸有情。以爲等流果。故言所灌灑故。皆隨正語轉故者。普賢菩薩。變爲

타내듯이 일체 법을 사실 그대로 비추고 나타내는 부처님의 지혜를 가리킨다. 유식종의 설명에 의하면, 성불한 후 번뇌가 지혜로 전환되는데 그중 제8아뢰야식阿賴耶識이 전변한 청정지淸淨智가 곧 대원경지이다.

35 등류과等流果 : ⓢ niṣyandaphala. 의과依果·습과習果라고도 한다. 오과五果의 하나로 동등한 원인에서 유출되는 결과를 말한다. 원인과 결과의 성질이 같은 종류이기 때문에 등류等流라 칭한다. 즉 선한 원인에서 선한 결과가 발생하고, 악한 원인에서 악한 결과가 발생하고, 무기無記인 원인에서 무기의 결과가 발생하는 것이다.

諸有情時。隨自正語。變異生故。諸有情皆是正法也。皆妙業藏者。以如來
藏自內熏習力故。生諸有情二種業。謂避苦求樂。諸善事業。一切加行善
心。皆依此二業生。故言一切事業加行依故。由此道理。名爲妙業。

제2장 관조반야의 특징을 밝힘

다음은 관조반야의 특징을 밝힌다. 『대지도론』에서 다음과 같이 설명하였다.

> 모든 보살이 처음 발심한 순간부터 일체종지一切種智를 구하기까지, 그 사이에 모든 법의 참된 모양을 아는 지혜가 바로 반야바라밀이다.[36]

총괄하여 설명하면 그렇지만 이것을 다시 나눠 보면 아래 『대지도론』의 문장처럼 여러 설명들이 같지가 않다. 이제 그 가운데 간단히 네 가지 주장만 간추려 보겠다.[37]

> 次明觀照般若相者。如論說云。諸菩薩從初發心。求一切種智。於其中間。知諸法實相慧。是波若波羅蜜。總說雖然。於中分別。如下論文。諸說不同。今於其中。略出四義。

첫째, 이렇게 주장하는 사람이 있다.

---

36 『大智度論』 권18(T25, 190a).
37 아래에 서술된 네 가지 주장과 문답 등은 『大智度論』 권11(T25, 139c)에서 발췌한 것이다.

무루無漏[38]의 혜안慧眼이 바로 반야바라밀의 특징이다. 왜 그런가. 모든 지혜 가운데 첫째가는 지혜를 반야바라밀이라 하는데, 무루의 혜안이 바로 첫째이기 때문이다.

一有人言。無漏慧眼。是般若波羅蜜相。何以故。一切慧中第一慧。是名波若波羅蜜。無漏慧根。[1] 是第一故。

1) ㉠ '根'은 '眼'의 오자인 듯하다.

둘째, 이렇게 주장하는 사람이 있다.
반야바라밀은 유루有漏[39]의 지혜이다. 왜 그런가. 보살은 보리수 아래에 도착해서야 결사結使[40]를 끊는다. 그에 앞서 비록 큰 지혜가 있고 한량 없는 공덕이 있지만 모든 번뇌가 끊어진 것은 아니다. 따라서 보살의 바라밀은 바로 유루의 지혜이다.

二有人言。般若波羅蜜。是有漏慧。何以故。菩薩至道樹下。乃斷結使。先雖有大智慧。有無量功德。而諸煩惱未斷。是故菩薩波羅蜜。是有漏智慧。

셋째, 이렇게 주장하는 사람이 있다.
보살의 유루와 무루의 지혜를 통틀어 반야바라밀이라 한다. 왜 그런가.

---

38 무루無漏 : Ⓢ anāsravaḥ. 유루有漏의 대칭. '루漏'는 누설漏泄을 뜻하며, 번뇌煩惱의 이칭이다. 탐욕과 분노 등의 번뇌가 눈과 귀 등 육근六根의 문을 통해 밤낮으로 쉬지 않고 누설되기 때문에 '루漏'라 칭한다. 또 누락漏落의 뜻이 있으니, 번뇌가 능히 사람을 삼악도三惡道에 떨어뜨리기 때문이다. 이를 바탕으로 번뇌가 있는 법을 유루有漏라 칭하고, 열반과 보리 등 번뇌의 오염을 벗어난 청정한 법을 무루無漏라 칭한다.
39 유루有漏 : Ⓢ sāsrava. 무루無漏의 대칭.
40 결사結使 : 번뇌의 이칭. 모든 번뇌가 중생을 결박하여 생사를 벗어나지 못하게 하기 때문에 '결結'이라 칭하고, 중생을 부리며 괴롭히기 때문에 '사使'라 칭한다. 결結에 아홉 가지가 있고, 사使에 열 가지가 있기 때문에 구결십사九結十使라 칭한다.

보살은 열반을 보면서 부처의 길을 걷는다. 이런 일 때문에 이것은 무루여야 마땅하다. (또한) 결사를 아직 끊지 못했고 일을 아직 완수하지 못했기 때문에 유루라고 해야 마땅하다.

三有人言。菩薩有漏無漏智慧。總名波若波羅蜜。何以故。菩薩觀涅槃行佛道。以是事故。應是無漏。以未斷結使事未成辦故。應名有漏。

넷째, 이렇게 주장하는 사람이 있다.
이 반야바라밀은 있다거나 없다거나 영원하다거나 무상하다거나 공하다거나 실재한다거나 하는 특징을 찾을 수 없다. 이 반야바라밀은 중衆[41]·계界[42]·입入[43]에 포섭되는 것이 아니며, 유위有爲도 아니고 무위無爲도 아니며, 법도 아니고 법이 아닌 것도 아니며, 가질 수도 없고 버릴 수도 없으며, 생기지도 않고 소멸하지도 않는다. 있다 없다 등의 4구를 벗어났기에 맞닥뜨린다 해도 손댈 곳이 없으니, 비유하면 불꽃은 네 방향 어디에서도 만질 수 없는 것과 같다. 손을 태우기 때문이다. 반야바라밀 역시 마찬가지로 만질 수 없으니, 사견邪見이라는 손이 타기 때문이다.

---

41 중衆 : ⑤ skandha. 온蘊·음陰·취聚로 번역하기도 한다. 적취積聚·유별類別을 뜻하며, 일체 유위법을 다섯 가지 종류로 구별한 것을 오중五衆(⑤ pañca-skandha)이라 한다. 오중은 색중色衆(⑤ rūpa-skandha)·수중受衆(⑤ vedanā-skandha)·상중想衆(⑤ saṃjñā-skandha)·행중行衆(⑤ saṃskāra-skandha)·식중識衆(⑤ vijñāna-skandha)이다.
42 계界 : ⑤ dhātu. 층層·근기根基·요소要素·기초基礎·종족種族 등 여러 가지 뜻을 함유하고 있다. 각종 범주의 호칭으로 사용된다. 예를 들면 육근六根과 육경六境과 육식六識을 합해 십팔계十八界라 칭하고, 지地·수水·화火·풍風·공空·식識을 합해 육계六界라 칭하며, 욕계欲界·색계色界·무색계無色界를 합해 삼계三界라 칭한다. 여기에서는 삼과三科의 하나로 십팔계를 뜻한다.
43 입入 : ⑤ āyatana. 구역에서는 입入이라 하고, 신역에서는 '처處'라 하였다. 육근과 육경을 합해 십이입이라 한다. 즉 근根과 경境이 서로에게 스며들어 식識을 발생시키기에 '입入'이라 한다.

四有人言。是波若波羅蜜。不可得相。若有若無。若常若無常。若空若實。是波羅[1)]波羅蜜。衆界入所不攝。非有爲非無爲。非法非非法。不取不捨。不生不滅。出有無四句。適無所著。譬如火炎。四邊不可觸。以燒手故。波若波羅蜜。亦如是不可觸。以邪見手燒故。

---

1) ㉯ '羅'는 '若'의 오자인 듯하다.

㉿ 앞에서 여러 사람이 반야바라밀을 설명했는데, 어떤 것이 진실입니까?

㉰ 이렇게 말하는 사람이 있다. '각각 이치가 있으니, 모두 진실이기 때문이다. 경에서 500비구가 각각 양 극단과 중도의 뜻을 설명하자 부처님께서 〈모두 도리가 있다〉고 말씀하신 것과 같다.'

이렇게 말하는 사람도 있다. '가장 마지막 대답이 진실이다. 왜 그런가. 깨뜨릴 수 없고 무너뜨릴 수 없기 때문이다. 만약 털끝만큼이라도 법이 있다고 말하는 자가 있다면, 모두 허물이 있어 타파할 수 있다. 없다고 말한다 해도 역시 타파할 수 있다. 이 반야바라밀에는 있는 것도 없고, 없는 것도 없다. 있는 것도 아니고 없는 것도 아니라는 것도 없고, 이와 같은 말조차도 없다. 이것을 적멸하고 걸림이 없으며 희론이 없는 법이라 한다. 따라서 깨뜨릴 수 없고 무너뜨릴 수 없으니, 이를 가장 수승해 그보다 나은 것이 없는 진실한 반야바라밀이라 한다. 전륜성왕이 모든 적을 항복시키고도 자신을 높이지 않는 것처럼, 반야바라밀 역시 마찬가지로 모든 언어의 희론을 능히 타파하지만 또한 깨뜨린 것이 있다고 여기지 않는다.'

(이상은 『대지도론』 제11권의 딱 중간쯤에 나온다.

問曰。上種種人說波若波羅蜜。何者爲實。答曰。有人言。各各有理。皆是實故。如經說。五百比丘各各說二邊及中道義。佛言。皆有道理。有人言。

末後答者是實。所以者何。不可破不可壞故。若有法如毫釐許有者。皆有過
失可破。若言無亦可破。是波若波羅蜜中。有亦無無亦無。非有非無亦無。
如是言說亦無。是名寂滅無礙無戲論法。是故不可破不可壞。是名眞實波
若波羅蜜最勝無過者。如轉輪聖王。降伏諸敵而不自高。波若波羅蜜亦如
是。能破一切語言戲論。亦不有所破。出第十一三[1]卽中。

---

1) ㉠ '三'은 '之'의 오자인 듯하다. 이상의 문장이 『大智度論』제11권에서 발췌한 것이기 때문이다.

검토해 보겠다.

이 가운데 앞쪽의 세 가지 주장은 자취에 의거해 진실을 드러낸 것이니, 초지初地 이전과 십지十地에서의 반야를 통틀어 취하여 유루와 무루를 뜻에 따라서 설명하였다. 네 번째 주장은 십지에서의 무분별지無分別智만 드러낸 것이니, 실상을 증득하고 모든 희론을 끊으며 4구를 훌쩍 뛰어넘고 다섯 가지 상相[44]을 멀리 벗어난 것이다. 따라서 '가장 마지막 대답이 진실이다.'라고 말한 것이다. 이렇게 가장 수승한 것을 선택한다면 이와 같이 말하겠지만 일체 지혜를 모조리 포섭하는 것은 아니다. 따라서 '모든 주장에 다 도리가 있다.'고 말한 것이다.

아래 (『대지도론』의) 문장에서 "반야바라밀은 모든 지혜를 포함한다. 왜 그런가. 보살은 부처의 도를 구할 때에 모든 법을 배워 모든 지혜를 얻어야만 하기 때문이다. 이른바 성문과 벽지불과 부처님의 지혜를 구해야 한다. 이런 지혜에 세 가지가 있으니, 유학有學과 무학無學과 유학도 아

---

44 다섯 가지 상相 : 『攝大乘論』권하(T31, 128a)에서 "무분별지의 자성은 다섯 가지 상을 벗어난 것임을 알아야 한다. 다섯 가지 상이란 무엇인가. 첫째 사유가 아니라는 상을 벗어났기 때문이고, 둘째 각관覺觀의 영역이 아니라는 상을 벗어났기 때문이고, 셋째 상想과 수受와 소멸한 적정을 벗어났기 때문이고, 넷째 색의 자성을 벗어났기 때문이고, 다섯째 진실한 뜻에 대한 다른 분별을 벗어났기 때문이다.(無分別智自性。應知離五種相。五相者。一離非思惟故。二離非覺觀地故。三離滅想受定寂靜故。四離色自性故。五於眞實義離異分別故)"라고 하였다.

니고 무학도 아닌 것이다. 유학도 아니고 무학도 아닌 지혜란 간혜지乾慧地[45]·부정관不淨觀[46]·안반安般[47]·욕계에 얽힌 사념처四念處[48]·난법煖法·정법頂法·인법忍法·세제일법世第一法[49] 등이다"[50]라고 하고, 나아가 자세히 설명한 것과 같다.

案云。此中前三義者依迹顯實。通取地前地上波若。有漏無漏隨義而說。第四義者。唯顯地上無分別智。證會實相。絶諸戱論。超過四句。遠離五相。故言末後答者爲實。是就最勝。作如是說。而非盡攝一切智慧。故言諸說皆有道理。如下文云。波若波羅蜜。攝一切智慧。所以者何。菩薩求佛道時。應學一切法得一切智慧。所謂求聲聞辟支佛佛智慧。是智慧有三種。學無學非學非無學。非學非無學智者。如乾慧地不淨安般欲界繫四念處煖[1)]法頂法忍法世第一法等。乃至廣說。

---

45 간혜지乾慧地 : 보살의 초발심에서부터 순인順忍을 얻기 전까지를 간혜지라 한다. 간혜乾慧는 메마른 지혜라는 뜻으로 지혜는 깊으나 아직 선정의 물에 깊이 젖어들지 못한 것을 의미한다.
46 부정관不淨觀 : [S] a-śadhā-smṛti. 부정상不淨想이라고도 한다. 오정심관五停心觀의 하나. 자신과 타인의 육체가 추하고 더러운 것임을 관찰하여 탐욕의 번뇌를 멸하는 관법이다.
47 안반安般 : [S] ānāpāna. 안나반나安那般那의 약칭. 출입식념出入息念을 말한다. 수식관數息觀 또는 수식관隨息觀이라고도 한다.
48 사념처四念處 : [S] catvāri smṛty-upasthānāni. 사념주四念住·사의지四意止·사지념四止念이라고도 한다. 삼십칠도품三十七道品의 하나. 마음을 하나의 대상에 집중해 잡념과 망상이 일어나는 것을 방지하고 관찰을 통해 진리를 체득하는 네 가지 방법이다. 집중 대상에 따라 신념처身念處·수념처受念處·심념처心念處·법념처法念處로 구분하고, 각각의 부정不淨·고苦·무상無常·무아無我를 관찰한다.
49 난법煖法·정법頂法·인법忍法·세제일법世第一法 : 이를 사선근四善根 또는 사선근위四善根位라 한다. 사제四諦의 이치를 명확히 보는 견도見道에 들어가기 직전의 위가 이 사선근위이다. 따뜻한 지혜의 불길에 다가가 번뇌가 타버리고 선근이 나타나는 단계를 난위煖位라 하고, 불안정한 선근 가운데 최상의 선근이 나타나는 단계를 정위頂位라 하고, 사제의 이치를 명확히 알아 선근이 확고해지는 단계를 인위忍位라 하고, 유루법 중 최상의 선근을 낳는 단계를 세제일위世第一位라 한다.
50 『大智度論』 권18(T25, 191a).

1) ㉠ '燸'는 '煖'의 오자인 듯하다.

제3장 두 가지 반야를 합쳐서 밝힘

　세 번째로 두 가지 반야를 합쳐서 밝힌다. 하나가 아니기 때문에 두 가지라고 가설하였지만 주체(能)와 대상(所)을 벗어났기에 결국엔 차이가 없다. 왜 그런가. 보살이 반야를 수행할 때에 일체 모든 법의 성품과 모양을 추구해 보지만 나도 나 없음도 영원함도 무상함도 생성도 소멸도 있음도 공함도 이와 같은 일체를 도무지 얻을 수 없다. (따라서) 취하는 대상인 모양을 어떤 것도 얻지 않고, 취하는 주체인 견해를 어떤 것도 일으키지 않는다. 이때 모든 모양과 견해를 멀리 떠나 모든 법의 참된 모양을 평등하게 증득하니, 둘도 없고 차별도 없으며, 시작도 없고 끝도 없으며, 생성도 없고 소멸도 없으며, 있는 것도 아니고 공한 것도 아니다. (따라서) 일체 언어의 길을 훌쩍 뛰어넘고 일체 마음 쓸 곳을 영원히 끊는데, 어떻게 그 가운데 두 가지 반야가 있겠는가. 다만 일체 모든 법이 한결같지 않음이 없기 때문에 '모든 법의 참된 모양'이라고 억지로 이름을 붙이고, 일체 분별을 벗어나지 못하는 게 없기 때문에 또한 '무분별지'라고 부르는 것뿐이다.
　지혜가 없으면 참된 모양이 아니고, 참된 모양이 없으면 지혜가 아니다. 『대지도론』에서 "보살은 일체 모든 법이 영원함도 아니고 무상함도 아니고 나도 아니고 나 없음도 아니고 있음도 아니고 없음도 아니라는 등등으로 관찰하며, 이런 관찰 역시 있다고 여기지 않는다. 이것을 보살이 행하는 반야바라밀이라 한다. 이것은 일체 모든 관찰을 버리고, 일체 언어를 없애고, 일체 마음 작용을 떠나면 본래부터 생겨남도 없고 소멸함도 없어 열반의 모습과 같다는 뜻이다. 모든 법이 또한 이와 같나니, 이것을 모든 법의 참된 모양이라 한다."고 하며, 나아가 자세히 설명한 것과 같다.

第三合明二種般若。由非一故。假說二種。而離能所。畢竟無異。所以然者。
菩薩修行般若之時。推求一切諸法性相。若我若無我若常若無常若生若
滅若有若空。如是一切。都無所得。不得一切所取[1]相。不起一切能取之見。
是時遠離一切相見。平等證會諸法實相。無二無別。無始無終。無生無滅。
非有非空。超過一切語言之路。永絶一切心行之處。云何於中。有二般若。
但一切諸法無不同然。是故强名諸法實相。一切分別無所不離。是故亦名
無分別智。無智而非實相。無實相而非智。如論說云。菩薩觀一切諸法。非
常非無常非我非無我非有非無等。亦不有是觀。是名菩薩行般若波羅蜜。
是義捨一切觀。滅一切語言。離一切心行。從本已來。不生不滅。如涅槃相。
諸法亦如是。是名諸法實相。乃至廣說。

---
1) ㉠ '取' 다음에 '之'가 누락된 듯하다.

㉵ 관조반야에 혹 세 부분[51]이 있습니까, 없습니까? 만약 견분見分이 있다면 왜 '봄이 없다'고 말했습니까? 만약 견분이 없다면 왜 '관조觀照'라는 이름을 붙였습니까? 자증분自證分이 있어 자체를 자각하는 것이라면 이 지혜의 본체는 참된 모양과 같지 않은 것입니다. 어떻게 '둘도 없고 차별도 없다.'고 말할 수 있습니까? 만약 견분도 없고 자증분도 없다면 허공과 같으니 '지혜'라 부를 수 없습니다.

㉰ '이 지혜에는 견분見分은 있고 상분相分은 없다.'는 주장이 있고, '이

---
51 세 부분 : 견분見分·상분相分·자증분自證分을 말한다. 법상종法相宗에서는 사람의 인식작용을 구성하는 심식心識에 견분見分과 상분相分의 두 가지, 혹은 여기에 자증분自證分을 더한 세 가지, 혹은 여기에 증자증분證自證分을 더한 네 가지 분위分位가 있다고 주장한다. 이를 각각 이분설二分說, 삼분설三分說, 사분설四分說이라 하며, 이 가운데 삼분설이 가장 대표적이다. 주관인 마음에 인식되는 객관의 형상을 상분, 상분을 인식하는 주관의 마음작용을 견분, 견분을 인지하는 작용을 자증분이라 한다.

지혜에는 상분도 없고 견분도 없으며 오직 자증분自證分만 있어 자체를 지각한다.'는 주장도 있다.

이렇게 주장하는 사람도 있다. '만약 차별이 있다는 입장에서 (셋을) 구분했다면, 세 부분은 모두 없는 것이다. 만약 차이가 없음을 의지해 (셋을) 가설했다면, 세 부분은 모두 있는 것이다. 말하자면 곧 이 평등 속에서는 모양이 없는 것이 상분이 되고, 봄이 없는 것이 견분이 되며, 특별히 자체를 지각하는 것도 없지만 자체를 지각하지 못하는 것도 아니다. 이와 같이 자증분은 지각하지 못하는 것이 없으니, 모든 법의 참된 모양이 자기 아닌 것이 없기 때문이다. 따라서 이 자증분은 견분 아닌 것이 없다. 참된 모양을 본다는 것은 바로 보이는 것이 없다는 것이다. 보이는 것이 있으면 진실을 보지 못하기 때문이다. 따라서 이 견분은 참된 모습 아닌 것이 없다. 이와 같이 세 부분은 그저 한 맛일 뿐이다.'

만약 이와 같이 설명한다면 봄이 있다고 하건 보지 못한다고 하건 장애도 없고 걸림도 없으니 곧 이것이 해탈이다. 만약 보는 주체를 설정하면 곧 '있다'는 극단에 떨어지고, 만약 견분이 없다고 하면 곧 '없다'는 극단에 떨어지며, 양 극단을 벗어나지 못하기 때문에 곧 결박당하게 된다.

『대지도론』의 게송에서 말한 것과 같다.

> 만약 사람이 반야를 본다면
> 이것은 곧 결박당하는 것
> 반야를 보지 못한다 해도
> 이것 역시 결박당했다 하네.
> 만약 사람이 반야를 본다면
> 이것은 곧 해탈을 얻은 것
> 반야를 보지 못한다 해도
> 이것 역시 해탈을 얻은 것.[52]

여기까지가 두 번째 경의 종지를 드러냄이다.

問。觀照般若。若有三分不。若有見分。何言無見。若無見分。何名觀照。有自證分。證自體者。則此智體。不同實相。云何得言。無二無別。若無見分。亦無自證。則同虛空。不得名慧。答。有義。此智有見無相。有義。此智無相無見。唯有自證。證於自體。或有說者。若就有別開分。三分俱無。若依無異假說。三分俱有。謂卽於此平等之中。無相爲相。無見爲見。無別自證。非不自證。如是自證。無所不證。諸法實相。無非自故。故此自證。無非是見。見實相者。是無所見。有所見者。不見實故。故此見分。無非實相。如是三分。只是一味。若如是說。有見不見。無障無礙。卽是解脫。若存能見。卽墮有邊。若無見分。則墮無邊。不離邊故。卽爲被縛。如論偈云。若人見般若。是卽爲被縛。若不見般若。卽亦名被縛。若人見般若。是則得解脫。若不見般若。則亦得解脫。上來第二顯經宗竟。

---

52 『大智度論』 권18(T25, 190c).

제3편 제목을 해석함

세 번째, 제목을 해석한다. '마하摩訶'는 위대하다(大)는 뜻이고, '반야般若'는 지혜(慧)라는 뜻이며, '바라밀波羅蜜'은 저쪽 언덕에 이른다(到彼岸)는 뜻이니, 『대지도론』의 설명과 같다.

이 이름을 해석하면서 곧 세 문단으로 나누니, 처음은 '위대하다'(에 대한 해석)이고, 다음은 '지혜'(에 대한 해석)이고, 마지막은 '저쪽 언덕에 이른다'(에 대한 해석)이다.

> 第三釋題名者。摩訶言大。般若云慧。波羅蜜者。名到彼岸。如論說也。將釋此名。卽作三門。先大次慧後到彼岸。

제1장 '위대하다(大)'의 뜻

'위대하다'는 단어를 총괄적으로 설명하겠다. 무릇 존재하는 모든 위대한 일과 위대한 법과 불가사의한 신통력과 위엄스런 덕은 모두 반야가 완수하는 것이다. 이러한 뜻 때문에 위대하다고 부르는 것이다. 아래 (『마하반야바라밀경』) 문장의 말씀과 같다.

> 반야바라밀은 위대한 일을 하기 때문에 일으키고, 불가사의한 일을 하기 때문에 일으키고, 지칭할 수 없는 일을 하기 때문에 일으키고, 한

량이 없는 일을 하기 때문에 일으키고, 비교할 수 없는 일을 하기 때문에 일으킨다. 왜 그런가. 반야바라밀이 나머지 다섯 바라밀을 포함하고, 내공內空과 나아가 유법무법공有法無法空까지[53] 포함하고, 사념처와 나아가 팔성도八聖道까지 포함하기 때문이다. 이 깊은 반야바라밀은 부처님의 십력十力과 나아가 일체종지까지 포함한다. 비유하면 관정식을 마친 왕은 그 나라에서 가장 높기에 모든 공무를 대신들에게 위임하고 국왕은 일없이 안락하게 지내는 것과 같다. 이와 같이 수보리여, 성문법이건 벽지불법이건 보살법이건 불법이건 일체가 모두 반야바라밀 가운데 있기에 반야바라밀이 능히 그런 일들을 완수할 수 있는 것이다.[54]

이외의 사항들도 자세히 설명하였다.

所言大者。總而言之。凡諸所有大事大法。不可思議神力威德。皆是般若之所成辨。以是義故。名之爲大。如下文云。般若波羅蜜。爲大事故起。不可思議事故起。不可稱事故起。無有量事故起。無等等事故起。何以故。波若波羅蜜中。含受五波羅蜜。含受內空乃至有法無法空。含受四念處乃至八聖道分。是深般若波羅蜜中。含受佛十力乃至一切種智。譬如灌頂王。國土中尊。諸有官事。皆委大臣。國王安樂無事。如是須菩提。所有聲聞。辟支佛法。若菩薩法。若佛法。一切皆在般若波羅蜜中。般若波羅蜜能成辨其事。乃至廣說。

---

53 내공內空과 나아가 유법무법공有法無法空까지 : 십팔공을 말한다. 십팔공은 내공內空·외공外空·내외공內外空·공공空空·대공大空·제일의공第一義空·유위공有爲空·무위공無爲空·필경공畢竟空·무시공無始空·산공散空·성공性空·자상공自相空·제법공諸法空·불가득공不可得空·무법공無法空·유법공有法空·무법유법공無法有法空이다.
54 『摩訶般若波羅蜜經』권15(T8, 328a).

이것을 낱낱이 구별해 논한다면 그 양이 너무 많을 것이다. 이제 그 요점만 간추려 네 가지 뜻만 간략히 풀이하겠다. (위대하다고 부르는 까닭은) 뛰어난 힘을 가지고 있기 때문이고, (불법을) 많이 듣게 되기 때문이고, 위대한 인물을 낳기 때문이고, 큰 과보를 주기 때문이다.

뛰어난 힘을 가지고 있기 때문에 위대하다고 한다는 것은, 모든 보살이 반야바라밀을 능히 배우기 때문에 불가사의하고 수승한 신통력을 가진다는 것이다. 『경』에서 "하나의 털로 삼천대천 국토에 있는 모든 수미산을 들어 다른 방위의 한량없는 아승기 국토 너머로 던지면서도 (그 안에 있는) 중생들을 괴롭히지 않(는 방법을 배우)고 싶다면 반야바라밀을 배워야 한다."[55]고 말씀하셨기 때문이다.

(불법을) 많이 듣게 되기 때문에 위대하다고 한다는 것은, 모든 보살이 반야를 배우기 때문에 과거와 미래의 일체 모든 부처님께서 설하시는 가르침을 이미 말씀하신 것이건 앞으로 말씀하실 것이건 모두 두루 듣게 된다는 것이다. 『경』에서 "과거 모든 부처님께서 이미 말씀하신 것과 현재 모든 부처님께서 지금 말씀하시는 것과 미래 모든 부처님께서 앞으로 말씀하실 것을 듣고, 듣고 나서 자기를 이롭게 하고 또한 다른 사람도 이롭게 하고 싶다면 반야바라밀을 배워야 한다."[56]고 말씀하신 것과 같다.

『대지도론』에서 (이 문장을 해석하며) 말하였다.

"보살에게 삼매가 있으니, 그 이름이 관삼세제불삼매觀三世諸佛三昧이다. 이 삼매에 들어가면 삼세의 모든 부처님을 빠짐없이 뵙고 그분들의 설법을 듣게 된다."[57]

別而論之。乃有衆多。今撮其要。略釋四義。有勝力故。得多聞故。生大人

---

55 『摩訶般若波羅蜜經』 권1(T8, 219c).
56 『摩訶般若波羅蜜經』 권1(T8, 220c).
57 『大智度論』 권34(T25, 308c).

故。與大果故。勝力故名爲大者。謂諸菩薩能學般若波羅蜜故。有不思議殊
勝神力。如經言。欲以一毛擧三千大千國土中諸須彌山。[1] 擲過他方無量
阿僧祇諸[2]國土。不嬈衆生者。當學般若波羅蜜故。得多聞故名爲大者。謂
諸菩薩學般若故。過去未來一切諸佛所說言敎。已說當說。皆得遍聞。如
經言。過去諸佛已說。現在諸佛今說。未來諸佛當說。欲聞聞已自利亦利
他人。當學般若波羅蜜。論曰。菩薩有三昧。名觀三世諸佛三昧。入是三昧。
皆[3]見三世諸佛。聞其說法。

---

1) ㉠ 경에는 '山' 아래에 '王'이 있다. 2) ㉠ 경에는 '諸' 아래에 '佛'이 있다. 3) ㉠
'皆'가 '悉'로 되어 있는 경우도 있다.

[문] 과거와 미래 모든 부처님의 음성이 현재에 이르기 때문에 보살이 듣게 되는 것입니까? 음성은 현재에 이르지 않지만 삼매의 힘으로 이미 사라지고 아직 생기지 않은 음성을 들을 수 있다는 것입니까? 만약 (과거와 미래 부처님의) 그 음성이 현재에 이른다면, 어떻게 이미 사라진 것이 현재에 다시 생겨나고, 어떻게 아직 생기지도 않은 것이 현재에 먼저 나타날 수 있습니까? 만약 (과거와 미래 부처님의) 그 음성이 현재에 이르지 못한다면 그 음성은 이미 사라졌거나 아직 생기지 않은 것입니다. 아직 생기지 않았거나 이미 사라졌다는 것은 곧 소리가 없다는 것인데, 어떻게 없는 소리를 들을 수 있습니까?

[답] 저 과거와 미래의 (부처님) 음성이 현재에 이르지 않는다 해도 능히 들을 수 있으니, 삼매의 힘 때문이다. 마치 장애물 너머의 색色이 물건에 막혀 있다 해도 천안天眼의 힘 때문에 볼 수 있는 것과 같다. 과거와 미래의 (부처님) 음성 또한 그렇다는 것을 마땅히 알아야 하니, 비록 시간에 간격이 있지만 능히 들을 수 있는 것이다. 있었던 음성과 앞으로 있을 음성을 듣게 된다는 것은 이미 사라졌거나 아직 생기지 않아서 없는 소리를 듣는다는 게 아니다. 만약 저 과거와 미래 모든 부처님의 힘 때문에 음성이 현재에 이르러 들리는 것이라면 범부나 이승도 모두 들을 수 있어

야 할 것이며, 그건 반야삼매의 힘을 말하는 건 아니다. 따라서 이 경에서 '이미 말씀하신 것과 앞으로 말씀하실 것'이라 하였으니, 앞으로 말씀하실 것이란 곧 앞으로 있을 음성이고, 이미 말씀하신 것이란 곧 과거에 있었던 음성이다.

問. 過去未來諸佛音聲至現在故. 菩薩得聞耶. 聲不至現. 而三昧力能聞已滅未生音耶. 若彼音聲至現在者. 云何已滅重生於現. 云何未生先現於今. 若彼音聲不至今現. 則彼音聲已滅未生. 未生已滅卽是無聲. 云何得聞於無聲耶. 答. 彼過未音. 雖不至今. 而能得聞. 三昧力故. 如障外色. 雖物所隔. 而能得見. 天眼力故. 過未音聲. 當知亦爾. 雖時有隔. 而能得聞. 得聞曾有當有之聲. 非聞已滅未生之無. 若彼過未諸佛力故. 聲至於今而令聞者. 凡夫二乘皆得聽聞. 非謂般若三昧之力. 故此經言. 已說當說. 當說卽是當有之音. 已說卽是曾有之聲.

🈥 보살도 현재에서 과거와 미래의 음성을 들을 수 있는데, 부처님은 왜 음성을 현재에 이르게 하지 못합니까? 이르게 할 수 있다고 해도 앞에서 제기한 힐난[58]을 벗어나지 못할 것이니, (사라진 것이) 다시 생겨나고 (시간의) 순리를 거스르는 것은 이치에 맞지 않기 때문입니다.

🈰 모든 부처님께서 (음성을 현재에) 이르게 하지 못한다고 누가 말하던가? 다만 (현재에) 이른 것을 듣는다면 그건 반야의 힘은 아니라고 말했을 뿐이다. 마땅히 알라. 모든 부처님께서 굴리시는 법륜의 음성은 삼세에 보편하여 이르지 못하는 곳이 없나니, 이르는 것과 이르는 곳을 얻을 수 없기 때문이다. 『화엄경』에서 하신 말씀과 같다.

---

58 앞에서 제기한 힐난 : 앞에서 "만약 (과거와 미래 부처님의) 그 음성이 현재에 이른다면, 어떻게 이미 사라진 것이 현재에 다시 생겨나고, 어떻게 아직 생기지도 않은 것이 현재에 먼저 나타날 수 있습니까?"라고 문제를 제기하였다.

비유하자면 문장과 문자가
모조리 일체 중생에게 들어가지만
들어가도 들어간 것이 없으니
법륜 또한 이와 같다네.
여래께서 굴리시는 법륜은
삼세에 이르지 못하는 곳 없지만
굴려도 굴리신 것이 없으니
찾아도 얻을 수가 없다네.[59]

과거와 미래의 음성이 현재에 이른다고 해도 (사라진 것이) 다시 생기는 것이 아니고, 또한 (시간의) 순리를 거스르는 것도 아니다. 왜 그런가. 부처님께서 삼세의 아득한 겁에 일어나는 일들을 아시는 건 곧 극히 짧은 한 생각 사이지만 겁을 단축하는 것도 아니고, 또한 생각을 길게 늘이는 것도 아니다. 따라서 마땅히 알아야 한다. 저 (과거와 미래의 부처님) 음성이 현재에 이른다 해도 (사라진 것이) 다시 생기거나 (시간의) 순리를 거스르는 과실은 없다. 저 『화엄경』에서 하신 말씀과 같다.

한량없고 수없는 겁이
곧 한 생각 사이라네.
그렇다고 겁을 단축하지도 않나니
구경에는 찰나의 법이라네.[60]

나머지 논의들은 일단 멈추고 본래 주제로 돌아가 서술하겠다.

---

[59] 『大方廣佛華嚴經』 권35(T9, 628a).
[60] 『大方廣佛華嚴經』 권33(T9, 609b).

問。菩薩現能聞於曾當。佛豈不能令聲至今。若能令至。不離前難。重生逆理。不應理故。答。誰言諸佛不能令至。但說聞至非般若力。當知。諸佛法輪音聲。遍於三世。無所不至。能至所至。不可得故。如華嚴經言。譬如章文字。悉入一切數。所入無所入。法輪亦如是。如來轉法輪。三世無不至。所轉無所轉。求之不可得。雖去來音。至於今現。而非重生。亦非過[1]理。所以然者。佛知三世長遠之刼。即是極促一念之頃。而不令刼促。亦不令念長。是故當知。彼聲至今。無重生逆理過失。如彼經言。無量無數刼[2] 即是一念頃。亦不令刼短。究竟刹那法。且止乘[3]論。還述本宗。

---

1) ㉔ '過'가 '逆'으로 되어 있는 경우도 있다. 2) ㉢ '無量無數刼'이 『華嚴經』에는 '不可說諸劫'으로 되어 있다. 3) ㉔ '乘'은 '剩'인 듯하다.

위대한 인물을 낳기 때문에 위대하다고 한다는 것은, 네 종류의 위대한 인물이 모두 반야로부터 태어나기 때문이다. 『대지도론』에서 설명하신 말씀과 같다.

"일체 세간에서 시방 삼세의 모든 부처님이 제일 위대하고, 다음으로 보살과 벽지불과 성문이 있다. 이 네 종류의 위대한 인물이 모두 반야바라밀로부터 태어난다. 따라서 위대하다고 한다."[61]

큰 과보를 주기 때문에 위대하다고 한다는 것은, 일체 중생에게 능히 가없고 다함없는 과보를 주기 때문이다. 『대지도론』에서 설명하신 말씀과 같다.

"또한 중생에게 한량없고 다함없으며 영원히 변하거나 부서지지 않는 큰 과보를 줄 수 있으니, 이른바 열반이라는 것이다. 따라서 위대하다고 한다. 나머지 다섯 가지[62]는 그럴 수 없기 때문에 위대하다고 부르지

---

61 『大智度論』 권18(T25, 191a).
62 나머지 다섯 가지 : 반야바라밀을 제외한 다섯 바라밀을 뜻한다. 『대지도론』에서 "나머지 다섯 바라밀은 그렇질 못하니, 반야바라밀을 겸비하지 못한 보시 등은 겨우 세간의 과보만 줄 수 있다. 따라서 위대하다고 부를 수 없다.(餘五波羅蜜不能爾。布施等離般

않는다."⁶³

이 네 가지 뜻에 의거해 반야를 위대하다고 한다. 여섯 가지 해석법(六種釋)⁶⁴ 중 이것은 유재석有財釋⁶⁵이다.

生大人故名爲大者。四種大人。皆從般若而得生故。如論說言。一切世間中。十方三世諸佛。是第一大。次有菩薩辟支佛聲聞。是四大人。皆由般若波羅蜜生。故名爲大。與大果故名之爲大者。能與一切衆生。無邊無盡果故。如論說言。復次能與衆生大果報。無量無盡。常不變壞。所謂涅槃。故名爲大。餘五不能故不名大。依是四義。般若名大。六種釋中。是有財釋。

제2장 '지혜(慧)'의 뜻

두 번째로 지혜의 뜻을 해석한다. 완전히 이해한다는 뜻이 지혜의 뜻이니, 알아야 할 경계 일체를 완전히 알기 때문이다. 앎이 없다는 뜻이 지혜의 뜻이니, 아는 것이 있는 자는 참된 모습을 알지 못하기 때문이다. 파

若波羅蜜。但能與世間果報。是故不得名大。)"고 한 것을 요약해 인용하였다.
63 『大智度論』 권18(T25, 191a).
64 여섯 가지 해석법(六種釋): 두 개 이상의 단어가 합성된 범어의 복합어를 해석하는 여섯 가지 방법이다. 육합석六合釋·육이합석六離合釋·육석六釋이라고도 한다. 먼저 각각의 단어를 분리해 해석하고(離釋), 재차 종합하여 그 뜻을 해석한다(合釋). 여기에 의주석依主釋·지업석持業釋·유재석有財釋·상위석相違釋·대수석帶數釋·인근석鄰近釋이 있다.
65 유재석有財釋: 다재석多財釋이라고도 한다. 두 개 이상의 단어가 합성된 복합어가 형용사 기능을 하는 것으로 해석하는 것이다. 『大乘法苑義林章』 권1의 해석에 의거하면, 자기의 이름을 드러내지 않고 자기가 소유한 재물을 이름 대용으로 쓰는 것이라 하였다. 예를 들면 '키가 큰 사람(長身之人)'을 '큰 키(長身)'라고 지칭할 때, '큰 키'라는 말이 그 사람의 대칭代稱으로 쓰이는 것과 같다. 이 문장에서 유재석이라 한 것은 '위대한 것'이라는 말이 '반야'의 대칭으로 쓰인다는 뜻이다.

괴한다는 뜻이 지혜의 뜻이니, 모든 법의 말로 표현할 수 있는 성품과 모양을 파괴하기 때문이다. 파괴하지 않는다는 뜻이 지혜의 뜻이니, 가설된 명칭을 파괴하지 않고 참된 모양을 증득하기 때문이다. 멀리 벗어난다는 뜻이 지혜의 뜻이니, 집착하고 있던 일체 모양을 영원히 벗어나기 때문이다. 벗어나지 않는다는 뜻이 지혜의 뜻이니, 일체 법의 모양을 증득하고 깨닫기 때문이다. 또한 벗어남이 없고 벗어나지 않음도 없다는 뜻이 반야의 뜻이니, 일체 법에 도무지 벗어날 것이 없고 벗어나지 않을 것도 없기 때문에 있다. 파괴함도 없고 파괴하지 않음도 없다는 뜻이 반야의 뜻이니, 일체 법에 끝끝내 파괴할 것이 없고 파괴하지 않을 것도 없기 때문이다. 앎이 없고 알지 못함도 없다는 뜻이 반야의 뜻이니, 알아야 할 것이 없고 알지 못할 것도 없다는 것을 얻기 때문이다. 뜻도 없고 뜻이 아닌 것도 없다는 뜻이 반야의 뜻이니, 어떤 뜻도 얻지 못하고 뜻 아닌 것도 얻지 못하기 때문이다. 이와 같은 뜻은 『대지도론』에서 자세히 설명한 것과 같다.

이와 같은 것이 열 가지 반야의 뜻이다. 만약 경계와 지혜가 하나가 아니라는 주장을 따를 경우, 고요히 비춤(觀照)을 지혜라 부르는 것은 지업석持業釋[66]이고, 참된 모양(實相)을 지혜라 부르는 것은 의주석依主釋[67]이다. 주체와 대상이 다르지 않다는 측면에 의거한다 해도 역시 하나의 실상반야이니, 이것도 지업석이다.[68]

---

[66] 지업석持業釋 : 동의석同依釋이라고도 한다. 앞 단어가 뒷 단어를 수식하는 관계로 해석하는 방법이다. 앞 단어는 형용사나 부사 혹은 동격의 명사로 해석되고, 뒷 단어는 명사가 된다. 예를 들면 '고산高山'을 높은 산이라고 해석하는 것과 같다. '관조반야觀照般若'를 지업석으로 풀면 '고요히 비추는 지혜'가 된다.

[67] 의주석依主釋 : 의사석依士釋·속주석屬主釋·즉사석卽士釋이라고도 한다. 앞 단어를 명사나 명사와 같은 역할을 하는 것으로 보고, 뒷 단어는 소유격으로 해석한다. 예를 들면 '왕신王臣'을 왕의 신하로 해석하는 것과 같다. '실상반야實相般若'를 의주석으로 풀면 '참된 모양의 지혜', 즉 참된 모양에서 발생하는 지혜가 된다.

[68] 이것도 지업석이다 : '실상반야實相般若'를 지업석으로 풀면 '참된 모양인 지혜'가 된다.

第二釋慧義者. 解了義是慧義. 能了一切所知境界故. 無知義是慧義. 有所知者不知實相故. 破壞義是慧義. 壞一切法可言性相故. 不壞義是慧義. 不壞假名而證實相故. 遠離義是慧義. 永離一切取著相故. 不離義是慧義. 證會一切諸法相故. 復次無離無不離義是般若義. 於一切法都無所離無所不離. 無壞無不壞義是般若義. 於一切法永無所壞無所不壞故. 無知無不知義是般若義. 由得無所知無所不知故. 無義無非義義是般若義. 不得一切義不得非義故. 如是等義. 如論廣說. 如是十種般若之義. 若約境智非一之義. 觀照名慧. 是持業釋. 實相名慧. 是依主釋. 若依能所無二之門. 亦一實相般若. 亦持業釋.

問 만약 저 반야라는 단어를 이 땅의 말로 지혜라 번역한다면 왜 『대지도론』에서는 이 두 가지가 걸맞지 않는다고 하였습니까? 예를 들면 아래 (『대지도론』) 문장에서 "지칭할 수 없다는 것을 설명하겠다. 지혜라는 단어로 지칭하지만 반야의 참된 모양은 너무도 깊고 지극히 무겁다. (하지만) 지혜(라는 단어)는 가볍고 얇다. 따라서 지칭할 수 없다. 또 반야(의 범주)는 다양한데 지혜(의 범주는) 적다. 따라서 지칭할 수 없다. 또 반야의 이익은 광범위하니, 성취하지 못하더라도 능히 세간의 과보를 주고 성취하고 나면 도의 과보를 준다. 구경의 완전한 앎이기 때문에 그런 단어로 지칭한다면, 반야바라밀에는 영원함이건 무상함이건 진실이건 허구이건 있음이건 없음이건 지칭할 수 있는 앎이 없다. 이와 같은 등등이 지칭할 수 없다고 한 뜻임을 알아야 한다."[69]고 하였습니다.

답 이 『대지도론』 문장의 뜻은 지혜라는 단어가 반야의 본체를 지칭하지 못함을 바로 밝힌 것이지, 반야라는 지칭이 지혜라는 단어에 합당하지 않다고 말하는 것이 아니다. 왜 그런가. (『대지도론』) 문장에서 "지혜라는

---

[69] 『大智度論』 권70(T25, 551c).

단어로 지칭하지만"이라 한 것은 지혜라는 단어로 지칭할 수 있음을 거론한 것이다. "반야의 참된 모양은 너무도 깊고 지극히 무겁다."고 한 것은 반야의 본체가 언어를 벗어나고 사려를 끊은 것임을 드러낸 것이다. "지혜(라는 단어)는 가볍고 얇다."고 한 것은, 지혜라는 단어가 언어와 사려를 벗어나지 못한 것이기 때문에 이 단어로는 본체를 지칭할 수 없음을 밝힌 것이다. 또 "반야(의 범주)는 다양한데 지혜(의 범주는) 적다."고 한 것은, 반야의 본체가 한량없고 가없으며 아는 것과 증득하는 것도 한량이 없기 때문이다. (반면에) 지혜라는 단어는 한계가 있고 분량이 있으며, 지칭할 수 있고 알 수 있는 것이 오직 하나의 단어뿐이기 때문이다. 따라서 (범주가) 적은 단어로는 다양한 (범주의) 본체를 지칭할 수 없다.

그 다음에 "반야의 이익은 광범위하다."고 한 것은, 반야의 본체가 이롭게 하는 곳은 광범위하여 지혜라는 단어로 표현할 수 없는 것임을 밝힌 것이다. 따라서 "지칭할 수 없다."고 말하였다. 그 다음에 "구경의 완전한 앎이기 때문에 그런 단어로 지칭한다면"이라 한 것은, 지혜의 본체는 "완전한 앎"이라는 단어로 지칭할 수 있지만 반야의 본체에는 도무지 알았다고 할 것이 없음을 밝힌 것이다. 말하자면 영원함이나 무상함이나 진실이나 허구나 있음이나 없음 등 이와 같은 일체를 얻을 수 없기 때문이다. 따라서 "지칭할 수 없다."고 말하였다. 또 "완전한 앎"은 본체와 모양이 해석되기 때문에 단어로 그 본체와 모양을 지칭할 수 있다. 하지만 반야의 모양은 알 수 있는 자가 없으니, 영원함이나 무상함 등을 얻을 수 없기 때문이다. 이러한 도리로 인해 지칭할 수 없다. 이런 네 가지 뜻으로 지칭할 수 없음을 풀이하였으니, 이것은 명칭과 본체가 서로 걸맞을 수 없음을 드러낸 것이다.

問。若彼般若之名。此土譯言慧者。何故論說。此二不稱。如下文云。不亦[1]
稱者。稱名智慧。般若之實相甚深極重。智慧輕薄。是故不能稱。又般若多。

智慧少。故不能稱。又般若利益處廣。未成能與世間果報。成已與道果報。又究竟盡知故名稱。般若波羅蜜。無能稱知若常若無常若實若虛若有若無。如是等不可稱義應知。答。此論文意。正明智慧之名不稱般若之體。非謂般若之稱不當智慧之名。何者。文稱名智慧者。是擧能稱名爲智慧。般若甚深極重者。是顯般若之體離言絶慮。智慧輕薄者。是明般若[2)]之名不離言慮。是故此名不能稱體。又般若多智慧少者。般若之體無量無邊。所知所證無限量故。智慧之名有限有量。能稱能知唯一名故。是故少名不稱多體。次言般若利益處廣者。是明般若之體利益處廣。智慧之名所不能詮。是故言不可稱。次言究竟盡知名稱者。是明智慧之體名稱於盡知。而般若體都無所知。謂常無常虛實有無如是一切不可得故。是故言不可稱。又釋盡知體相故。得以名稱其體相。而般若相無能知者。常無常等不可得故。由是道理故不可稱。以是四義。釋不可稱。是顯名體不得相稱也。

---

1) ㉔ '亦'이 『大智度論』에는 '可'로 되어 있다. 2) ㉑ '般若'는 '智慧'인 듯하다.

㉤ 반야의 본체가 아는 것이 없기 때문에 "완전한 앎"이라는 단어로 지칭할 수 없다면, 곧 앞의 해석에서 "앎이 없다는 뜻이 지혜의 뜻이다."라고 말한 것과 같습니다. (따라서 무지無知라는) 이 단어가 반야의 본체를 지칭할 수 있습니다.

㉣ "앎이 없다."는 단어 역시 (반야의) 본체를 지칭하지 못한다. 바로 이것은 부정하는 표현이라서 적극적으로 제시할 수는 없기 때문이다. 그저 앎을 부정할 뿐이지 없음을 표방하는 것은 아니기 때문이다.

問。般若之體無所知故盡知之名不得稱者。則如前釋言無知義是慧義。是名可稱般若之體。答。無知之名亦不稱體。直是遮詮不能表示故。但遮於知。非表於無故。

문 만약 그렇다면 "너무도 깊고 지극히 무겁다."는 말은 그 본체를 거론한 것이기 때문에 적극적으로 제시할 수 있습니다. 적극적으로 제시할 수 있으므로 지칭할 수 없는 게 아닙니다. 만약 "너무도 깊다."는 단어로도 지칭할 수 없다면, 왜 이 말은 바로 본체를 거론한 것이라고 하였습니까?

답 "너무도 깊다." 등의 말 역시 부정하는 표현이다. 얕고 엷은 것을 부정할 뿐 깊은 것을 얻지는 못하기 때문이다. 따라서 이 말 역시 본체를 지칭하지 못한다. 이처럼 논주論主의 의도는 반야의 본체로 향하면서 이 말을 하고, 반야라는 명칭으로 나아가 "가볍고 엷다."는 말을 한 것이다. 이런 뜻을 드러내기 위해 "본체를 거론한다."고 말한 것이지, "너무도 깊다."는 말이 반야의 본체를 지칭할 수 있다는 것은 아니다."

問。若爾。甚深極重之言。是擧其體。故能表示。能表示故。非不可稱。若甚深言亦不稱者。何謂此言是擧體耶。答。甚深等言亦遮詮。但遮淺薄不得深故。是故此言亦不稱體。然論主意。向般若體而發此言。就般若名說輕薄言。爲顯是意故言擧體。非謂甚深之言能稱般若之體也。

문 만약 그와 같다면 앞서 열 가지 뜻으로 풀이한 반야라는 명칭은 모두 그 반야의 본체를 지칭하지 못하고, 또한 반야의 업을 지칭하지도 못합니다. (그런데) 어떻게 "이것은 지업석이다."라고 말했습니까?

답 반야는 그러한 것이 아니기 때문에 어떤 명칭도 합당하지 않다. 그러나 그렇지 않은 것도 아니기 때문에 모든 명칭이 합당할 수 있다. 또 지업석이라 한 것도 일단 가설한 것이지 실제 그렇다는 것은 아니다. 따라서 서로 어긋나지 않는다.

問。若如是者。前以十義釋般若名。皆不稱實[1] 般若之體。亦不稱於般若之業。云何而言。是持業釋。答。般若非然故。不當諸名。而非不然故。能當諸名。又持業釋。且是假說。非謂實然。故不相違也。

1) ㉮ '實'이 '其'로 되어 있는 경우도 있다.

제3장 '저쪽 언덕에 이른다(到彼岸)'의 뜻

세 번째로 '저쪽 언덕에 이른다'의 뜻을 해석한다. '저쪽 언덕에 이른다'에 여러 가지 뜻이 있는데, 이 『마하반야바라밀경』과 『대지도론』에 의거해 간단히 네 가지 뜻만 추려 보겠다.

第三釋到彼岸義者。到彼岸義。乃有衆多。依此經論。略出四義。

첫째, 생사의 이쪽 언덕에서 열반의 저쪽 언덕에 이르기 때문에 '저쪽 언덕에 이른다'고 한다. 『대지도론』에서 "삼승의 사람들이 이 반야로써 저쪽 언덕인 열반에 이르러 일체 근심과 고통을 없앤다. 이런 뜻 때문에 바라밀이라고 한다."[70]고 해석한 것과 같다.

一者。從生死此岸。到涅槃彼岸故。名到彼岸。如論釋言。三乘之人。以是般若。到彼岸涅槃。滅一切憂苦。以是義故。名波羅蜜。

둘째, 모습이 있는 이쪽 언덕에서 모습이 없는 저쪽 언덕에 이르기 때문에 '저쪽 언덕에 이른다'고 한다. 『대지도론』에서 "이 반야바라밀 등으로 물질과 마음 두 법을 추구하면 (모조리) 파괴되어 굳건하고 참된 것을 얻

---

70 『大智度論』 권84(T25, 479a).

을 수가 없다. 이런 뜻 때문에 바라밀이라 한다."[71]고 해석한 것과 같다.

> 二者。從有相此岸。到無相彼岸。故名到彼岸。如論釋言。是般若波羅蜜等。
> 以色心二法推求。破壞不得堅實。以是義故。名波羅蜜。

셋째, 가득 차지 않은 지혜인 이쪽 언덕에서 구경의 지혜인 저쪽 언덕에 이르기 때문에 '저쪽 언덕에 이른다'고 한다. 『대지도론』에서 "저쪽 언덕을 모든 지혜의 극단을 다한 지혜라 하고, 파괴할 수 없는 모양이라 한다. 파괴할 수 없는 모양이란 곧 여여如如·법성法性·실제實際이니, 그것은 참되기 때문에 파괴할 수 없다. 이 세 가지 사항이 반야 가운데 포함되기 때문에 바라밀이라 한다."[72]고 해석한 말씀과 같다.

> 三者。從未滿智此岸。到究竟智彼岸故。名到彼岸。如論釋言。彼岸名盡一
> 切智慧邊智。名不可破壞相。不可破壞相者。卽是如法性實際。以其實故。
> 不可破壞。是三事攝入般若中故。名波羅蜜。

넷째, 이쪽저쪽 언덕이 있다는 것에서 저쪽이쪽 언덕이 없다는 것에 이르기에 이르는 곳이 없기 때문에 '저쪽 언덕에 이른다'고 한다. (『마하반야바라밀경』의) 아래 문장에서 "이쪽저쪽 언덕으로 건너지 않기 때문에 반야바라밀이라 한다."[73]고 하고, 『금고경金鼓經』에서 "생사와 열반이 모두 허망한 견해이다. 이를 남김없이 건널 수 있기 때문에 바라밀이라 한다."[74]고 하신 말씀과 같다.

---

71 『大智度論』 권84(T25, 479a).
72 『大智度論』 권84(T25, 479a).
73 『摩訶波羅蜜經』 권3(T8, 236b).
74 『合部金光明經』 권3(T16, 374a). 『金鼓經』은 『金光明經』의 다른 이름.

四者。從有此彼岸。到無彼此岸。無所到故。名到彼岸。如下文言。此彼岸不度故。名般若波羅蜜。金鼓經云。生死涅槃皆妄見。能度無餘故。名波羅蜜。

이 네 가지 뜻 중 첫째와 셋째는 원인 가운데서 결과를 설명했으니, 이것은 유재석有財釋이다. 둘째와 넷째는 이미 도달한 것을 설명했으니, 이것은 지업석持業釋이다. 만약 이 '대혜도'라는 제목을 설명의 주체로 지목한다면 이것은 의주석依主釋이다.

此四義中第一第三。因中說果。是有財釋。第二第四。說其已到。是持業釋也。若以此大慧度之名目能詮者。是依主釋也。

제4편 경을 설하시게 된 인연을 밝힘

네 번째로 경을 설하시게 된 인연을 밝힌다. 『대지도론』에 이런 질문이 나온다.

"부처님께서는 어떤 인연으로 『마하반야바라밀경』을 설하셨습니까? 아무 일이 없거나 나아가 작은 인연 때문에 스스로 말씀을 꺼내시지 않는 것이 모든 부처님의 법입니다. 비유하면 수미산왕은 아무 일이 없거나 나아가 작은 인연 때문에 요동치지 않는 것과 같습니다. 이제 어떤 큰 인연들이 있었기에 부처님께서 이 경을 설하셨습니까?"[75]

이에 대한 대답에 수많은 인연들이 나오는데, 이제 그 요점만 취해 여섯 가지 인연으로 요약하겠다. 첫째는 보살행을 자세히 보여 주기 위해서이고, 둘째는 모든 하늘의 요청을 거스르지 않기 위해서이고, 셋째는 모든 사람의 의심을 끊어 주고 싶어서이고, 넷째는 중생의 병을 치료해 주고 싶어서이고, 다섯째는 제일의제第一義諦를 말씀해 주고 싶어서이고, 여섯째는 모든 논의사論議師들을 굴복시키고 싶기 때문이다.

第四明說經內[1]緣者。如論說云。問曰。佛以何因緣故。說摩訶般若波羅蜜經。諸佛之法。不以無事及小因緣而自發言。譬如須彌山王。不以無事及小因緣而動。今有何等大因緣故。佛說是經。答中廣出衆多因緣。今撮其要。略出六因。一爲廣示菩薩行故。二爲不違諸天請故。三爲欲斷諸人疑故。四

---

[75] 『大智度論』 권1(T25, 57c).

爲欲治衆生病故。五爲欲說第一義諦故。六爲欲伏諸論議師故。

1) ㉘ '內'는 '因'인 듯하다.

제1장 보살행을 자세히 보여 주기 위해서

첫째, 보살행을 자세히 보여 주기 위해서다. 『대지도론』에서 다음과 같이 설명하셨다.

부처님께서는 삼장三藏에서 갖가지 비유들을 자세히 인용해 성문들을 위하여 설법하셨지만 보살도는 설하지 않으셨다. 오직 『중아함中阿含』「본말경本末經」[76]에서 부처님이 미륵에게 미래에 부처가 될 것이라고 수기하신 것만 있고, 역시 갖가지 보살행을 설하지는 않으셨다. 이제 미륵 등을 위해 모든 보살행을 자세히 말씀하고 싶었던 것이다. 그래서 이 경을 설하신 것이다.[77]

初爲廣示菩薩行者。如論說言。佛於三藏中。廣引種種譬喩。爲聲聞說法。而不說菩薩道。唯中阿含本業[1]經中。佛記彌勒當得作佛。亦不說種種菩薩行。今欲爲彌勒等。廣說諸菩薩行。故說是經。

1) ㉘ 『大智度論』에 따르면 '業'은 '末'이다.

---

[76] 『중아함中阿含』「본말경本末經」: 부처님께서 미륵에게 수기한 내용은 현재 『中阿含』「王相應品」〈說本經〉.(T1, 510c)에 수록되어 있다.
[77] 『大智度論』 권1(T25, 57c).

제2장 모든 하늘의 요청을 거스르지 않기 위해서

둘째, 모든 하늘의 요청을 거스르지 않기 위해서다. 『대지도론』에서 다음과 같이 설명하셨다.

그때 보살이 보리수 아래에서 마귀 무리를 항복시키고는 위없는 깨달음을 얻었다. 이때 삼천대천세계의 주인인 범천왕 시기尸棄를 비롯한 색계의 모든 하늘들과 석제환인釋提桓因을 비롯한 욕계의 모든 하늘들이 다들 부처님 계신 곳으로 찾아와 법륜을 굴려 달라고 청하였다. (부처님) 역시 과거의 서원을 기억하고 계셨고 또한 너무도 자비로웠기 때문에 그 청을 받아들여 법을 설하셨다. 모든 법 가운데 가장 깊은 것이 바로 반야바라밀이다. 그래서 이 경을 설하신 것이다.[78]

二。爲不違諸天請者。論說言。爾時菩薩。菩提樹下。降魔衆已。得無上覺。是時三千大千世界主梵天王名尸棄。及色界諸天等。釋提桓因。及欲界諸天等。皆詣佛所。請轉法輪。亦念本願。及大慈悲故。受請說法。諸法甚深者。般若波羅蜜是。以是故說此經。

제3장 모든 사람의 의심을 끊어 주고 싶어서

셋째, 모든 사람의 의심을 끊어 주고 싶어서다. 『대지도론』에서 다음과 같이 설명하셨다.

---

78 『大智度論』 권54(T25, 443c).

부처님이 일체지一切智를 얻지 못했다고 의심하는 사람들이 있다. 왜 그런가. 모든 법은 한량없고 수도 없는데, 어떻게 한 사람이 모든 법을 알 수 있단 말인가? (그래서) 부처님께서 반야바라밀에 머물면서 참된 모양이 허공처럼 청정하며 한량없고 수없는 법 가운데서 스스로 정성스런 말씀을 꺼내셨다.

"내가 바로 모든 것을 아는 사람이니, 모든 중생의 의심을 끊어 주고 싶구나."

그래서 이 경을 설하신 것이다.[79]

검토해 보겠다. 여기에서 꺼내셨다는 '정성스런 말씀'은 거짓이 없는 말씀을 뜻하니, 긴 혀를 가지고 계셨기 때문이다. 비유하자면 세상 사람들이 긴 혀를 가진 자에 대해 다들 알고 있는 것과 같다. 세속의 전적에서 '혀가 길어 코를 덮으면 절대로 거짓말을 하지 않는다.'고 하였다. 이렇게 비량比量으로 증명하는 도리에 의거해 여래께서 하신 말씀이 거짓이 아님을 확인할 수 있다. 따라서 여래에게는 일체지가 있어 이것으로 중생의 의심을 끊어 없애신 것이다.

三。爲欲斷諸人疑者。論云。有人疑佛不得一切智。所以者何。諸法無量無數。云何一人能知一切法。佛住般若波羅蜜。實相清淨如虛空。無量無數法中。自發誠言。我是一切智人。欲斷一切衆生疑。以是故說此經。案云。此中發誠言者。謂不妄語。有長舌故。喩如世共知有長舌者。如世典云。舌長覆鼻。必不妄語。依此比量證成道理。證知如來所言非妄。是故如來有一切智。以是斷除衆生疑也。

---

79 『大智度論』 권1(T25, 58a).

제4장 중생의 병을 치료해 주고 싶어서

넷째, 중생의 병을 치료해 주고 싶어서다. 『대지도론』에서 다음과 같이 설명하셨다.

(부처님께서 말씀하셨다.) '모든 중생이 결사結使라는 병에 괴롭힘을 당하는데, 시작이 없는 아득한 세월부터 이를 치료할 수 있는 사람이 없어 늘 외도의 나쁜 스승들에게 속아 왔다. 내가 이제 세상에 나와 큰 의사가 되어 온갖 법의 약들을 모았으니, 그대들은 복용하도록 하라.' 그래서 이 경을 설하신 것이다.[80]

四。爲欲治衆生病者。論云。一切衆生。爲結使病之所煩惱。無始已來。無人能治。常爲外道惡師所誤。我今出世。爲大醫王。集諸法藥。汝等當服。以是故說此經。

제5장 제일의제를 말씀해 주고 싶어서

다섯째, 제일의제를 말씀해 주고 싶어서다. 『대지도론』에서 다음과 같이 설명하셨다.

부처님께서 제일의실단第一義悉檀을 말씀해 주고 싶었기 때문에 이 『반야바라밀경』을 설하신 것이다. 네 가지 실단悉檀[81]이 있으니, 무엇이

---

80 『大智度論』 권1(T25, 58c).
81 실단悉檀 : [S] siddhānta. 성취成就·종宗·이理 등으로 번역한다. 중생을 인도해 깨달음을 완성시키는 교법을 뜻한다.

네 가지인가. 첫째는 세계실단世界悉檀이고, 둘째는 각각위인실단各各爲人悉檀이고, 셋째는 대치실단對治悉檀이고, 넷째는 제일의실단第一義悉檀이다. 이 네 가지 실단이 일체 십이부경과 팔만사천 법장을 포함하며, 모두 진실이라서 서로 위배되지 않는다.

세계실단이란 다음과 같다. 존재하는 법은 인연이 화합했기 때문에 있는 것이지 이와 구별되는 성품이란 없다. 마치 수레가 끌채·바퀴살·축·바퀴 테가 화합했기 때문에 있는 것이지 이와 구별되는 수레란 없는 것과 같다. 사람 또한 마찬가지이다. 오중五衆(오온)이 화합했기 때문에 있는 것이지 이와 구별되는 사람이란 없다.

问 경에서 "한 사람이 세상에 출현하면 많은 사람이 제도를 받는다."고 말씀하셨습니다. 또 부처님께서는 『이야경二夜經』에서 "부처가 도를 얻은 밤부터 열반에 드는 밤까지, 이 두 밤의 사이에 설한 경의 가르침은 일체가 모두 진실이며 전도되지 않은 것이다."라고 말씀하셨습니다. 만약 진실로 사람이 없다면 어떻게 사람 등에게 설하실 수 있었겠습니까?

答 사람 등은 세계실단에는 있고, 제일의실단에는 없는 것이다. 여여·법성·실제는 세계실단에는 없고, 제일의실단에는 있는 것이다. 사람 등도 마찬가지로 제일의실단에는 없고, 세계실단에는 있는 것이다. 왜 그런가. 오중의 인연이 있기 때문에 사람이 있다고 한 것이다. 이는 한 사람의 두 번째 머리나 세 번째 손처럼 그럴 인연이 없는데도 가설된 명칭이 있는 것과는 다르다.

이와 같은 특징을 (가진 가르침을) 세계실단이라 한다.

각각위인실단이란 무엇인가. (부처님께서) 사람들의 마음 씀씀이를 살펴 법을 설하고, 똑같은 사안에 대해 어떤 경우에는 허락하고 어떤 경우에는 허락하지 않으신 것이다. 예를 들면 (어떤) 경에서는 "다양한 과보를 받는 업 때문에 다양한 세간에 다양하게 태어나 다양한 접촉을 하고 다양한 느낌을 받게 된다."고 설하시고, 또 다른 경[82]에서는 "접촉하는 사람도 없고, 느낌을 받는 사람도 없다."고 설하셨다. 앞의 것은 단견斷見을 가진 사람을 위해 하신 말씀이고, 뒤의 것은 상견常見을 가진 사람을 위해 하신 말씀이다. 이와 같은 특징을 (가진 가르침을) 각각위인실단이라 한다.

대치실단이란 무엇인가. 법이 있다지만 대응해 다스린다는 면에서 있는 것이지 참된 성품을 추궁해 보면 없다. 예를 들면 부정관不淨觀은 욕심의 병을 잘 대응해 치료한다. 하지만 성냄의 병에는 좋다고 할 수 없으니, 대응해 치료하는 법이 아니다. 마찬가지로 자비로운 마음이 성냄(을 다스리기)에는 좋지만 욕심(을 다스리기)에는 좋은 것이 아니다. 이와 같은 특징을 (가진 가르침을) 대치(실단이)라 한다.

제일의실단이란 무엇인가. 일체 법의 성품과 일체 논의와 일체 시비를 낱낱이 깨뜨릴 수 있지만 모든 부처님이나 벽지불이나 아라한이 행한 진실한 법은 깨뜨릴 수도 없고 부술 수도 없다. 또 (앞의) 세 가지 실단에서 통하지 않던 것도 여기에서는 모두 통한다.[83]

(『대지도론』에서는) 이외의 사항들도 자세히 설명하였다.

五。爲欲說第一義諦者。論云。佛欲說第一義悉檀相故。說是般若波羅蜜經。有四種悉檀。何者爲四。一者世界悉檀。二者各各爲人悉檀。三者對治悉檀。四者第一義悉檀。此四悉檀。攝一切十二部經八萬四千法藏。皆是實不相違背。世界悉檀者。有法從緣和合故有。無別性。如車轅輻軸輞和合故有。無別事。[1]) 人亦如是。五衆和合故有。無別人也。問曰。如經說言。一人出世。多人蒙度。又佛二夜經中說。佛從得道夜至涅槃夜。是二夜中間所說

---

82 다른 경:『大智度論』에서는『破群那經』이라 하였다.
83 『大智度論』권1(T25, 59a).

經敎。一切皆實而不顚倒。若實無人者。云何說人等。答曰。人等世界故有。第一義故無。如如法性實際。世界故無。第一義故有。人等亦如是。第一義故無。世界故有。所以者何。五衆因緣有故有人。非如一人第二頭第三手無其因緣而有假名。如是等相。名世界悉檀。云何各各爲人悉檀。觀人心行。而爲說法。於一事中。或聽或不聽。如經中說。雜報業故。雜生世間。得雜觸得雜受。又餘經說。無人得觸。無人得受。前爲斷見人。後爲常見人。如是等相。名爲各各爲人悉檀。云何爲對治悉檀。有法對治卽有。實性則無。如不淨觀。於欲病中。是善對治。於瞋病中。不名爲善。非對治法。如是慈心。於瞋是善。於欲非善。如是等相。名爲對治。云何名第一義悉檀。一切法性。一切論議。一切是非。一一可破。諸佛辟支佛阿羅漢所行眞實法。不可破。不可壞。且於三悉檀中所不通。此中皆通。乃至廣說。

---

1) ㉮ '事'가 『大智度論』에는 '車'로 되어 있다.

검토해 보겠다.

통틀어 말하면 일체 교문敎門이 두 가지 종지를 벗어나지 않으니, 이른바 이제二諦이다. 다만 세제世諦에 많은 차별이 있다. 따라서 그 가운데서 (위인실단과 대치실단) 두 가지가 갈라져 나오며, 이 두 가지 외의 것들은 모두 첫 번째에 속한다.

가운데 두 가지 실단에는 어떤 차이가 있는가. 통틀어 말하면 위인실단치고 대응해 다스리지 않는 것이 없고, 대치실단 역시 사람을 위한 것이다. 하지만 똑같은 사안에 대해 '있다' 또는 '없다'로 다르게 말씀하셨으니, 이것은 사람의 차이에서 비롯된 것이다. 따라서 위인(실단)이라 한다. (이것은) 병이 다르기 때문에 별도의 약을 준 것이 아니니, 똑같은 사안이기 때문에 대치(실단이)라 하지 않는다.

만약 별도의 법으로 다른 병을 다스렸다면 병도 구별되고 약도 다르다. 따라서 대치(실단이)라 한다. (이것은) 하나의 사안에 대해 사람 따라 다르게 말씀하신 것은 아니다. 따라서 이런 것은 위인(실단)이라 하지 않는다. 이 두 가지를 제외하고 세속의 일을 말씀하신 것은 모두 세계실단에 포함된다.

案云。總而言之。一切教門。不出二宗。所謂二諦。但於世諦。有多差別。故於其中。分出二種。[1] 此二之餘。皆屬初一。中二悉檀。有何界[2]者。通而言之。爲人悉檀。無非對治。對治悉檀。亦是爲人。然於一事中。有無異說。是由人界。[3] 故名爲人。不由病異以授別藥。唯一事故。不名對治。若說別法。以治異病。病別藥異。故名對治。非於一事中爲人異說。故於中不名爲人。除此二種。說世俗事。皆是世界悉檀所攝。

1) ㉮ '種'이 '宗'으로 되어 있는 경우도 있다. 2) ㉯ '界'가 『大智度論』에는 '異'로 되어 있다. 3) ㉯ '界'는 '異'인 듯하다.

問 모든 부처님의 설법치고 사람을 위하지 않은 것이 없고, 중생의 병을 대응해 치료하지 않은 것이 없습니다. 왜 처음과 마지막 두 가지 실단은 위인(실단)이라 하지 않고 대치(실단이)라 하지 않습니까?

答 통틀어 말하자면, 여래께서는 질문이 있을 때에 그저 세속의 가설된 명칭을 곧장 보여 주기도 하셨고, 또 승의의 참된 모양을 곧장 드러내기도 하셨다. 이와 같은 두 가지는 (보여 주신) 진리 때문에 다른 것이지, 사람 때문에 다른 것이 아니고 병 때문에 다른 것도 아니다. 따라서 처음과 마지막 두 가지를 따로 수립하였다.

問。諸佛說法。無不爲人。無非對治衆生病者。云何初後二種悉檀。不名爲人。不名對治。答。通相而言。有如來問。但爲直示世俗假名。又爲直顯勝義實相。如是二種。由諦故異。不由人異。不由病別。是故別立初後二也。

問 만약 '사람 등이 세제에서 존재하는 것은 한 사람에게 두 번째 머리가 있다는 것과는 같지 않다.'고 말한다면, (사람은) 온蘊·계界·처處에서 어떤 법에 포함됩니까? 또 만약 사람이 존재한다면, 곧 이것은 '내가 있다.'는 것이니, 독자부犢子部[84]에서 수립한 주장과 무엇이 다릅니까?

答 살바다종薩婆多宗[85]에서는 '사람이란 존재하지 않는다. (한 사람의) 두 번째 머리처럼 온·계·처의 법에 포섭되지 않기 때문이다.'라고 주장한다. 독자부에서는 '실제로 사람과 법이 존재하며 서로 똑같지도 않고 분리되지도 않는다. 비록 온·계·처에는 포함되지 않지만 다섯 번째 불가설장不可說藏[86]에는 해당된다.'고 주장한다.

이제 대승에서는 이렇게 말한다.

인연 때문에 있으나 별도의 성품은 없다. 물질과 마음 등의 법이 모두 또한 마찬가지다. 만약 실제로 사람이 존재한다고 주장하면 이는 억지로 더하는 극단(增益邊)이고, 만약 사람이 전혀 존재하지 않는다고 주장하면 억지로 줄이는 극단(損減邊)이다. 대승은 그렇지 않다. 인연 따라 존재한다고 보기 때문에 억지로 줄이는 극단을 벗어나고, 별도의 성품은 없다

---

84 독자부犢子部 : ⑤ Vātsī-putrīyāḥ. 소승 20부의 하나. 발사불지리여부跋私弗底梨與部·바추부라부婆麤富羅部·가주자제자부可住子弟子部 등으로 칭하기도 한다. 불멸 후 약 300년경에 일체유부一切有部에서 갈라져 일파를 형성하였으며, 중생에게 실아實我가 있다고 주장하여 여러 불교 학파로부터 비판받았다. 『俱舍論』「破我品」에서 "불법 가운데 외도外道이다."라며 통렬히 배척하였다.

85 살바다종薩婆多宗 : ⑤ Sarvāsti-vādin. 소승 20부의 하나. 설일체유부說一切有部라고도 하고, 유부有部·유종有宗·설인부說因部(⑤ Hetu-vidyāḥ)라 칭하기도 한다. 실아實我는 없지만 법은 존재하고, 삼세三世가 실제로 존재하며 법체法體 역시 항상 존재한다고 주장하였다. 일체 만유를 5위 75법으로 구분하였다. 『大毘婆沙論』과 『發智論』·『六足論』 등이 이 종파의 교리를 서술한 것이며, 『俱舍論』도 대부분 이 종파의 교리를 밝히고 있다.

86 불가설장不可說藏 : 독자부에서는 일체 만유를 과거過去·미래未來·현재現在·무위無爲·불가설不可說의 오장五藏으로 구분하고, 모두 실제로 존재한다고 주장하였다. 특히 생사윤회의 주체로서 보특가라補特伽羅(⑤ pudgala)를 상정하고, 이는 오온五蘊과 부즉불리不卽不離의 관계에 있으며 불가설장에 해당한다고 주장하였다.

고 보기 때문에 억지로 늘리는 극단을 벗어난다. 온·계·처에서 어떤 법에 포함되는가. 심불상응행온心不相應行蘊[87]에 포함되며, 스물네 가지 중 중생동분衆生同分[88]에 포함된다. (그리고) 법계法界와 법처法界에 포함되는 것임을 알아야 한다.

나머지 논의들은 일단 멈추고 본래 주제로 돌아가 서술하겠다.

問。若說人等世諦故有非如一人第二頭等者。蘊界處中。何法所攝。又若有人。卽是有我。何異犢子部所立耶。答。薩婆多宗說。無有人。如第二頭。蘊界處法所不攝故。犢子部說。實有人法。不卽不離。雖蘊界處之所不攝。而在第五不可說藏。今大乘說。因緣故有。而無別性。色心等法。皆亦如是。若實有人。是增益邊。若都無人。是損減邊。大乘不爾。從緣有故。離損減邊。無別性故。離增益邊。蘊界處中。何法攝者。心不相應行蘊中攝。二十四中。衆生同分攝。當知法界法處所攝。且止乘[1]論。還述本宗。

1) ㉑ '乘'은 '剩'인 듯하다.

제6장 모든 논의사들을 굴복시키고 싶어서

여섯째, 모든 논의사들을 굴복시키고 싶어서이다. 『대지도론』에서 다음과 같이 설명하셨다.

장조범지長爪梵志 등 대논의사大論議師들로 하여금 부처님 법에 믿음

---

87 심불상응행온心不相應行蘊 : 심불상응행법心不相應行法이라고도 한다. 『俱舍論』에서는 여기에 14법이 있다 하였고, 대승유식종에서는 24법이 있다고 하였다.
88 중생동분衆生同分 : 중동분衆同分·동분同分이라고도 한다. 타 집단과 구별되는 특정 집단이 공유하는 요소이다.

을 일으키게 하려고 이 경을 설하신 것이다. 그들이 만약 4구를 끊고 벗어난 제일의법이라는 반야의 향기를 맡지 못했다면 작은 믿음도 오히려 얻지 못했을 것이다. 하물며 도의 과보를 얻었겠는가.[89]

(『대지도론』에서는) 이외의 사항들도 자세히 설명하였다. 장조범지가 논의한 인연[90]을 여기서 자세히 설명해야 마땅하지만 그 나머지 여러 인연들은 논에서 자세히 설명한 것과 같다. 경을 설하신 인연을 간략히 서술하면 이상과 같다.

六。爲欲伏諸論議師者。論云。欲令長爪梵志等大論議師。於佛法中生信。故說是經。彼若不聞般若氣分離絶四句第一義法。小信尙不得。何況得道果。乃至廣說。長爪梵志。論議因緣。此中應廣說。其餘諸緣。廣如論說。說經因緣。略述如是。

---

[89] 『大智度論』 권1(T25, 61b).
[90] 장조범지가 논의한 인연 : 사리불의 외삼촌이자 유명한 논사였던 장조범지가 불법에 귀의한 인연은 『大智度論』 권1(T25, 61b)에 자세히 소개되어 있다.

제5편 가르침을 판별함

다음은 다섯 번째로 가르침을 판별한다. 부처님의 가르침을 판별하는 방법에 서로 다른 여러 주장들이 있다. 이제 우선 두 가지 주장만 간략히 드러내 옳고 그름을 가려 보겠다.

次第五判敎者。分判佛敎。諸說不同。今且略出二說。平章是非。

이렇게 주장하는 사람이 있다.
하나의 가르침이 두 길을 벗어나지 않으니, 첫째는 돈교頓敎이고, 둘째는 점교漸敎이다. 점교에 다섯 시기가 있다. 첫째는 사제교四諦敎이고, 둘째는 무상교無相敎이고, 셋째는 억양교抑揚敎이고, 넷째는 일승교一乘敎이고, 다섯째는 상주교常住敎로서 얕은 것에서 깊은 것으로 차례대로 설하신 것이다. 이제 이 경을 비롯한 모든 반야의 가르침은 두 번째 시기에 해당하며, 무상교라고 부른다.[91]

有人說言。一化敎門。不出二途。一者頓敎。二者漸敎。漸敎之內。有其五時。一四諦敎。二無相敎。三抑揚敎。四一乘敎。五常住敎。從淺至深。漸次而說。今此經等。諸般若敎。在第二時。名無相敎。

---

91 이상은 이교오시설二敎五時說에 의거해 『반야경』을 점교의 제2시로 판별한 것이다. 이교오시설은 남북조南北朝 시대 구마라집의 제자였던 혜관慧觀에 의해 주창되었으며, 이것이 중국에서 교상판석의 시초가 되었다.

이렇게 주장하는 사람도 있다.

세상을 벗어나는 (부처님의) 가르침은 세 종류에 지나지 않는다. 이른바 경에서 말한 세 가지 법륜이니, 『해심밀경解深密經』에서 하신 말씀과 같다.

승의생 보살勝義生菩薩이 (부처님께) 아뢰었다.
"세존께서는 첫 번째 시기에 바라니사波羅泥斯의 선인타처仙人墮處인 시록림施鹿林에 계시면서 오직 성문승聲聞乘에 발심하여 나아가는 자들만을 위해 사제四諦의 형식으로 바른 법륜을 굴리셨습니다. 비록 이것이 매우 기이하고 매우 드문 것이긴 하지만 이 법륜은 그것보다 나은 것이 있고 그것을 포용하는 것도 있습니다. 이것은 (부처님의) 뜻을 아직 완전히 드러내진 못한 것이며, 이것은 온갖 논쟁거리가 되기에 충분한 것입니다. 세존께서는 예전 두 번째 시기에 오직 대승大乘에 발심하여 나아가고 닦는 자들만을 위해 '모든 법은 공하여 자성이 없고, 생성도 없으며 소멸도 없다. (이렇게) 본래 고요한 자성이 열반이다.'라는 것에 의지하여 은밀한 형식으로 바른 법륜을 굴리셨습니다. 하지만 이 법륜 역시 그것보다 나은 것이 있으며, 이것은 온갖 논쟁거리가 되기에 충분한 것입니다. 세존께서는 이제 세 번째 시기를 맞아 널리 모든 승乘에 발심하여 나아가는 자들을 위해 '모든 법은 공하여 자성이 없고, 생성도 없고 소멸도 없다. (이렇게) 본래 고요한 자성인 열반 역시 자성이 없는 성품이다.'라는 것에 의지하여 완전히 드러내는 형식으로 바른 법륜을 굴리셨습니다. 이보다 나은 것은 없고 이것을 포용하는 것도 없습니다. 이것이 바로 (부처님의) 뜻을 완전히 드러낸 것이니, 온갖 논쟁거리가 되기에 충분한 것이 아닙니다."[92]

지금 이 『대품반야경』을 비롯한 모든 『반야경』은 다 이 두 번째 법륜에 포함된다.[93]

成[1]有說者。出世教門。不過三品。所謂經說三種法輪。如解深密經言。勝義生菩薩白言。世尊。初於一時在波羅泥斯仙人墮處施鹿林中。唯爲發趣聲聞乘者。以四諦相。轉正法輪。雖是甚奇甚爲希有。而是法輪。有上有容。是未了義。是諸諍論安足處所。世尊在昔。第二時中。唯爲發趣修大乘者。依一切法空無自性。無生無滅。本來寂靜。自性涅槃。以隱密相。轉正法輪。而是法輪。亦是有上。是未了義。是諸諍論安足處所。世尊於今。第三時中。普爲發趣一切乘者。依一切法空無自性。無生無滅。本來寂靜。自性涅槃。無自性性。以顯了相。轉正法輪。無上無容。是其了義。非諸諍論安足處所。今此大品。幷諸般若。皆是第二法輪所攝。

1) ㊈ '成'은 '或'인 듯하다.

㊂ 이 두 논사의 주장 중 어느 것이 진실입니까?

㊄ 두 가지 가르침과 세 가지 법륜이 하나의 길로 나아가는 것이며, 또한 모두 도리가 있다. 하지만 그들의 교판이 이 『대품반야경』 등을 모두 (다섯 시기 중) 두 번째 시기로 분류하고 (세 가지 법륜 중) 두 번째 법륜에 포함시킨 것은 이치상 절대로 그렇지 않다. 경과 논에 어긋나기 때문이다. 이 『대지도론』의 「석필정품釋畢定品」에서 말씀하셨다.

수보리는 『법화경法華經』에서 '만약 부처님이 계신 곳에서 작은 공덕

---

92 『解深密經』 권2(T16, 697a).
93 이상은 『解深密經』의 삼시설三時說에 의거해 『般若經』을 제2시로 판별한 것이다. 『解深密經』에 소개된 이 삼시설은 계현戒賢(S) Śīlabhadra)과 지광智光(S) Jñāna-prabha)으로 이어졌으며, 당나라 현장玄奘이 이를 계승해 부처님의 일대교설을 유교有敎·공교空敎·중도교中道敎로 구분하는 법상종法相宗의 교판으로 수립하였다.

이라도 짓고 나아가 웃고 장난치면서 한 번이라도 나무불南無佛하고 불렀다면, (그는) 조금씩 성장해 반드시 미래에 부처가 되리라.'고 하신 말씀을 듣고, 또 『마하반야바라밀경』「아비발치품阿鞞跋致品(불퇴품不退品)」에서 '물러나는 자도 있고 물러나지 않는 자도 있다.'고 하신 말씀도 들었다. 『법화경』에서 하신 말씀에 따르면 (성불이) 확정된 것인데, 다른 경에서는 물러나는 자도 있고 물러나지 않는 자도 있다고 설하셨다. 그래서 이제 (『반야경』을 설하시는 자리에서 사리불이 보살은) 성불이 확정되었는지 확정되지 않았는지를 질문한 것이다.[94]

(『대지도론』에서는) 이외의 사항들도 자세히 설명하였다. 이로써 이 경을 설한 시기가 『법화경』 이후라는 것을 확인할 수 있다. 따라서 두 번째 시기에 제시하셨다는 주장은 도리에 맞지 않다."[95]

問。是二師說。何者爲實。答。二種敎門。三種法輪。是就一途。亦有道理。然其判此大品經等。皆屬第二時攝第二法輪者。理必不然。違經論故。如此論釋畢定品言。須菩提。聞法華經說。若於佛所作小[1]功德。乃至戱咲一稱南無佛。漸漸必當作佛。又聞。阿鞞跋致品中有退不退。如法華經中[2]畢定。餘經說有退有不退。是故今問爲畢定爲不畢定。乃至廣說。以是驗知。說是經時。在法華後。卽示第二時者。不應道理也。

1) ㉠『大智度論』에 따르면 '小'는 '少'이다. 2) ㉠ '中' 다음에 '說'이 누락된 듯하다.

---

94 『大智度論』 권93(T25, 713b).
95 『法華經』은 오시설의 구분에 따르면 제4시 일승교一乘敎에 해당하고, 삼시설의 구분에 따르면 제3시 중도교中道敎에 해당한다. 이상에서는 "사리불이 보살의 성불 확정 여부에 대해 의문을 제기한 것으로 보아 『摩訶般若波羅蜜經』은 『法華經』 이후에 설해진 것이다."라는 『大智度論』의 주장을 바탕으로 『摩訶般若波羅蜜經』을 제2시로 구분한 것이 부당함을 지적하였다.

㋻ 만약 이 경을 『법화경』 뒤(에 설해진 것으)로 판별한다면, 이런 주장은 『인왕경仁王經』에서 "그때 대중이 각자 서로에게 말하였다. '크게 깨달으신 세존께서는 전에 이미 우리 대중을 위해 29년 동안 『마하반야摩訶般若』, 『금강반야金剛般若』, 『천왕문반야天王問般若』, 『광찬반야바라밀光讚般若波羅蜜』을 말씀하셨다. 오늘 여래께서 큰 광명을 비추시니, 어떤 일을 하려고 이러는 것일까?'"[96]라고 하신 말씀과 어떻게 회통하여 이해해야 합니까?[97]

㋺ 마하반야는 하나가 아니라 여러 가지로 많으니, 초기의 말씀에 해당하는 것도 후기의 말씀에 해당하는 것도 있다. 『대지도론』에서 "이 『마하반야바라밀경』은 2만 2천 게송이고, 『대반야경』은 10만 게송이다. 저 용왕의 궁궐이나 아수라궁 또는 천궁에 있는 것들은 천억만 게송이다."[98]라고 하고, 나아가 자세히 설명한 것과 같다. 이러한 뜻 때문에 서로 어긋나지 않는다.[99]

問。若判此經在法華後者。是說。云何通知仁王經言。爾時大衆。各相謂言。大覺世尊。前已爲我等大衆。二十九年。說摩訶般若。金剛般若。天王問般若。光讚般若波羅蜜。今日如來。放大光明。斯作何事。答。摩訶般若。非一衆多。有在前說。有在後說。如論說言。此經二萬二千偈。大般若十萬偈。

---

96 『佛說仁王般若波羅蜜經』 권상(T8, 825b).
97 『妙法蓮華經』 권5 「從地踊出品」(T9, 41c)에서 미륵보살이 부처님에게 한 질문에 "여래께서는 태자 시절 석가족의 궁궐을 나와 가야성에서 멀지 않은 도량에 앉아 아뇩다라삼먁삼보리를 얻으셨고, 그로부터 이제 40여 년이 흘렀습니다."라고 한 구절이 나온다. 따라서 『法華經』을 설한 시기는 성불 후 40여 년 이후가 된다. 이를 "29년 동안 『摩訶般若經』 등을 설하셨다."고 한 『仁王經』의 말씀과 대조할 때, 『摩訶般若經』은 『法華經』이전에 설해진 것이 된다고 의문을 제기한 것이다.
98 『大智度論』 권100(T25, 756b).
99 『摩訶般若波羅蜜經』이 『法華經』 이전에 설해진 것임을 추측케 하는 경증經證을 제시하자, 이에 대해 『摩訶般若』에 여러 가지가 있음을 밝힘으로써 의혹을 해명하였다. 이하 예상되는 난문들에 대해 반론을 제기하였다.

若龍王宮阿修羅宮天宮中者。千億萬偈。乃至廣說。以是義故。不相違也。

또 이『대지도론』에서 "또 두 종류의 설법이 있다. 하나는 논쟁하는 것이고, 둘은 논쟁이 없는 것이다. 논쟁하는 것은 나머지 경들과 같은 것들이다. 이제 논쟁이 없는 것을 밝히고 싶어 이『마하반야바라밀경』을 설하신 것이다."[100]라고 했다.

이것으로써 지금 이 경이 세 번째인 (부처님의 뜻을) 완전히 드러낸 법륜이란 걸 확실히 알 수 있으니, 온갖 논쟁거리가 되기에 충분한 것이 아니기 때문이다. 그리고 이 경 등을 두 번째 법륜을 제시한 것으로 판별한다면, (이 경은) 논쟁거리가 되는 것이다. (그렇다면)『대지도론』에서 "이것은 논쟁할 수 없는 것이다."라고 말하지 않았어야 한다.[101]

又此論云。復次有二種說法。一者諍處。二者無諍處。諍處者如餘經。今欲明無諍處故。說是摩訶般若波羅蜜經。以此證知。今此經者。同於第三顯了法輪。非諸諍論安足處故。而判此經等示第二法輪。是卽此經。爲諍論處。不應謂論說是無諍。

또 이『마하반야바라밀경』에서 "삼승의 보리를 찾고자 한다면 반야바라밀을 배워야 한다."고 하고, 또 "반야바라밀 가운데 비록 얻을 수 있는 법이 없기는 하지만 그럼에도 삼승의 가르침이 있다."[102]고 하며 나아가 자세히 설명하신 것과 같다.『해심밀경』에서도 역시 "일체 성문과 독각과 보살이 모두 하나의 오묘하고 청정한 도이다."라고 말씀하셨다.

100『大智度論』권1(T25, 62b).
101 이상은『摩訶般若波羅蜜經』이 구경구경의 요의설了義說이 아니라는 주장에 대한 반론이다.
102『摩訶般若波羅蜜經』권8(T8, 279c).

마땅히 알라. 이 경은 저 세 번째인 널리 모든 승乘에 발심하여 나아가는 자들을 위해 완전히 드러내는 형식으로 바른 법륜을 굴리신 것이다. 그러나 저 두 번째 법륜을 굴리시며 하신 말씀들은 오직 대승에 발심하여 나아가고 닦는 자들만을 위한 것이다. 어떻게 이 경을 저 두 번째 법륜에 포함시킬 수 있겠는가.[103]

又此經言。欲求三乘菩提。當學般若波羅蜜。又言。波若波羅蜜中。雖無法可得。而有三乘之敎。乃至廣說。如解深密經中亦言。一切聲聞獨覺菩薩。皆是一妙淸淨道。當知。此經同彼第三普爲發趣一切乘者。以顯了相。轉正法輪。而彼第二法輪中言。唯爲發趣修大乘者。何得以此屬彼第二。

또 이 『마하반야바라밀경』의 「여화품如化品」에서 말씀하셨다.

부처님께서 말씀하셨다.
"만약 생멸이 있는 법이라면 (그건) 변화變化와 같은 것이다. 만약 법이 생성도 없고 소멸도 없다면 이른바 속이는 모양이 없는 열반이니, 이런 법은 변화가 아니다."
그러자 수보리가 말했다.
"부처님 말씀대로라면 일체 모든 법은 성품이 공하여 성문이 만들 수 있는 것도 아니고, 나아가 모든 부처님께서 만들 수 있는 것도 아닙니다. 어떻게 열반이라는 하나의 법만은 변화와 같지 않다고 하십니까?"
부처님께서 말씀하셨다.
"그렇다, 그렇다. 모든 법은 성품이 항상 공하니라. (하지만) 만약 새롭게 마음을 일으킨 보살이 '일체 법은 모두 성품이 공하며 나아가 열반

---

103 이상은 『摩訶般若波羅蜜經』이 대승인만을 위한 가르침이라는 주장에 대한 반론이다.

까지도 역시 모두 변화와 같다.'는 말을 듣는다면 곧 놀라고 두려운 마음이 들 것이다. 이런 새롭게 마음을 일으킨 보살들을 위해 생멸하는 것은 변화와 같고 생멸하지 않는 것은 변화와 같지 않다고 분별한 것이니라."

수보리가 말했다.

"세존께서는 새롭게 마음을 일으킨 보살로 하여금 어떻게 이 성품의 공함을 알게 하십니까?"

부처님께서 수보리에게 말씀하셨다.

"모든 법이 먼저는 있다가 지금은 없는가?"[104]

이런 문장들이 증명하고 있으니, 이 경에서 말씀하신 열반이란 법 역시 자성이 없음을 마땅히 알아야 한다. 하지만 저 두 번째 법륜에서는 '일체 모든 법이 생성도 없고 소멸도 없으며, (이렇게) 본래 고요한 자성이 열반'이란 건 말씀하셨지만 열반도 자성이 없는 성품이란 건 말씀하지 않으셨다. 세 번째 (부처님의 뜻을) 완전히 드러낸 법륜에서 '일체 모든 법이 생성도 없고 소멸도 없으며, 나아가 열반도 자성이 없는 성품'이란 걸 말씀하셨다. 이로써 이 경의 종지는 두 번째 법륜을 뛰어넘어 세 번째 법륜과 같음을 알 수 있다.[105]

又此經如化品言。若法有生滅者。如化。若法無生無滅。所謂無誑相涅槃。是法非變化。須菩提言。如佛所說。一切諸法性空。非聲聞作。乃至非諸佛作。云何涅槃一法非如化。佛言。如是如是。一切法性常空。若新發意菩薩。

---

104 이상은 『摩訶般若波羅蜜經』 권26 「如化品」(T8, 416a)에서 발췌 정리하여 인용한 것이다.
105 이상은 『摩訶般若波羅蜜經』이 자성열반自性涅槃을 밝혔을 뿐이고 자성열반의 무자성성無自性性은 밝히지 않았기 때문에 요의가 아니라는 주장에 대한 반론이다.

聞一切法皆是性空。乃至涅槃亦皆如化。心卽驚怖。爲是新發意菩薩故。分別生滅者如化不生滅者不如化。須菩提言。世尊。云何令新發意菩薩。知是性空。佛告須菩提。諸法先有今無耶。以是文證。當知。此經說涅槃法亦無自性。而彼第二法輪中。言一切諸法無生無滅本來寂靜自性涅槃。不言涅槃無自性性。第三了義法輪中。言一切諸法無生無滅。乃至涅槃無自性性。以是故知。今此經宗。超過第二。同第三也。

또 『화엄경』에서 말씀하셨다.

생사와 열반
이 둘 모두 허망하나니
어리석음과 지혜도 이와 같아
두 가지 모두 진실이 없다네.[106]

이제 이 『마하반야바라밀경』에서는 (수보리가 여러 천자들에게) '색色·수受·상想 등은 환상과 같고 꿈과 같으며, 나아가 열반마저도 환상과 같고 꿈과 같다. 만약 열반보다 훌륭한 법이 있게 된다 해도 나는 그것 역시 환상과 같고 꿈과 같다고 말하리라.'[107]고 하였다. 마땅히 알라. 이 경은 저 『화엄경』과 같아 이보다 나은 것은 없고, 이것을 포용하는 것도 없다. 다만 그 가르치는 방법이 각각 다르거나 같을 뿐이다.

다섯 번째, 교판을 간략히 서술하면 이상과 같다.

又華嚴經云。生死及涅槃。是二悉虛妄。愚智亦如是。二皆無眞實。今此經

---

106 『大方廣佛華嚴經』 권10(T9, 464c).
107 『摩訶般若波羅蜜經』 권8(T8, 276b).

云。色受想等如幻如夢。乃至涅槃如幻如夢。若當有法勝涅槃者。我說亦復如幻如夢。當知。此經同彼華嚴。無上無容。究竟了義。但其敎門。各各異一耳。第五判敎。略述如之。

제6편 문장 풀이

여섯 번째, 문장풀이이다. 『대지도론』에 의거해 자세히 해석하였다.[108]

第六消文。依論廣釋。

대혜도경종요 끝.

大慧度經宗要終。

---

108 필사자가 원문을 누락시킨 것으로 추측된다.

법화종요
法華宗要

원효 대사 찬 元曉師撰
이기운 옮김

---

* ㉑ 저본은 『대정신수대장경大正新修大藏經』 제34권(弘安六年相承仁和寺藏本)에 수록되어 있고, 갑본은 『동문선東文選』 제83권에 실린 「법화종요서法華經宗要序」이다.

법화종요法華宗要 해제

이 기 운
동국대학교 불교학술원 조교수

1. 개요

『법화종요』 1권은 대표적인 대승불교 경전의 하나로 꼽히는 『법화경』에 대한 원효 대사(617~686)의 저술로, 우리나라 고대 법화사상을 대표하는 중요한 저작이다. 이 저술은 원효의 『법화경』 저술 중에서 유일하게 현전하는데, 우리나라에는 일실되어 남아 있지 않고, 일본 인화사仁和寺에 전승되었다. 『법화경』은 한역경전으로 세 본만이 전하는데, 서진西晋 축법호竺法護가 역출한 『정법화경正法華經』(10권 27품)과 요진姚秦 삼장법사三藏法師 구마라집鳩摩羅什이 역출한 『묘법연화경妙法蓮華經』(7권 28품), 그리고 이 두 본을 교감 첨삭한 수隋나라 사나굴다闍那崛多와 달마굴다達磨崛多 역출의 『첨품묘법연화경添品妙法蓮華經』(7권 27품)이 있다. 법화신행이나 학문 연구에 있어서 초기에는 『정법화경』이 사용되었으나, 『묘법연화경』이 나온 뒤로는 전통적으로 구마라집 역 『묘법연화경』이 널리 사용되었다.

이 경에 대한 주소註疏는 초기 도생道生의 『법화경소法華經疏』와 법운法雲의 『법화경의기法華經義記』가 유행하다가, 천태 지의天台智顗에 이르러

『법화문구法華文句』・『법화현의法華玄義』・『마하지관摩訶止觀』이 나와 천태종을 개창하였다. 이어 길장吉藏과 규기窺基는 다양한 법화주소를 통하여 법화사상을 널리 유행시켰다. 원효는 이러한 법화사상을 통섭하여 『법화종요』를 저술하였다. 이 저술은 전통적인 『법화경』의 논서인 『법화론法華論』뿐만 아니라, 이전 주소가들의 『법화경』 사상에 대한 이론異論을 화해하고, 붓다의 출세 본회本懷가 들어 있는 『법화경』의 일불승 사상의 진의를 밝히는 데 초점을 맞추고 있다.

2. 서지 사항

원효의 저술은 『한국불교찬술문헌총록』에 의하면 86부 혹은 84부(『무량의경종요』, 『증성가證性歌』 혹은 『무애가無碍歌』 제외)에 이른다. 우리나라 고승 중 최대의 저술가로 알려져 있다. 그중에서 법화 관계 저술은 『법화종요法華宗要』 1권을 비롯하여 『법화경요략法華經要略』 1권, 『법화약술法華略述』 1권, 『법화경방편품료간法華經方便品料揀』 1권의 4부가 알려져 있고, 이 중에서 『법화경종요』만이 전한다. 불전 목록에는 대각국사 의천의 『신편제종교장총록新編諸宗教藏總錄』 제1권에 "종요宗要 일권一卷"이라 되어 있고, 동대사東大寺 원초圓超의 『화엄종장소병인명록華嚴宗章疏幷因明錄』에는 "법화종요法華宗要 일권一卷(원효 술元曉述)"이라 등재되어 있으며, 이외에도 일본 『고산사성교목록高山寺聖教目錄』 상上 「소화법보총목록昭和法宝総目録」 제3권에도 들어 있고, 『내량록奈良錄』 「지나찬술석경부支那撰述釋經部」에도 등재되어 있다.

『법화종요』의 판본은 『대정신수대장경大正新修大藏經』 제34권에 일본 인화사仁和寺 소장본이 실려 있으며, 『동문선』 제83권에는 서문 「법화경종요서法華經宗要序」만이 따로 전하고 있다. 한편 순천 선암사仙巖寺에는 서문의 판본 1장이 전한다. 『한국불교전서』(제1책)의 『법화종요』는 이들 여러 본을 교감한 것이다. 가장 온전히 전하는 신수대장경본의 『법화종요』는 "홍안 6년 상승 인화사 장본弘安六年相承仁和寺藏本"에서 알 수 있듯이 일본 인화사에서 전해 내려온 소장본을 실은 것이다. 그 말미의 "법화종요法花宗要 홍안 6년 팔월십칠일 상승지弘安六年八月十七日相承之"라는 구절로 보아, 인화사에서 1283년 베껴 쓴 것을 전해 온 것임을 알 수 있다. 인화사는 경도京都 우경구右京區 어실대내정御室大內町에 있는 고찰로서 고의진언종古義眞言宗의 대본산으로, 원효의 여러 저술을 소장하고 있다. 인화仁和 2년(886) 광효천황光孝天皇의 칙명으로 세운 원찰願刹이며, 홍안弘安은 일본 후우다천황後宇多天皇의 연호이다.

이상의 목록과 판본을 살펴본 대로, 이 저술은 『법화경종요法華經宗要』, 『법화종요法花宗要』, 『법화종요法華宗要』 등으로 불렸음을 알 수 있다. 한편 『원효대사전집』 제1책에는 한글역본이 수록되어 있다.

3. 저술 의도와 구성

원효의 저술 중에는 특히 이른바 종요宗要라는 형식의 저술이 많이 보인다. 『법화종요』 외에도 『화엄경종요』・『유마경종요』・『능가경종요』・『대혜도경종요』・『무량수경종요』・『무량의경종요』(『무량수경종요』로 의심)・『열반경종요』・『미륵상생경종요』・『범망경종요』・『대승기신론종요』・『광백론종요』・『삼론종요』・『중관론종요』・『장진론종요』・『성유식론종요』・『보성론종요』 등 16부의 종요가 더 있다. 이와 같이 종요라는 저작이 다양한 경론에 걸쳐 있는데, 주로 대승경전과 대승논서들에 대해서 이루어져 있다.

종요는 그 종지宗旨와 교설의 요체要諦를 논술하는 형식으로, 일반적으로 논論・소疏・초抄라는 형식적인 주석註釋의 틀을 탈피하고, 그 경론經論

을 올바로 이해하기 위하여 중요 내용을 몇 개의 부문으로 나누어 논술한 일종의 논구서이다. 이러한 '종요' 형식의 저술은 원효 후대의 인물로 유식의 대가였던 태현太賢의 52부 중에 『범망경보살계본종요』, 『유가계본종요』가 있는 것처럼 후대에까지 이어진 것으로 보인다.

원효의 다른 대승경전류와 달리 『법화경』에는 소疏가 보이지 않는다. 다른 대승경전의 경우, 『금강반야경소』·『화엄경소』·『열반경소』·『승만경소』와 같이 대부분 소疏를 통해 경을 주석하거나, 사기私記·기記 등의 형식으로 경전에 대한 이해를 밝혔는데, 『법화경』에서만 주석을 하지 않고, 종요宗要·요략要略·약소略述의 저술 방식을 택하였다. 이것은 『법화경』에 대한 자신의 이해를 표명하기보다는 경의 중요한 요의要義를 밝히는 데 더 많은 관심을 기울였다는 것을 보여 준다.

『법화종요』의 구성은 전체를 6문으로 나누어, 첫째, 『법화경』의 큰 뜻을 서술하고(述大意), 둘째, 경의 종지를 밝히며(辨經宗), 셋째, 일불승에 들어가는 작용(能詮用)을 밝히고, 넷째, 제목을 해석하며(釋題名), 다섯째, 『법화경』 교의의 섭수됨을 밝히고(顯敎攝), 여섯째, 경문의 뜻을 풀이한다(消文義). 이는 『열반경종요涅槃經宗要』의 2문이나 『무량수경종요無量壽經宗要』의 4문보다는 자세하고, 『미륵상생경종요彌勒相生經宗要』의 10門보다는 작으며, 『대혜도경종요大慧度經宗要』와 같이 6문으로 구성되어 있다. 제6편 소문의消文義는 『법화경』 경문에 대한 풀이로 보이는데, 앞의 5문 서술 방식으로 보아 경문 하나하나에 대한 풀이보다는 중요한 경문에 대한 진의를 해명하는 내용이었을 것이다. 다만 현재 전해지지 않아서 실제 저술이 이루어졌는지 중간에 소실되었는지 확인할 수 없다.

이러한 종요의 서술 체제는 비슷한 저술을 남긴 역대 법화 연구가들의 서술 체제와 비교해 보면, 상통하는 점이 있다. 원효의 법화사상에 직간접으로 영향을 준 천태天台(538~597)와 길장吉藏(549~623)의 법화 저술을 보면, 천태의 『법화현의法華玄義』에서는 제목을 풀이하고(釋名第一), 본체를 드러내며(辨體第二), 종요를 밝히고(明宗第三), 경의 작용을 논하며(論用第四), 교상을 판석함(判敎第五)의 다섯 문으로 서술하였다. 한편 길장의 『법화현론法華玄論』에서는 경을 펴는 방법(一弘經方法), 대의(二大意), 제목풀이(三釋名), 종지를 세움(四立宗), 의문 해결(五決疑), 경문의 뜻풀이(六隨文釋義)의 여섯 문으로 구성하여 서술하였다. 세 본의 서술 체제를 비교해 보면 다음과 같다.

〈역대 법화 저술과 『법화종요』의 구성〉
① 지의, 『법화현의法華玄義』: 釋名, 辨體, 明宗, 論用, 判敎
② 길장, 『법화현론法華玄論』: 弘經方法, 大意, 釋名, 立宗, 決疑, 隨文釋義
③ 원효, 『법화종요法華宗要』: 述大意, 辨經宗, 明詮用, 釋題名, 顯敎攝, 消文義(未傳)

여기서 원효의 『법화종요』 제1편 '술대의述大意'는 『법화경』의 큰 뜻을 서술한 것으로, 지의의 『법화현의』「명종名宗」과 길장의 『법화현론』의 「대의大意」와 통하는 내용이다. 제2편 '변경종辨經宗'은 경의 종지를 밝힌 내용으로, 『법화경』 제법실상과 일불승의 종지를 『법화현의』의 「변체辨體」와 『법화현론』「입종立宗」에서 서술하였다. 제3편 '명전용明詮用'은 경전의 작용을 밝히는 내용으로, 『법화현의』「논용論用」과 통하는 내용이다. 제4편 '석제명釋題名'은 『묘법연화경』이라는 제목을 해석한 것으로, 역대 『법화경』 연구가들은 법화의 진의가 '묘법연화경'에 응축되어 있다고 보고 이 장을 두었다. 이는 두 저술의 「석명釋名」과 일맥상통한다. 제5편 '현교섭顯敎攝'은 이 경이 어느 교설에 속하는지를 밝힌 내용으로, 『법화현의』의 「교판敎判」과 통하는 내용이다. 제6편 '소문의消文義'는 현전하지 않는데 이는 경문을 풀이하는 내용으로, 길장의 『법화현론』의 「수문석의隨文釋義」와 같은 형식이고 경의 주요 교설을 중심으로 풀이했을 것으로 보인다.

이와 같이 원효 이전의 두 저술과 비교해 보면, 원효의 『법화종요』는 『법화현의』·『법화현론』의 서술 체제와 유사한 서술 방식을 취하고 있다. 원효가 이러한 서술 체제를 구사한 것은 『법화경』의 대의와 경의 종지 그리고 교설의 성격을 효과적으로 밝혀서 『법화경』의 핵심 교의를 잘 드러내기 위한 것이었다고 할 수 있다.

4. 여섯 문의 내용

원효는 『법화경』의 요의要義를 『법화종요』 여섯 문을 통해서 밝히고 있다.

제1편 '술대의述大意'에서는 "『묘법연화경』은 삼세제불이 세상에 출현하는 큰 뜻이며, 구도九道 사생四生이 모두 한 도에 들어가는 큰 문"이라고 하면서, 「방편품」에서 밝힌 『법화경』 일대사인연설을 천명하였다. 부처는 일대사인연으로 세상에 출현하여, 일체중생으로 하여금 불지견佛知見을 열어서(開) 보이고(示) 깨달아(悟) 들어가게(入) 하므로, 방편을 열어 진실로 인도하니, 이승二乘이 다 성불하고 사생도 불자佛子 아님이 없는 일불승 실상을 밝히는 묘법이라 하였다. 이러한 진실의 입장에서는 부다가야에서 성불하고 녹야원에서 초전법륜을 굴리며, 쿠시나가라에서 입멸한 부처는 방편으로 보인 것이요, 진실에서 보면 여래의 수명은 헤아릴 수 없다고 하였다. 이 때문에 이 경을 함께 들은 사람도 장차 전륜성왕과 제석 범천왕에 이르고, 한 번 스쳐 들어도 보리의 수기를 받는 무량한 공덕이 있다고 하였다.

제2편 '변경종辨經宗'은 이 경의 종지를 밝힌 문이다. 원효는 모든 부처님이 세상에 나오신 큰 뜻과 일체 중생이 들어가는 하나의 큰 길은 이승도 삼승도가 아닌 바로 일승실상一乘實相이라 하였다. 이는 곧 일불승의

진실상으로, 그 경지를 이 법을 타고서 증득하는 능승인能乘人과 타는 법으로 소승법所乘法의 둘로 되어 있다고 한다. 능승인은 곧 일불승을 타는 사람으로, 삼승행인三乘行人과 사종성문四種聲聞과 삼계三界의 모든 사생四生이 여기에 들어가며, 불종자를 끊은 극악무도한 중생인 무성유정無性有精도 장차 다 성불한다고 하였다. 이러한 까닭에 한 중생도 불자 아님이 없고 중생계가 곧 열반계이므로 이 경은 깊은 뜻을 지닌 법문이라고 하였다.

다음으로 소승법은 증득해야 할 일불승 실상법으로, 일승리一乘理, 일승교一乘敎, 일승인一乘因, 일승과一乘果의 넷이 있다. 첫째, 일승의 이치는 일법계一法界이며 법신法身, 여래장如來藏으로 평등한 일여상一如相이라 하였다. 둘째, 일승의 가르침이란 삼세의 모든 부처님이 처음 정각을 이루고 열반에 들 때까지 그동안 설하신 것이 다 일불승에 이르기 위한 것이었으므로 일승교라고 한다. 셋째, 일승의 원인이란 증상만增上慢과 이승二乘 무성無性이 다 장차 성불의 인因이 된다는 것이다. 넷째, 일승의 과는 본유과本有果와 시기과始起果가 있다고 하였다. 여기서 본유과는 본래 있는 과체果體로서 법신불이며, 보리菩提의 과체라 한다. 시기과는 보신불과 응신불이다. 보신불報身佛이란 십지행十地行이 차서 열반을 증득하는 것이요, 응화신불은 중생의 인연을 따라 나타나는 것이라 하였다.

원효의 이러한 일불승 사법四法에 대하여 역대 주소가들은 사일四一의 뜻으로 해석해 왔다. 광택 법운法雲은 교일敎一·이일理一·기일機一·인일人一을 주장했고, 천태 지의는 이일理一·교일敎一·행일行一·인일人一을 주장했으며, 가상 길장은 인일因一·과일果一·인일人一·교일敎一을 주장했다. 원효의 사법四法, 혹은 오법五法은 역대 주소가들의 일불승 경지와 크게 다르지 않다. 다만, 원효는 인일因一·과일果一을 소승법(타야 할 법)에 두었고, 지의는 이를 행일行一로 하였다. 이를 도시하면 〈표1〉과 같다.

〈표1〉 역대 주소가들의 사일과 원효의 사법

법운,「법화경의기」	지의,「법화문구」	길장,「법화현론」	원효,「법화종요」	
理一	理一	×	所乘法	一乘理
敎一	敎一	敎一		一乘敎
機一	行一	因一		一乘因
		果一		一乘果
人一	人一	人一	能乘人	

　제3편에서는 경문의 작용(能詮用)에 대하여 밝혔다. 여는 작용(開)과 보이는 작용(示)으로 나누고 이 경은 방편문을 열어 진실상을 보이므로 수승한 작용이라고 하였다. 여는 작용은 여는 문(所開之門)과 여는 작용(能開之用)이 있고, 보이는 작용(示用)은 보여지는 것(所示)과 능히 보임이 있고 이 둘을 합하여 열어서 보이는 작용(合明開示用)이 있다. 이러한 경문의 작용은 방편을 열어서 진실을 드러내고, 삼승을 모아 일불승으로 들어가는 이 경의 수승한 작용을 밝힌 것이다.

　제4편에서는 경전의 제목을 해석(釋題)하였다. 원효는 『묘법연화경』을 묘법妙法과 연화蓮華로 나누어 풀이하였다. 묘법에서는 교묘巧妙·승묘勝妙·미묘微妙·절묘絶妙의 네 가지 뜻을 경문 교의에 맞추어 다시 각각 네 가지로 해석하고 모두 16가지의 묘한 뜻이 있다고 하였다. 이 중에서 교묘와 승묘는 능전能詮의 작용에 해당하고, 미묘와 절묘는 소전所詮의 종지를 따라 이름 붙인 것으로, 16가지 묘한 뜻은 시방삼세에 둘도 없는 법문(法軌)이라고 하였다. 또한 연화는 통석과 별석으로 풀이하였다. 통석에서는 꽃(華)·꽃술(鬚)·꽃받침(臺)·열매(實)의 네 가지를 갖추고 아름답고 묘한 뜻을 갖추어 한 경을 이루므로 묘법이라 한다는 것이다. 별석에서는 연꽃의 네 가지 종류로 교묘를, 이 꽃의 세 가지 이름으로 승묘를, 이 꽃의 원만한 향기 등으로 원만하고 미묘한 덕을 비유하고, 이 꽃의 덕성에 일승법문의 광대한 도리를 비유하였다고 하였다.

　제5편은 교설의 섭수(敎攝門)를 밝혔다. 이 경이 어떤 가르침에 속하는

지를 요의了義·불요의不了義로 나누어 설명하였다. 먼저 이 경이 불요의 라고 하는 경우이다. 법상가에서는 『해심밀경』 등을 최상의 요의경了義經 이라고 하고, 적멸열반에 결정적으로 안주하여 대승심을 내지 못하는 이 승 성문은 아무리 부처님 교화를 입어도 성불할 수 없다고 하여 결정적인 요의설了義說이라 하였다. 그런데 『법화경』은 정성이승定性二乘과 무성중생 無性衆生도 성불할 수 있다 하므로, 불요의경不了義經이라는 것이다.

원효는 이러한 의견에 대하여 『법화경』을 요의설로 볼 수 있다고 하였다. 법륜에는 근본법륜根本法輪·지말법륜枝末法輪·섭말귀본법륜攝末歸本 法輪이 있는데, 근본법륜은 부처님이 성도 후 처음으로 보살들을 위하여 깨달은 법을 그대로 설한 화엄법문을 말하고, 지말법륜은 일불승을 근기에 맞추어 셋으로 나누어 설한 가르침이며, 섭말귀본은 삼승을 설하여 성숙시키고 회통하여 일승의 도에 들어가게 한 법화의 법문을 가리킨다. 이 중에서 첫째와 셋째 법륜이 구경요의설이라 하고, 『법화경』은 구경요의설이라고 하였다. 이러한 『법화경』에 대한 불요의설과 요의설의 이론異論에 대해서 원효는 『대지도론』·『유가사지론』·『대법론』 등의 경론을 살펴 이들을 화회和會함으로써 이 주장들이 서로 도리에 어긋나지 않는다고 회통하고 있다.

원효는 『묘법연화경』에서 비로소 밝혀지는 부처님 출세본회의 일대사 인연설과 이 경의 종지인 일불승 실상법문의 진의를 『법화종요』의 여섯 법문 체제로 설파하였다. 이 『법화종요』는 고대 삼국 신라 시대 법화사상을 대표하는 중요한 문헌이라고 할 수 있다.

5. 인용 전적

원효는 『법화종요』에서 다음과 같은 경전과 논서들을 인용하여 『법화경』의 교의를 서술하였다. 불교사상으로는 화엄, 반야, 열반, 유식(유가행 대승 아비달마), 여래장에 이르는 약 17종의 다양한 경론서가 망라되어 있다. 구체적인 내용은 다음과 같다.

① 『묘법연화경妙法蓮華經』: 「방편품」, 「비유품」, 「신해품」, 「약초유품」, 「화성유품」, 「법사품」, 「견보탑품」, 「안락행품」, 「여래수량품」, 「여래신력품」
② 『화엄경華嚴經』「보왕여래성기품寶王如來性起品」
③ 『대반열반경大般涅般經』
④ 『보운경寶雲經』
⑤ 『대살차니건자소설경大薩遮尼乾子所說經』
⑥ 『금광명경金光明經(합부금광명경合部金光明經)』
⑦ 『보살영락본업경菩薩瓔珞本業經』
⑧ 『대비경大悲經』
⑨ 『니건자경尼乾子經』
⑩ 『대방등무상경大方等無想經』
⑪ 『마하반야바라밀경摩訶般若波羅蜜經』
⑫ 『해심밀경解心密經』
⑬ 『대승아비달마잡집론大乘阿毘達磨雜集論(일명『대법론對法論』)』
⑭ 『승만사자후일승대방편방광경勝鬘師子吼一乘大方便方廣經』
⑮ 『법화론法華論』
⑯ 『대지도론大智度論』
⑰ 『법화유의法華遊意』
⑱ 『구경일승보성론究竟一乘寶性論』

6. 참고 문헌

동국대학교 불교문화연구소, 『韓國撰述文獻總錄』, 동국대학교출판부, 1976.

이종익, 『법화경종요』, 국역원효성사전집 제1권.

김영길, 「원효의 『법화종요』로 본 一乘 통일」, 『원효학연구』 3, 1998.

이기영, 「法華宗要에 나타난 元曉의 法華經觀」, 『한국천태사상연구』, 동국대학교 불교문화연구원 편, 1983.

이기운, 「天台의 四一과 元曉의 四法」, 『불교학연구』 11, 불교학연구회, 2005.

이병욱, 「元曉 法華宗要의 敎理體系 硏究」, 『韓國佛敎學』 23, 1997.

李永子, 「元曉의 法華經 理解」, 『韓國學의 課題와 展望』, 한국정신문화연구원, 1988.

金炳坤, 「『法華宗要』の成立について」, 『印度學佛敎學硏究』 60-1, 2011.

金昌奭, 「元曉の法華宗要について」, 『印度學佛敎學硏究』 27-2, 1979.

徐補鐵, 「法華宗要の硏究」, 『印度學佛敎學硏究』 33-2, 1985.

福士慈稔, 「元曉著述に於ける天台の影響について」, 『印度學佛敎學硏究』 39-1, 1990.

徐輔鐵, 「法華宗要における元曉の和諍思想」, 『駒澤大学佛敎学部論集』 16, 1985.

徐栄愛, 「元曉の『法華宗要』の硏究」, 『大谷大学大学院研究紀要』 12, 1995.

任禹植, 「法華宗要における一乘說について」, 『印度學佛敎學硏究』 31-2, 1983.

차례

법화종요法華宗要 해제 / 91

일러두기 / 105

제1편 대의를 서술함 107

제2편 『법화경』의 종지를 밝힘 113
    제1장 타는 사람(能乘人) 113
    제2장 타는 법(所乘法) 115
      1. 일승의 이치 115
      2. 일승의 가르침 117
      3. 일승의 원인 119
        1) 성품의 원인 119
        2) 작용의 원인 120
        3) 일승의 원인을 맺음 123
      4. 일승의 과 124
        1) 본유과本有果 124
        2) 시기과始起果 126
        3) 총설 126
      5. 합설合說 130

제3편 경문의 작용 133
    제1장 여는 작용 133
      1. 열리는 문 134
      2. 여는 작용 135
    제2장 보이는 작용 136
      1. 보여지는 것(所示) 136
      2. 능히 보임(能示) 138
    제3장 열어서 보이는 작용을 합해서 밝힘 139

제4편 제목 해석 149
제1장 묘법妙法....... 149
제2장 연화蓮華....... 152
  1. 통석....... 152
  2. 별석....... 152

제5편 교설의 섭수 154
제1장 불요의 법문不了義法門....... 154
제2장 요의 법문了義法門....... 157

일러두기

1 '한글본 한국불교전서'는 문화체육관광부의 지원을 받아 동국대학교 불교학술원에서 수행하고 있는 '불교기록문화유산아카이브(ABC)사업'의 결과물을 출간한 것이다.

2 이 책은 『한국불교전서』(동국대학교출판부 간행) 제1책에 수록된 『법화종요法華宗要』를 저본으로 번역하였다.

3 번역문에 이어 원문을 병기하고 간단한 표점 부호를 삽입하였다.

4 원문의 교감 사항은 번역문의 각주와 별도로 원문 아래 부분에 제시하였다.
   ㉠은 『한국불교전서』 편찬자가 교감한 내용이다.
   ㉡은 번역자가 교감한 내용이다.

5 약물은 다음과 같다.
   『 』: 경명
   「 」: 분 또는 품명
   T : 『대정신수대장경大正新脩大藏經』
   ⓢ : 산스크리트어

이 경을 해석하는 데 대략 여섯 문으로 나누어 열고자 한다. 처음은 대의를 서술하고, 다음은 경의 종지를 가리고, 셋째는 경문의 작용(詮用)을 밝히고,¹ 넷째는 제목을 풀이하고, 다섯째는 교설의 섭수를 드러내고,² 여섯째는 경문의 뜻을 풀이한다.

將欲解釋此經。略開六門分別。初述大意。次辨經宗。三明詮用。四釋題名五顯敎攝。六消文義。¹⁾

1) ㉠『大正新修大藏經』에는 "初述大意。次辨經宗。三明詮用。四釋題名。五顯敎攝。六消文義。"가 작은 글씨의 주註 형태로 되어 있다.

---

1 경문의 작용(詮用)을 밝히고 : 이 경의 진리를 담고 있는 경문이 어떠한 수승한 작용이 있는지 밝힌 것이다. 뒤에서는 능전용能詮用이라 하였다.
2 교설의 섭수를 드러내고 : 이 경이 어떤 교설에 속하는지를 가려본 것이다. 뒤에서는 명교섭문明敎攝文이라 하였다.

제1편 대의를 서술함

첫째, 대의를 서술한다. 『묘법연화경』은 삼세제불이 세상에 출현하는 큰 뜻이며, 구도九道³ 사생四生⁴이 모두 한 도에 들어가는 큰 문이다. 문장이 교묘하고 뜻이 깊으니 오묘함은 궁극에 이르지 않음이 없고, 말씀이 두루하고 이치가 크니 법이 드러나지 않음이 없다. 문장과 말씀이 교묘하고 두루함은 꽃이 피어 열매를 품은 듯하고,⁵ 뜻과 이치가 깊고 큰 것은 진실하면서 방편을 함께하였다. 이치가 깊고 크다는 것은 둘도 없고 다름도 없음이요,⁶ 말씀이 교묘하고 두루하다는 것은 방편을 열어 진실을 보임이다. 방편을 연다는 것은 문밖의 세 수레⁷는 방편이고, 중도의 보배성이 화작이며,⁸ 보리수 아래에서 도를 이루신 것은 처음이 아니고, 쌍림 사

---

3 구도九道 : 불도에 들기 이전의 육취도六趣道(지옥·축생·아귀·수라·인·천)와 삼승도 三乘道(성문·연각·보살)의 중생을 뜻한다.

4 사생四生 : 육취중생들이 태어나는 양태를 넷으로 나눈 것. 태로 태어나는 태생胎生, 알로 태어나는 난생卵生, 습기로 태어나는 습생濕生, 변화의 몸으로 태어나는 화생化生을 말한다.

5 꽃이 피어~품은 듯하고 : 『法華經』에서 묘법의 이치를 연꽃으로 비유한 것으로, 연꽃은 방편, 열매는 진실을 뜻한다. 연밥을 위해 연꽃이 피듯이(爲蓮故華), 일불승 진실을 위해 삼승의 방편을 열기 때문이다.

6 둘도 없고 다름도 없음이요 : 진실한 이치에서는 일불승 진실이므로 둘이 없고, 진실에서는 이승도 삼승도 없으므로 다름도 없다는 것이다.

7 문밖의 세 수레 : 『法華經』「譬喩品」"화택삼거" 비유에서 부처(장자)가 삼계의 화택에 빠져 있는 중생을 구하기 위하여 방편으로 불타는 집 밖에 세 수레를 준다고 한 것을 말한다. 곧 양의 수레, 사슴의 수레, 소의 수레. 이는 방편으로 삼승법을 펴서 육취의 중생을 제도한 것을 말한다.

8 중도의 보배성이 화작이며 : 「化城喩品」에서 인도자가 보배성까지 대중을 이끌고 갈 때,

이에 멸도에 든 것이 끝이 아님을⁹ 연 것이다. 진실을 보인다는 것은 사생이 나란히 나의 아들이고,¹⁰ 이승二乘이 다 성불할 것이며, 산수로 그 수명을 헤아릴 수 없음이요, 겁화로도 그 국토를 태울 수 없음을 보인 것이니, 이를 경문과 말씀이 교묘하다고 한다. '둘도 없다'란 오직 일대사인연¹¹으로 열어서 보이고 깨달아 들어가서 위없고 다름이 없음을 알아서 증득하게 하기 때문이다. '다름이 없다'란 세 가지가 평등하여¹² 모든 승(諸乘), 모든 몸(諸身)이 모두 한가지로 같고, 세간과 열반이 두 경계를 영원히 여의었기 때문이다. 이를 뜻과 이치가 깊고 묘하다고 한다. 이는 곧 문장의 이치가 다 묘하여 그윽하지 않음이 없으며, 곧 거친 법¹³를 여의었으므로 이에 묘법妙法이라 부르는 것이다.

지친 대중들을 위하여 중도에 보배성과 똑같은 성을 화작하여 방편으로 쉬도록 한 것을 말한다.

9 멸도에 든~끝이 아님을 : 「如來壽量品」에 의하면, 중생들은 여래가 가야성의 보리수 아래서 처음 정각을 이루고 전법륜하여 쌍림(꾸시나가라)에서 마지막으로 입멸에 들었다고 여긴다. 그러나 이는 방편으로 보인 것일 뿐, 실은 여래가 이미 구원겁 전에 성불한 이래로 법을 설해 오고 미래에도 설할 것이라 한다. 그러므로 보리수나무 아래에서 정각을 이룬 것이 처음이 아니고, 쌍림에서 열반에 든 것이 끝이 아니라는 것이다.

10 사생이 나란히 나의 아들이고 : 진실의 입장에서 보면 이승, 삼승 등 온갖 제법이 다 일불승으로 이끌어 들어가기 위해 설한 것이요, 일불승一佛乘에서 방편으로 나누어 설한 것이므로, 이승인, 삼승인, 육취중생이나 사생四生의 중생 또한 다 불자佛子라고 하였다.

11 일대사인연 : 가장 중요하고 큰 일. 「方便品」에서 부처가 세상에 나오는 본 뜻을 밝힌 말. 곧 일체 중생으로 하여금 불지견佛知見을 열어서(開) 보이고(示) 깨달아(悟) 들어가게(入) 하기 위함(일불승을 펴기 위함)이라고 한다.

12 세 가지가 평등하여 : 첫째, 교승이 평등(乘平等)하다는 것. 「法華經」은 성문에게도 수기를 주므로 오직 일불승(대승)만이 있고 이승이 없기 때문이다. 둘째, 세간과 열반이 평등하다는 것. 「見寶塔品」에 의하면 다보여래가 성도한 후에 멸도하여 열반에 들어갔으므로 세간과 열반의 피차가 평등하여 차별이 없기 때문이다. 셋째는 몸이 평등하다는 것. 「見寶塔品」에서 다보여래가 이미 열반에 들었다가 다시 다보탑으로 출현하여 시현하였으므로, 자신, 타신, 법신이 평등하여 차별이 없기 때문이다.

13 거친 법 : 원문은 '麤之軌'. 거친 법도. 곧 실상을 밝힌 묘법에 상대하여, 방편을 밝힌 추법麤法을 말한다.

初述大意者。妙法蓮華經者。斯乃十方三世諸佛出世之大意。九道四生 滅[1)]入一道之弘門也。文巧義深。無妙不極。辭敷理泰。無法不宣。文辭巧 敷花[2)]而含實。義理深泰 實而帶權。理深泰者。無二無別也。辭巧敷者。開 權示實也。開權者。開門外三車是權。中途寶城是化。樹下成道非始。林間 滅度非終。示質[3)]者。示□[4)]生並是吾子。二乘皆當作佛。算[5)]數不足量共[6)] 命。劫火不能燒其立[7)]是謂文辭之巧妙也。言無二者。唯一大事。於佛知見 開示悟入。無上無異。令知令證故。言無別者。三種平等。諸乘諸身皆同一 揆。世間涅槃永離二際故。是謂義理之深妙也。斯則文理滅[8)]妙無非玄。則 離麤之軌乃稱妙法。

1) ㉮ '滅'은 『東文選』에는 '咸'으로 되어 있다. 2) ㉮ '花'는 『東文選』에는 '華'로 되어 있다. 3) ㉯ '質'은 『東文選』과 『大正新修大藏經』에 모두 '實'로 되어 있다. 4) ㉮ '□'는 『東文選』에는 '四'로 되어 있다. 5) ㉮ '算'은 『東文選』에는 '塵'으로 되어 있다. 6) ㉯ '其'은 『東文選』과 『大正新修大藏經』에 모두 '其'로 되어 있다. 7) ㉮ '立'은 『東文選』에는 '土'로 되어 있다. 8) ㉮ '滅'은 『東文選』에는 '咸'으로 되어 있다.

방편의 꽃이 열리어 펼쳐지면 진실의 열매가 크게 드러나니[14] 물듦이 없는 아름다움을 연꽃을 빌어 비유하였다. 그러나 묘한 법은 교묘하게 끊어졌으니[15] 무엇을 삼승이라 하고 무엇을 일승이라고 하며, 지극히 오래되어 지극히 아득하니[16] 누가 짧고 누가 길다 하겠는가. 이곳은 황홀하여 들어오기가 쉽지 않고, 아들들이 철없이 노느라 나오기가 매우 어려웠다.[17]

14 진실의 열매가 크게 드러나니 : 이는 연꽃이 피면서 연밥이 드러남(華開蓮現)을 비유한 것으로, 방편을 열어 진실을 드러냄(開權顯實)을 뜻한다.
15 묘하게 끊어졌으니 : 진실의 실상에서는 세간과 열반을 여의었고, 삼승이나 이승 모두 방편을 떠나 있기 때문이다.
16 지극히 오래되어 지극히 아득하니 : 여래의 실상이 밝혀지면 여래가 구원겁 전에 성불하여 수명이 무량함을 비유한 것으로, 짧고 긴 것을 논할 필요가 없다는 것이다.
17 아들들이 철없이~매우 어려웠다 : 「譬喩品」화택의 비유에서 불타는 집에 아들들이 있는데 놀이에 빠져 아버지가 그 위급함을 말해 줘도 나오지 않음을 비유한 것. 이는 삼계의 중생들이 오탁악세에서 오욕락에 빠져 생사고해에서 나오기 매우 어려움을 비유한 것이다.

이에 여래가 녹야원[18]에서 양의 수레로 꾀어내어 상대가 있는 추한 몸을 나타내서[19] 방편으로 인도하였으며, 영축산에서 백우를 타고[20] 한량없는 긴 수명을[21] 드러냈다.

이에 곧 하나를 빌어서 셋을 파하고,[22] 셋이 제거되어 하나도 버렸으며,[23] 긴 것을 빌어서 짧은 것을 물리치니[24] 수명이 짧은 것을 쉬어서 긴 것도 잊어버리게 되었다.[25]

이 법은 보여 줄 수도 없으니 말과 글의 모습이 적멸하였고, 텅 비어 걸릴 것이 없고 고요하여 의지할 것을 떠났으니, 무엇이라 말할 수 없어서

---

18 녹야원 : 원문에는 녹원鹿苑. 석가모니 부처님이 정각을 이루고 처음으로 설법을 한 곳. 왕사성 북쪽에 있다.
19 상대가 있는~몸을 나타내서 : 생사를 보인 열응신劣應身을 말한다. 원래 화택삼거의 비유에서는 방편으로 양의 수레, 사슴의 수레, 소의 수레를 베풀어서 일불승의 크고 흰 소의 수레로 이끌어 들인 것인데, 천태학에서는 양의 수레와 사슴의 수레는 장교의 설법으로 녹야원에서 생사를 보인 열응신의 부처가 장교를 설하였다고 한다.
20 백우白牛를 타고 : 「譬喩品」 화택의 비유에서 장자가 아이들에게 바라던 세 수레를 주겠다고 하여 불타는 집에서 나오게 한 후, 모든 아들들에게 크고 훌륭한 대백우거를 각각 준 것으로 일불승으로 인도한 것을 말한다.
21 한량없는 긴 수명을 : 『法華經』을 설법한 장소인 영축산에서 「如來壽量品」에 이르러, 가야성에서 성불하고 전법륜한 후 입멸하신 부처님은 방편이고, 진실은 본래 구원겁 전에 성불한 이래로 상주하니 그 수명이 한량없다는 것이다.
22 하나를 빌어서 셋을 파하고 : 삼승의 방편을 열어서 일불승의 진실이 드러나면 이는 모두 일불승을 위한 방편이었으므로 더 이상 삼승이 없어서 삼승을 파한다는 것이다.
23 셋이 제거되어 하나도 버렸으며 : 삼승이 파해져서 오직 일불승이므로 이제 모두 평등한 일불승만이 있다는 것.
24 긴 것을~것을 물리치니 : 「如來壽量品」에서 여래의 실상을 밝혀 중생들의 소견을 파한 것. 중생들은 부처가 가야성에서 처음 정각을 이루고 구시나가라에서 입멸을 보였다고 알고 있는데, 실은 여래는 구원겁 전에 이미 성불하여 영원히 법을 설하고 있음을 밝혀서, 긴 수명의 여래를 드러내어 가야성에서 성불한 짧은 수명의 부처는 중생의 근기에 맞추어 응화한 것이라고 파한 것을 말한다.
25 수명이 짧은~잊어버리게 되었다 : 부처의 실상은 원래 구원겁 전에 성불한 이래로 멸도함이 없는 영원한 수명임을 알고 나면 짧은 수명의 부처는 방편으로 보인 것이 드러나므로, 짧은 수명의 부처가 진실한 부처라는 집착에서 벗어난다. 또한 여래의 실상을 알고 나면 원래부터 항상 영원하므로 수명이 짧다거나 긴 것이어야 한다는 집착도 잊어버리게 된다.

억지로 '묘법연화'라 부른 것이다.

　그러므로 자리를 나누어 듣게 되는 자는 장차 전륜왕·제석·범천왕[26]의 자리를 받으며,[27] 한 구절이라도 귀에 스친[28] 사람도 나란히 위없는 보리의 수기[29]를 얻을 것인데, 하물며 받아 지니고 연설하는 복이야[30] 어찌 헤아려 생각할 수 있겠는가. 이러한 큰 뜻을 들어 제목으로 하였으므로 "묘법연화경"이라고 한 것이다.

　　權華[1]開敷實菓泰彰。無染之美假喩蓮花。然妙法妙絶。何三何一。至久[2]至冥。誰短誰長。玆□□總。[3] 入之不易。諸子爛漫。出之良難。是[4]如來引之□[5]權。羨□[6]車於鹿苑。示有□[7]之竈[8]身。駕白牛於鷲岳。顯無限之長命。斯酒□[9]一以破三。三除[10]一捨。假□[11]以□[12]短。短息而□[13]忘。[14] 是法不可示。言辭相寂滅。蕩[15]然靡據。肅[16]焉離寄。不知何以言之。强稱[17]妙法蓮花。[18] 是以分坐令聞之者。當[19]受輪王釋梵之座。逕[20]耳一句之人。並得無上菩提之記。況乎受持演說之福。豈可思議所量乎哉。擧斯大意以

26　전륜성왕·제석·범천왕 : 원문은 '輪王釋梵'인데, 윤왕은 전륜성왕으로 고대 인도에서 유래한 이상적인 군주, 삼십이상과 칠보를 갖추고 정법으로 세계를 통치한다고 한다. 석은 제석천, 욕계 육천 중에 제2 도리천의 왕으로 수미산 정상에 있다. 범은 범천왕을 말한다.
27　전륜성왕·제석·범천왕의 자리를 받으며 : 「藥草喩品」에서 "일체 중생이 이 법을 듣는 이는 각자의 능력에 따라 이를 받아 여러 경지에 머무르되, 혹은 사람과 하늘과 전륜성왕과 제석천, 범천의 여러 왕이 되면 이는 작은 약초"라고 한 것을 가리킨다.
28　한 구절이라도 귀에 스친 : 『妙法蓮華經』「法師品」에서 『法華經』의 한 게송 한 구절이라도 듣고 나서 잠시라도 수희하는 자에게는 내가 다 아뇩보리의 수기를 준다고 한 것을 말한다.
29　보리의 수기 : 『法華經』 설법을 듣고 깨달음을 얻은 중생들은 장차 보살도를 갖추어 아뇩다라삼먁삼보리의 불도를 이루리라고 부처님이 예언하신 것을 말한다.
30　받아 지니고 연설하는 복이야 : 「法師品」에서 중생들이 이 경의 한 게송이나 한 구절을 듣고 따라 기뻐하는 자에게 수기하여 아뇩보리를 얻을 것이라 하였고, 또한 이 경의 한 구절이라도 수지하고 읽고 외우고 해설하고 베껴쓰는 사람은 일찍이 십만억 부처님을 공양하였고, 일체 세간이 우러러 받들어 여래를 공양하듯 하고 마침내 미래세에 성불할 것이라고 한 것을 말한다.

標題目。故言妙法蓮華經也。

---

1) ㉔ '華'는 『東文選』에는 '花'로 되어 있다. 2) ㉔ '久'는 『東文選』에는 '人'으로 되어 있다. 3) ㉔ '□□總'은 『東文選』에는 '處恍惚'로 되어 있다. 4) ㉔ '是' 앞에 『東文選』에는 '於'가 있다. 5) ㉔ '□'는 『東文選』에는 '以'로 되어 있다. 6) ㉔ '□'는 『東文選』에는 '羊'으로 되어 있다. 7) ㉔ '□'는 『東文選』에는 '待'로 되어 있다. 8) ㉔ '㡢'는 『東文選』에는 '危'로 되어 있다. 9) ㉔ '洒□'는 『東文選』에는 '乃借'로 되어 있다. 10) ㉔ '除' 아래에 『東文選』에는 '而'가 더 있다. 11) ㉔ '□'는 『東文選』에는 '修'로 되어 있다. 12) ㉔ '□'는 『東文選』에는 '斥'으로 되어 있다. 13) ㉔ '□'는 『東文選』에는 '修'로 되어 있다. 14) ㉔ '忘'은 『東文選』에는 '亡'으로 되어 있다. 15) ㉔ '蕩'은 『東文選』에는 '儻'으로 되어 있다. 16) ㉔ '肅'은 『東文選』에는 '簫'로 되어 있다. 17) ㉔ '稱'은 『東文選』에는 '號'로 되어 있다. 18) ㉔ '花'는 『東文選』에는 '華'로 되어 있다. 이하도 마찬가지다. 19) ㉔ '當'은 『東文選』에는 '尙'으로 되어 있다. 20) ㉔ '逕'은 『東文選』에는 '經'으로 되어 있다.

제2편 『법화경』의 종지를 밝힘

둘째, 경의 종지를 밝힌다. 이 경은 바로 광대하고 매우 심오한 일승실상一乘實相[31]을 드러내고자 하는 종지로 한다. 총괄적으로 말하면 비록 그렇지만 이를 나누어 보면, 일승실상은 대략 두 가지가 있으니, 타는 사람(能乘人)[32]과 타는 법(所乘法)[33]이다.

第二辨經宗者。此經正以廣大甚深。一乘實相爲所詮宗。總說雖然。於中分別者。一乘實相。略說有二。謂能乘人及所乘法。

제1장 타는 사람(能乘人)

이 경에서 설하는 일승인은 삼승을 닦는 사람, 네 종류의 성문,[34] 삼계

---

31 일승실상一乘實相 : 곧 일불승 제법실상. 부처님의 불지견佛知見을 깨달은 일불승의 경지에서 알 수 있는 법계 제법의 진실한 모습, 부처님만이 아는 절대의 경지이다. 「方便品」에서는 이를 십여시十如是로 밝히고 있다.
32 타는 사람(能乘人) : 『法華經』에서 설한 법을 실천하여 일승에 이르는 사람.
33 타는 법(所乘法) : 일승에 이르게 하는 법. 일승에 이르는 사람들이 실천하는 『法華經』의 교법.
34 네 종류의 성문(四種聲聞) : 『法華論』에 나오는 이승 성문의 네 종류. 첫째 결정성문決定聲聞, 둘째 상만성문上慢聲聞, 셋째는 퇴대성문退大聲聞, 넷째 응화성문應化聲聞이다. 『法華論』에서는 이 중에서 결정성문과 상만성문은 미숙하여 수기를 줄 수 없고, 퇴대성문과 응화성문에게 수기를 준다고 한다.

에 있는 네 가지로 태어나는 중생들이 모두 (일불승을) 타는 일불승 사람이다. 이들은 다 부처의 아들이 되며 모두 보살이니, 모두 불성이 있어서 부처의 지위를 이을 것이기 때문이요, 나아가 무성유정無性有情[35] 또한 모두 부처가 될 것이기 때문이다.

『보운경寶雲經』에서 말씀하시기를, "보살이 발심하여 곧 이렇게 생각한다. '일체의 세계 가운데 지혜가 거의 없는 중생으로 어리석고 어두워 열반의 소질이 없어서 신심을 내지 않는 자와 일체 제불보살이 포기한 자, 이와 같은 중생을 내가 다 조복하며 나아가 도량에 앉아 아뇩보리를 얻게 하리라.' 이와 같은 마음을 낼 때 마군의 궁전이 진동한다." 또, "보살이 성불할 때 갖가지 원이 이루어진다."[36]고 말씀하셨다.

『법화경』의 「방편품」에서는 "삼세의 모든 부처님이 다만 보살을 교화한다."[37]고 하셨고, 「비유품」에서는, "일체중생이 다 내 아들이다."[38]라고 하셨기 때문이요, 또 "모든 법은 본래부터 항상 스스로 적멸한 모습이니 불자가 도를 행하면 내세에는 부처가 된다."[39]고 하셨다. 이는 곧 한 중생도 불자 아님이 없음이니 이러한 까닭에 넓고 크다고 하였으며, 이 중생계가 곧 열반계이니 이런 까닭으로 매우 깊다는 것이다. 이는 논에서 "삼계의 모습은 중생계가 곧 열반계임을 말하는 것이니, 중생계를 떠나서 여래장이 있는 것이 아니기 때문이다."[40]라고 말한 바와 같다. 이를 (일불승을) 타는 일불승인이라 한다.

---

35 무성유정無性有情 : 중생의 성품을 다섯으로 본 중에 한 가지 종성. 인천승의 성품 무루지의 종자가 온전히 없어서 불과나 성문 연각은 되지 못하고 겨우 오계 십선계를 닦아서 인·천에 날 수 있는 종성. 오성은 이외에도 보살종성菩薩種姓·독각종성獨覺種姓·성문종성聲聞種姓·부정종성不定種姓·무성유정종성無性有情種姓이 있다.
36 『寶雲經』(T16, 218c).
37 『妙法蓮華經』「方便品」(T9, 7b).
38 『妙法蓮華經』「譬喩品」(T9, 12c).
39 『妙法蓮華經』「方便品」(T9, 8b).
40 『妙法蓮華經憂波提舍』권하「譬喩品」(T26, 9b).

此經所說一乘人者。三乘行人。四種聲聞。三界所有四生衆生。並是能乘一
佛乘人。皆爲佛子。悉是菩薩。以皆有佛性當紹佛位故。乃至無性有情。亦
皆當作佛故。如寶雲經言。菩薩發心便作是念。一切世界中少智衆生。愚癡
瘖瘂無涅槃分。不生信心者。□□[1)]菩薩之所棄捨。如是衆生我皆調伏。乃
至坐於道場。得阿耨菩提。發此心時。魔宮震動。又言。菩薩成佛衆願滿足。
方便品說。三世諸佛但教化菩薩。譬喩品云。一切衆生皆是吾子故。又言。
諸法從本來。常自寂滅相。佛子行道已。來世得作佛。斯卽無一衆生。而非
佛子。所以廣大。此衆生界。卽涅槃界。是故甚深。如論說言。三界相者。謂
衆生界卽涅槃界。不離衆生界。有如來藏故。是謂能乘一佛乘人也。

1) ㉘ '□□'는 『寶雲經』(T16, 218c)에 의하면, '而爲一切諸佛'이 되어야 한다.

제2장 타는 법(所乘法)

이 일승의 사람이 타는 법은 간략히 말하면 네 종류의 '일—'이 있다. 즉
일승의 이치, 일승의 가르침, 일승의 원인, 일승의 결과이다.

此一乘人。所乘之法。略而說之。有四種一。謂一乘理。及一乘敎。一乘之
因。一乘之果。

1. 일승의 이치

'일승의 이치'란 일법계를 말하며, 또한 법신法身이라 하고 여래장如來
藏이라고도 한다.
『살차니건자경』에서 말씀하셨다. "문수사리보살이 부처님께 말씀드리기
를, '만약 삼승이 성품에 차별이 없다면 어째서 여래께서는 삼승법을 설하

셨습니까.' 부처님께서 말씀하셨다. '모든 부처와 여래가 삼승을 설한 것은 지위의 차별[41]을 보인 것이지 승법(乘)의 차별[42]을 보인 것이 아니며, 사람 (수준의) 차별을 설한 것이지 승법의 차별은 아니다.[43] 모든 부처와 여래가 삼승을 설한 것은 적은 공덕을 보여서 많은 공덕을 알게 하는 것이니,[44] 불법에는 승법의 차별이 없다. 법계의 법성에는 차별이 없기 때문이다.'"[45]

『금광명경』에서 말씀하시기를, "법계는 분별이 없으니[46] 이러한 까닭으로 다른 승법[47]이 없으며, 중생을 제도하기 위한 까닭에 삼승을 분별[48]하여 설하였다."[49]라고 하였다. 또 이 경(『법화경』)에서 말씀하시기를, "모든 부처님 여래가 저 법의 구경 실상[50]을 잘 안다."[51]고 하였다. 논에서는 이를 해석하여, "실상이란 여래장을 말하는데 법신의 체는 변하지 않는 상이기 때문이다."[52]라고 하였다. 또 그 아래의 글에서 "같다는 것은 모든

---

41 지위의 차별 : 성문위, 연각위, 보살위 등의 수행상의 계위를 말한다.
42 승법(乘)의 차별 : 원문은 승의 차별. 곧 성문승법, 연각승법, 보살승법으로, 성문에 들어가는 사제법, 연각에 들어가는 십이연기법, 보살에 들어가는 육바라밀법 등의 교법을 말한다.
43 승법의 차별이 아니다 : 여래가 중생에게 삼승을 베푼 것은 중생의 근기와 성품과 욕망이 다르므로, 불도에 들어오기까지 중생의 수준에 맞추어 성문·연각·보살의 지위를 각각 달리 설하였고, 성문승·연각승·보살승의 승법은 일불승법에서 삼승법으로 나누어 설한 것일 뿐 교법 자체의 차별이 있는 것이 아니라는 것이다.
44 적은 공덕을~하는 것이니 : 적은 공덕은 삼승인을, 큰 공덕은 일불승인을 말한다. 이와 같은 차이는 삼승의 인위因位에서 공덕을 갖추어 일불승의 과위果位를 이루기 때문이다.
45 『大薩遮尼乾子所說經』권2 「一乘品」(T9, 325c~326a) 축약.
46 법계는 분별이 없으니 : 보통 십법계가 있어서 각각 육도·성문·연각·보살·불계라고 보지만, 사실은 원래 모두 하나의 일법계이기 때문이다.
47 다른 승법 : 원문은 異乘. 곧 일불승 이외의 이승, 삼승.
48 삼승을 분별 : 부처가 원래 일불승에서 삼승으로 나누어 설했을 뿐이라는 것이다.
49 『合部金光明經』권3 「陀羅尼最淨地品」(T16, 376c).
50 구경 실상 : 궁극의 참된 경지. 제불이 얻는 절대의 경지, 제불만이 아는 제법의 참다운 모습.
51 『妙法蓮華經』「方便品」(T9, 5c). 원문에는 "佛與佛乃能究盡諸法實相."

부처 여래의 법신 성품은 범부와 성문과 벽지불 등과 같다는 것을 보여 주는 것이니 법신이 평등하여 차별이 없기 때문이다."53라고 하였다.

살펴보건대, 여래의 법신과 여래장 성품은 일체중생이 평등하게 가지고 있어서 일체를 움직여서 본래의 근원으로 같이 돌아가니, 이러한 도리로 말미암아 다른 승법이 없다고 한 것이다. 그러므로 이 법이 일승의 성품이 된다고 말하고 이 같은 것을 일승의 이치라고 한다.

一乘理者。謂一法界。亦名法身。名如來藏。如薩遮尼揵子經云。文殊師利白佛言。若無三乘差別性者。何故如來說三乘法。佛言。諸佛如來說三乘者。示地差別。非乘差別。說人差別。非乘差別。諸佛如來。說三乘者。示小功德知多功德。而佛法中。無乘差別。何以故。以法界法無差別故。金光明經言。法界無分別。是故無異乘。爲度衆生故。分別說三乘。又此經言。諸佛如來。能知彼法。究竟實相。論釋此云。實相者。謂如來藏。法身之體。不變相故。又下文言。同者。示諸佛如來。法身之性。同諸凡夫。聲聞辟支佛等。法身平等。無有差別故。案云。如來法身。如來藏性。一切衆生。平等所有。能運一切。同歸本原。由是道理。無有異乘。故說此法。爲一乘性。如是名爲一乘理也。

2. 일승의 가르침

일승의 가르침이란 시방 삼세 모든 부처님이 처음 성도하고부터 열반에 들 때까지 그 사이에 설한 온갖 언설의 가르침으로, 일체지一切智의 경지54에 이르게 하지 않음이 없다. 이런 까닭에 모두 일승의 가르침이

---

52 『妙法蓮華經優波提舍』권하(T26, 6a), "如經舍利弗唯佛與佛說法。諸佛如來。能知彼法究竟實相故。言實相者。謂如來藏法身之體不變義故." 참조.
53 『妙法蓮華經優波提舍』권하(T26, 7b).

라 한다.

「방편품」에서 "이 모든 부처님이 또한 헤아릴 수도 없고 셀 수도 없는 방편과 갖가지 인연과 비유의 말씀으로 중생을 위하여 온갖 법을 펴서 설하셨다. 이 법은 모두 일불승을 위한 까닭에 이 모든 중생들이 부처님으로부터 법을 듣고 마침내 모두 일체종지[55]를 얻는다."[56]고 하기 때문이다.

이 가르침은 시방 삼세에 두루 통하여 헤아릴 수도 없고 끝도 없기 때문에 광대한 것이며, 한 말씀이나 한 글귀가 모두 불승佛乘이 되어 한 모양(一相)[57] 한 맛(一味)[58·59]이므로 깊고 깊은 것이다. 이와 같아서 일불승의 가르침이라 한다.

一乘敎者。十方三世一切諸佛。從初成道乃至涅槃。其間所說一切言敎。莫不令至一切智地。是故皆名爲一乘敎。如方便品言。是諸佛亦以無量無數方便。種種因緣譬喩言辭。而爲衆生演說諸法。是法皆爲一佛乘故。是諸衆生從佛聞法。究竟皆得一切種智故。是敎遍通十方三世。無量無邊。所以廣大。故一言一句皆爲佛乘。一相一味。是故甚深。如是名爲一乘敎也。

54 일체지一切智의 경지 : 일체 제법을 이해하는 경지. 일체지는 모든 것을 아는 부처님 지혜이고, 지지는 곧 그 지위를 뜻한다. 곧 부처님의 지위
55 일체종지 : 모든 것을 아는 부처님의 지혜. 곧 아뇩다라삼먁삼보리(무상정등정각)의 지혜.
56 『妙法蓮華經』「方便品」(T9, 7b).
57 한 모양(一相) : 하나의 모습. 곧 실상實相으로, 절대적 평등을 말한다.
58 한 맛(一味) : 부처님 가르침이 평등함을 비유한 것. 일체중생에게 차별 없이 평등하게 일불승의 가르침을 편다는 것.
59 한 모양(一相) 한 맛(一味) : 「藥草喩品」에서 여래의 설법은 언제나 한 모양 한 맛으로 해탈상解脫相, 이상離相, 멸상滅相이니, 마침내 일체종지를 얻게 한다는 것을 말한다. 해탈상이란 생사의 속박에서 벗어남이고, 이상은 일체 번뇌에서 벗어남이며, 멸상은 일체 생사에서 적멸을 얻음이다.

3. 일승의 원인

일승의 원인은 전체적으로 설하면 둘이 있다. 첫째 성품의 원인[60]이고, 둘째 작용의 원인[61]이다.

一乘因者。總說有二。一者性因。二者作因。

1) 성품의 원인

성품의 원인이란 일체 중생들이 가지고 있는 불성이 삼신三身의 과[62]를 이루는데 작용의 원인이 되기 때문이다.「상불경보살품」에서 말씀하시기를, "나는 그대들을 가벼이 여기지 않노라. 그대들은 다 부처가 될 것이기 때문이다."[63]라고 한 것과 같다.『논』에서 이 말씀을 해석하기를, "모든 중생이 다 불성이 있음을 보인 것"[64]이라고 하였다. 또한 "결정성[65]과 증상만[66] 두 종성의 성문은 근기가 미숙하므로 부처님이 수기를 주지 않

---

60 성품의 원인(性因) : 타고난 것, 본래 갖추고 있는 성품으로 불성을 말한다.
61 작용의 원인(作因) : 후천적인 행위 노력, 선근 공덕으로 불성을 발현하여 불도를 이루게 하는 작용.
62 삼신三身의 과 : 중생들은 연인불성·요인불성·정인불성을 가지고 있어서, 수행하면 불과佛果, 곧 삼신을 이루게 된다. 그러므로 불성이 성품의 원인이 된다고 한다. 불과는 응신불·보신불·법신불의 삼신을 말한다.
63 『妙法蓮華經』「常不輕菩薩品」(T9, 50c).
64 『妙法蓮華經優波提舍』「譬喩品」(T26, 18b).
65 결정성 : 결정되어 있는 본성 또는 실체성. 유식의 오성각별성에서는 불종성(혹은 보살종성), 독각종성, 성문 종성은 삼승 각각을 실현함이 결정되어 있는 소질로서 결정성이라 한다. 이외에 부정종성은 삼승의 어느 하나에 한정되지 않고 무엇이 될 수 있는 소질이고, 무종성은 삼승의 어떤 소질도 결여되어 깨달음에 이를 수 없는 소질을 말한다.
66 증상만 : 아직 구경의 깨달음을 얻지 못했으면서도 스스로 얻었다고 생각하는 교만을 말한다.

고,[67] 보살이 수기를 준다.[68] 보살이 수기를 준다는 것은 방편으로 발심하도록 하기 위한 까닭이다."[69]라고 하였다. 이 경의 뜻에 의지하여 말하면, 적멸에 나아간 이승과 무성유정[70]도 다 불성이 있어서 마땅히 부처가 된다는 것을 알아야 한다.

> 言性因者。一切衆生[1]有佛性爲三身果而作因故。如常不輕菩薩品云。我不輕汝。汝等皆當作佛。論釋此言。示諸衆生皆有佛性故。又言。決定增上慢二種聲聞。根未熟故。佛不與授記。菩薩與授記。菩薩與授記者。方便令發心故。當知依此經意而說趣寂二乘無性有情皆有佛性悉當作佛。
>
> 1) ㉠ '生' 다음에 '所'가 빠져 있다.

2) 작용의 원인

작용의 원인이란 성인이나 범부, 내도內道나 외도外道,[71] 도분道分이나 복분福分[72]의 온갖 선근의 사람들이 함께 무상보리에 이르지 않는 사람이

---

67 부처님이 수기를 주지 않고 : 「方便品」에서 부처님이 일불승 출세본회를 밝히려 하자, 오천의 증상만들이 자신들은 이미 열반을 얻었으므로 더 이상 깨달을 것이 없다고 여겨서 자리를 박차고 나갔으므로 수기를 받지 못한 것을 말한다. 결정성도 성문·연각을 얻고 여기에 안주하므로 수기를 받지 못한다는 것이다.
68 보살이 수기를 준다 : 보통 수기는 부처님이 중생들에게 작불의 수기를 주지만, 보살이 방편으로 수기를 주어 방편으로 발심케 하는 경우를 말한다. 『法華論』에서는 상불경 보살을 들고 있다. 「常不輕菩薩品」에서 상불경 보살이 예배 찬탄하면서 "나는 당신을 가벼이 하지 않습니다. 당신들은 마땅히 부처가 될 것이기 때문입니다."라고 한 것이 일종의 수기라고 본 것이다.
69 『妙法蓮華經優波提舍』 「譬喩品」(T26, 18b).
70 무성유정 : 인천승성人天乘性이라고 한다. 이들은 무루지의 종자가 없어서 생사윤회하면서 오계·십선을 닦아 인간·천상에 날 수 있으나, 성문·연각·불과를 이루지 못한다는 종성.
71 내도內道나 외도外道 : 내도는 불교에 귀의한 자, 외도는 불교 외의 신행자.
72 도분道分이나 복분福分 : 도분은 깨달음을 얻는 도지道支. 곧 사념처, 사정근 등 삼십

없다. 아래의 경문에서 말씀하는 것과 같으니, "혹은 어떤 사람이 예배하고, 혹은 다만 합장하거나, 내지 한 손을 들거나 혹은 다시 조금 고개를 숙이거나, 어떤 사람이 산란한 마음에서 탑묘[73]에 들어가 한 번 '나무불'이라고 부른다면 모두 이미 불도를 이루었다."[74]고 하는 등 널리 설하였다.[75] 『본업경』에서는 "범부와 성인의 온갖 선은 유루과[76]를 받지 않고 오로지 상주의 과[77]를 받는다."[78]고 하였다. 『대비경』에서는 "부처님이 아난에게 말씀하셨다. 만약 어떤 사람이 삼유三有[79]의 과보를 즐거이 집착하면서[80] 부처의 복전[81]에서 보시와 모든 다른 선근을 행하고서 원컨대 나는 세세에 열반에 들지 않겠다고 한다면, 이 선근으로 열반에 들어갈 수 없다는 것은 있을 수 없다. 이 사람이 비록 즐겨 열반을 구하지 않더라도, 부처님 처소에서 온갖 선근을 심었다면 이 사람은 반드시 열반에 들어간다고 내가 설하였다."[82]고 하였다. 『니건자경』「일승품」에서 "부처님이 문

칠조도법 등 열반에 이르는 도업道業을 말한다. 복분이란 복을 짓는 선업들. 곧 오계 십선의 법을 말한다.

73 탑묘 : 탑탑은 stūpa의 음사로 탑파塔婆의 준말, 묘廟는 그 번역으로 일종의 사당. 탑묘는 부처님의 사리를 봉안하거나 후대의 경전을 봉안한 건축물.

74 『妙法蓮華經』「方便品」(T9, 9a).

75 어떤 사람이 예배하는 것은 천인의 업이고, 탑묘에 들어가 나무불을 하는 것은 인간의 업이지만, 『法華經』에서 부처님 출세본회가 "일체중생으로 하여금 불지견을 열어서 보여서 깨달아 들어가는 데 있다."고 천명하였기 때문에, 이승·삼승·인승·천승 모두 불도로 인도하기 위한 것이 되어 불도를 이루었다고 하였다.

76 유루과 : 탐·진·치 등 번뇌의 미혹으로 생긴 선업·악업의 과를 말한다.

77 상주의 과 : 『本業經』 원문에 나오는 상주의 부처님과를 뜻한다.

78 『菩薩瓔珞本業經』「佛母品」(T24, 1019a).

79 삼유三有 : 욕유欲有·색유色有·무색유無色有를 말한다. 곧 삼계의 존재들로 육도 윤회전생의 중생들을 가리킨다.

80 삼유의 과보를 즐거이 집착하면서 : 아직 삼계에서 잘살기를 바라면서 보시 등 갖가지 선근을 짓는 경우를 말한다.

81 부처의 복전 : 부처가 될 선근공덕. 복전이란 삼보를 공양하고 선근공덕을 쌓는 일이 마치 농부가 밭에서 수확하는 것과 같이 복이 생긴다고 하여, 복을 얻을 원인을 스스로 만드는 사람이나 일을 말한다. 삼보 등을 복전이라 한다.

82 『大悲經』(T12, 960a), "佛言. 如是如是. 阿難. 若有衆生. 樂著生死. 三有愛果. 於佛福田種

수보살에게 말씀하기를, 나의 불국토에 있는 승가와 니건자[83] 등은 모두 여래의 주지住持시키는 힘 때문에 방편으로 이 모든 외도를 나타내 보였다. 선남자들이 비록 갖가지 다른 배움의 모습을 행하지만 다 같은 불법의 한 다리를 건너는 것이요 그 밖에 다른 건너는 것이 없기 때문이다."[84]라고 하였다.

> 言作因者。若聖若凡內道外道道分福分一切善根。莫不同至無上菩提。如下文言。或有人禮拜。或復但合掌。乃至擧一手。或復少傾頭。若人散亂心入於塔廟中一稱□[1)]無佛皆已成佛道乃至廣說。本乘[2)]經言。凡聖一切善不受有漏果。唯受常住之果。大悲經言。佛告阿難。若人樂着三有果報。於佛福田若行布施諸餘善根。願我世世莫入涅槃。以此善根不入涅槃。無有是處。是人雖不樂求涅槃。然於佛所種諸善根。我說是人必入涅槃。尼健子經一乘品言。佛語文殊。我佛國□[3)]所有僧伽尼乾子等。皆是如來住持力故方便示現此諸外道。善男子等。雖行種種諸異學相。皆同佛法一橋梁度。更無餘度故。

1) ㉯ '□'는 '南'으로 추정된다. 2) ㉯ '乘'은 경명이므로 '業'이 되어야 한다. 3) ㉯ '□'는 『尼乾子經』에 '土'로 되어 있다.

善根者。作如是言。以此善根願我莫般涅槃。阿難。是人若不涅槃。無有是處。阿難。是人雖不樂求涅槃。然於佛所種諸善根。我說是人必得涅槃。盡涅槃際。"의 축약.
83 니건자 : 인도 나타족 출신의 니간타파 사람. 석가모니 당대에 육사외도 중의 하나로 자이나교의 창시자. 본명은 바르다마나(ⓢ Vardhamāna)이며, 출가하여 깨달음을 얻은 후에 승자勝者(ⓢ Jina), 대웅大雄(ⓢ Mahāvīra) 등으로 불렸다. 내세의 복락을 얻기 위해서는 현세에서 고행을 해야 한다고 주장했다.
84 『大薩遮尼乾子所說經』 권2 「一乘品」(T9, 326b), "此諸外道善男子等。雖行種種諸異學相。皆同佛法。一橋梁度。更無餘濟故。"

3) 일승의 원인을 맺음

살펴보건대, 이 같은 경문에 의하면 마땅히 알아. 불법의 오승五乘[85]의 모든 선근이나 외도의 갖가지 다른 선근, 이런 일체가 모두 일승이다. 모두 불성에 의지할 뿐 다른 본체가 없기 때문이다. 『법화론』에서는 이 뜻을 드러내기를, "무엇을 체와 법이라 하는가. 이치에 두 가지 체가 없음을 말한다. 두 가지 체가 없다는 것은 무량승이 다 일승이기 때문이다."[86]라고 하였다. 아래 경문에서, "그대들이 수행한 것이 보살도다라고 한 것은 (먼저) 보리심을 낸[87] 사람이 (중간에) 물러났다가[88] 다시 보리심을 낸 것을 말하니,[89] 앞에 닦은 선근이 멸하지 않다가 한가지로 뒤의 과(後得果)[90]를 얻게 되기 때문이다."[91]라고 한 것은 종자의 위없는 뜻을 드러내기 위한 것이기 때문에 발심한 선근만을 말했을 뿐이고, 나머지 선근이 불과를 얻지 못한다는 것은 아니다. 이런 까닭에 앞에서 인용한 경문과 어긋나지 않는다. 이 같은 까닭으로 범부나 성인이나 온갖 중생, 내도, 외도, 온갖 선근이 모두 불성에서 나와서 함께 본원으로 돌아간다고 한다. 이와 같은 것은 본래 오직 부처만이 끝까지 알 수 있으니 이런 뜻으로 광대하고 깊

---

85 오승五乘 : 삼승에 인승·천승을 합한 것. 법화의 개현開顯이 이루어지면 방편이 진실이 되므로 삼승이 곧 일불승이 된다. 또 인승·천승도 일승으로 인도하기 위해 방편으로 연 것이었기 때문에 진실이 되므로 모두 일승이라고 하였다.
86 『妙法蓮華經優波提舍』 권하 「方便品之餘」(T26, 6a).
87 보리심을 낸 : 무상의 깨달음을 구하는 마음을 일으키는 것. 대승의 도를 구하려는 마음을 내는 것.
88 (중간에) 물러났다가 : 대승의 도를 구하려는 마음에서 퇴전하는 것. 곧 중간에 소승에 떨어지는 일.
89 대승에 발심한 사람이 중간에 이승으로 퇴보했지만 다시 발심한 경우. 이는 앞에 발심한 선근이 이승으로 퇴보했더라도 멸하지 않고 이전에 대승을 닦은 선근으로 대승의 과를 얻게 된다는 것이다.
90 뒤의 과(後得果) : 퇴전한 이승이 수행을 하여 얻는 과가 그 이전의 대승을 닦은 선 공덕으로 대승의 과가 되어 돌아온다는 것을 말한다.
91 『妙法蓮華經優波提舍』 권하 「方便品之餘」(T26, 9a).

고 깊다고 한다. 이것을 일승의 원인이라고 한다.

案云。依此等文。當知佛法五乘諸善及與外道種種異善。如是一切皆是一乘。皆依佛性無異體故。如法花論顯此義。云何體法者。謂理無二體。無二體者。謂無量乘皆是一乘故。而下文言。汝等所行是菩薩道者。謂發菩提心退已還發者。前所修行善根不滅同後得果故者。爲顯種子無上義故。且約發心善根而說。非謂餘善不得佛果。是故□[1)]違前所引文。由是言之。若凡若聖一切衆生內道外道一切善根。皆出佛性同歸本原。如是本來唯佛所窮。以是義故廣大甚深。如是名爲一乘因也。

1) ㉠ '□'는 내용상 '不'로 추정된다.

4. 일승의 과

일승과란 간략히 설하면 두 가지가 있으니 본유과本有果[92]와 시기과始起果[93]이다.

一乘果者。略說有二種。謂本有果及始起果。

1) 본유과本有果

본유과란 법신불의 보리[94]를 말한 것이다. 「여래수량품」에서, "여래는 여실히 삼계의 모습을 알고 보느니, 태어나고 죽는 것이나 물러나고 나오

---
92 본유과本有果 : 본래의 보리과(깨달음인 것), 곧 본래가 부처인 법신부처의 불과를 말한다.
93 시기과始起果 : 수행을 통해 이룬 보리과, 곧 보살도를 통해 이룬 보신불의 불과를 말한다.
94 법신불의 보리(法佛菩提) : 법신불이 본래부터 갖춘 보리과.

는 것도 없고,⁹⁵ 또한 세상에 사는 것도 멸도하는 것도 없어서, 진실하지도 않고 허망하지도 않으며, 같지도 않고 다르지도 않다."⁹⁶고 하였다.

살펴보건대, 이 경문은 한 법계에 나아가 하나의 과의 체體를 드러낸 것으로, 체가 있는 것이 아니기 때문에 진실하지 않고, 체가 없는 것도 아니기 때문에 허망하지도 않다. 진리의 도리(眞諦)⁹⁷도 아니기 때문에 같지도 않고, 세속의 도리(俗諦)⁹⁸도 아니기 때문에 다르지도 않다는 것이다. 『본업경』에서는 "과체는 원만하여 갖추지 않은 덕이 없고 두루하지 않은 이치가 없어서, 이름도 없고 모습도 없으니 일체법으로 얻을 수 없으며 체가 있는 것도 아니고 체가 없는 것도 아니다."⁹⁹ 등으로 자세히 설하였다. 또 말하기를, "두 가지 체 밖에 홀로 존재할 뿐 둘이 없기 때문이다."¹⁰⁰라고 하였으니 이는 법신불의 보리의 과체를 밝힌 것이다.

本有果者。謂法佛菩提。如壽量品云。如來如實知見。三界之相。無有生死若退若出。亦無在世及滅度者。非實非虛。非如非異。案云。此文就一法界顯一果體。非有體故非實。非無體故非虛。非眞諦故非如。非俗諦故非異。如本乘¹⁾經云。果體圓滿無德不備。無理不周。無名無相。非一切法可得。非有體非無體。乃至廣說。又言。二體之外獨在無二故。是明法佛

---

95 물러나고 나오는 것도 없고 : 본유과에서는 실상보리를 얻은 실지實智이므로 분단생사·변역생사를 여의었기 때문에 다시 번뇌를 일으켜 생사의 세계로 물러남도 없고, 다시 무상無常의 과가 나옴도 없다는 것이다.
96 같지도 않고 다르지도 않다 : 중도실상에서는 세간을 떠나 있지도 않고 출세간의 진여도 아니므로, 같지도 않고 다르지도 않다고 하였다.
97 진리의 도리(眞諦) : 진제(Ⓢ aramārtha), 승의제, 제일의제라고도 하며, 깨우친 사람들에게 알려진 진리.
98 세속의 도리(俗諦) : 세제, 세속제라고 하며, 세상 일반 사람들에게 알려진 도리.
99 『菩薩瓔珞本業經』「因果品」(T24, 1020a).
100 『菩薩瓔珞本業經』「因果品」(T24, 1020a), "其一照相一合相一體相一覺相。淨明無二。佛子。是果獨法圓滿常住。一果體相有無量義。"를 가리키는 것으로 보인다. 법신불의 체는 있는 것도 아니고, 없는 것도 아니므로 둘이 아니요 홀로 존재한다고 하였다.

菩提果體。
___
1) ⓖ '乘'은 경명이므로 '業'이 되어야 한다.

2) 시기과始起果

시기과란 다른 두 불신佛身[101]을 말한다. 『법화론』에서 "보신불報身佛의 보리는 십지행十地行이 만족되어 영원한 열반을 증득했기 때문이니, 경에서 말씀하기를, '내가 성불한 지는 한량없고 끝이 없는 백천만억 나유타겁[102]이기 때문이다.'"[103]라고 설한 것과 같다. 응·화신의 보리란 응해서 나타낼 곳을 따라 나타내 보임이다. 곧 석가족의 궁전을 나와 보리수나무 아래에서 도를 이루었고, 시방에 분신한 제불과 함께함을 말하니, 「보탑품」에서 자세히 밝힌 것과 같다.[104]

> 始起果者。謂餘二身。如論說言。報佛菩提者。十地行滿足得常涅槃證故。如經言。我實成佛已來。無量無邊百千萬億那由他劫故。應化菩提者。隨所應見而爲示現。謂出釋宮樹下成道及與十方分身諸佛。如寶塔品之所廣明。

3) 총설

총괄적으로 말하면, 온갖 중생이 다 만행을 닦으면 다 같이 이 같은 불

___
101 시기과란 다른 두 불신佛身 : 시기과는 보신불과 응화신 두 불신의 보리를 말한다.
102 나유타겁 : 헤아릴 수 없는 세월을 말한다. 겁(Ⓢ kala)은 겁파의 약칭. 무한히 긴 시간을 말한다. 나유타(Ⓢ Nayuta)는 아주 많은 수를 표시하는 수량으로, 아유다의 백 배 수천만 배라고도 한다.
103 『妙法蓮華經優波提舍』 권하(T26, 9b).
104 「見寶塔品」 제11에서 다보여래가 사중에게 모습을 나타낼 때에 석가모니 부처님과 그 분신의 모든 부처님이 시방 세계에서 다 모여야 한다고 설한 것을 가리킨다.

신의 보리과를 얻으니 이를 일승의 일승과라고 한다.「방편품」에서 "사리불이여 마땅히 알라. 내가 본래 서원을 세워서 온갖 중생으로 하여금 나와 똑같아 다름이 없게 하고자 하였으니, 내가 옛적에 소원한 것이 이제야 만족되어 온갖 중생을 교화하여 모두 불도에 들어가게 하였다."고 하였다.

살펴보건대, 이 경문은 여래의 소원이 만족되었음을 바로 밝힌 것이다. 왜냐하면 삼세의 온갖 중생을 두루 교화하여 마땅한 대로 같이 다 불도를 얻게 했기 때문이다.『보운경』에서 "비유하면 기름 그릇이 이미 가득 채워졌다면 다시 한 방울을 떨어뜨리더라도 끝내 더 받을 수 없는 것과 같이, 보살의 성불에 갖가지 원이 다 만족되는 것 또한 이와 같아서 다시 한 티끌의 원도 줄어듦이 없다."[105]고 한 것과 같기 때문이다.

『대운밀장경』에서는 "대운밀장보살이 세존께 말하였다. '오직 원하옵니다. 여래께서는 미래세의 박복한 중생을 위해 심진대해수조삼매深進大海水潮三昧를 설해 주소서.' 부처님께서 말씀하셨다. '선남자여 그런 말을 하지 말거라. 왜냐하면 부처님이 세상에 나오기가 어렵고 이『대운경』을 듣기 또한 어려우니라. 어찌 치우쳐 미래 중생만을 위하겠느냐. 나는 마땅히 두루 삼세 중생을 위하여 널리 열어 분별하리라.'"[106]고 하였다.

總而言之。一切衆生皆修萬行同得如是。□[1]菩提果。是謂一乘一乘果也。如方便品云。舍利弗當知。我本立誓願。欲令一切衆如我等無異。如我昔所願。今者已滿足。化一切衆生皆令入佛道。案云。此文正明如來所願滿足。

105『寶雲經』권2(T16, 218c).
106『大方等無想經』권5「大雲初分增長健度」(T12,1101a), "雲密藏菩薩白佛言。世尊。唯願如來。爲未來世薄福德衆生。演說如是。深進大海水朝三昧。佛言。善男子。汝今不應作如是言。何以故。佛出世難。此大雲經。聞者亦難。若有書寫受持讀誦一句一字。亦復難得。云何偏爲未來之人。吾當普爲三世衆生。廣開分別。"

所以然者。遍化三世一切衆生。如應皆令得佛道故。如寶雲經云。譬如油鉢若已平滿更投一渧終不復受。菩薩成佛衆願滿足亦復如是。更無減少一塵之願。大雲密藏藏經²⁾云。大雲密藏菩薩曰言世尊。³⁾ 唯願如來。爲未來世薄福衆生。演說如是深進大海水潮三昧。佛言。善男子。莫作是言。何以故。佛出世難。此大雲經聞者亦難。云何偏爲未來之。吾當遍爲三世衆生廣門⁴⁾分別。

1) '□'는 본유과에서는 法佛菩提, 시기과에서는 報佛菩提와 應和(佛)菩提를 밝히고 있어서, '佛'자가 타당해 보인다. 2) '大雲密藏藏經'은 『역경록』에 의하면 "大雲密藏經"이다. 『歷代三寶紀』(T49, 84b), "方等大雲經六卷(一名方等無相大雲經。一名大雲無相經。一名大雲密藏經。於涼州內苑寺出。見僧叡二秦及李廓錄。吳錄亦載)" 3) ㉑ '曰言世尊'은 원문에는 '白佛言'으로 되어 있다. 4) ㉑ '門'은 『대운경』 원문에는 '開'로 되어 있다.

『화엄경』에서는 "여래가 법륜을 굴리시는 것은 삼세에 이르지 않음이 없다."[107]고 하였다. 이 같은 글에 의하면, 모든 부처님은 처음 정각을 이루고 일념 사이에 삼세의 온갖 중생을 두루 교화하여 무상보리를 이루지 않음이 하나도 없으니 옛적에 세운 소원이 이미 만족되었기 때문이다. 설사 한 사람이라도 보리를 이루지 못하였다면 옛적에 세운 소원이 곧 만족되지 않은 것이 되기 때문임을 마땅히 알아야 한다. 비록 진실로 다 제도하더라도 끝이 없고 비록 진실로 끝이 없어도 다 제도되지 않음이 없으니, 무한한 지혜의 힘으로 무한한 중생을 제도하기 때문이다.

그런데 이 경의 아래 글에서는 "내가 본래 보살도를 행하여 이룬 수명은 지금도 오히려 다하지 않아서 다시 위에서 말한 수의 배가 된다."[108]고 하였다.

논에서 이것을 해석하여 말하였다. "'내가 본래 보살도를 행하여 지금

---

107 불타발타라佛馱跋陀羅 역譯, 『大方廣佛華嚴經』 권35 「寶王如來性起品」(T9, 628a).
108 『妙法蓮華經』 「如來壽量品」(T9, 42c).

도 오히려 만족하지 않았다.'[109]는 본래 서원이기 때문이니, 중생계가 다하지 않아서 서원도 다하지 않았으므로 서원이 만족하지 않았다고 한 것이요, 보리가 만족하지 않았다고 한 것이 아니기 때문이다. '이루어진 수명이 다시 위에서 말한 수의 배가 된다.'는 여래의 영원한 수명을 방편으로 보여 준 것으로, 위의 수량보다 많이 지나쳐 세어서 알 수 없음을 드러낸 것이기 때문이다."[110] 이 논의 뜻으로는 지금 제도하여 중생이 다하지 않은 것을 들어 이와 같은 때에는 본원이 아직 만족하지 않음을 밝히기 위한 것이요, 보리가 이미 만족되었는데 그 본원이 만족되지 않았다고 한 것은 아니며, 또한 본원이 만족되지 않았는데 불법이 이미 만족되었다고 설하는 것도 아니다.

『화엄경』에서 말하였다. "온갖 중생이 보리를 이루지 못했으니 불법이 만족하지 않고 본원도 만족하지 않았다."[111] 이런 까닭에 서원과 더불어 보리가 만족하지 않음이 같으니, 만족하면 같이 만족한다는 것을 알아야 한다. 이 같은 것을 일승의 과라 한다.

花嚴經云。如來轉法輪。於三世無不至。依此等文。當知諸佛初成正覺。一念之頂[1]遍化三世一切衆生。無一不成無上菩提。如昔所願已滿足故。設有一人不成菩提。如昔所願卽不滿故。雖實皆度而無盡際。雖實無際而無不度。以無限智力度無限衆生故。而此經下文言。我本行菩薩道所成壽命。今猶未盡復倍上數。論釋此云。我本行菩薩道今猶未滿者。以本願故。衆生界未盡願非究竟。故言未滿。非謂菩提不滿足故。所成壽命復位上數者。示現如來常命方便。顯多過上數量不可數知故。此論意者。爲明約今衆生未盡

---

109 만족하지 않았다 : 성불하였으나, 일체중생을 다 제도하겠다는 본래 서원은 아직 다 이루어지지 않았다는 것이다.
110 『妙法蓮華經優波提舍』(T26, 19a).
111 『大方廣佛華嚴經』 권39(T9, 645c), "一切衆生未得菩提。佛法未足。大願未滿。"

□ 如是時本願未滿。非謂菩提已滿。而其本願未滿 亦非本願未滿。而說佛法已足。如花嚴經云。一切衆生未成菩提。佛法未足。本願未滿。是故當知願與菩提不滿等則已 滿則等滿。如是名爲一乘果也。

1) '頂'은 '頃'의 오기인 듯하다.『大慧度經宗要』,『金剛三昧經論』 등에는 '一念之頃'이라는 구절이 나온다.

5. 합설合說

합해서 말하면, 이치·가르침·원인·결과의 이와 같은 네 가지 법은 서로 호응하여 함께한 사람을 옮기어 살바야薩婆若[112]에 이르게 한다. 그러므로 이 네 가지를 설하여 일승법이라 한다. 마치 네 마리 말이 상호 응하여 함께 하나로 움직이기 때문에 네 마리 말을 일승一乘이라 하는 것과 같다. 일승법 가운데 도리 또한 이와 같음을 알아야 한다.

合而言之。理敎因果如是四法。更互相應共運一人到薩婆若。故說此四名一乘法。猶如四馬更互相應共作一運故說四馬名爲一乘。當知此中道理亦爾。

[문] 이치·가르침·원인은 중생을 움직여 살바야에 이르게 한다는 이 일은 그렇다고 하더라도, 이미 구경의 경지에 도달했는데 결과는 어째서 셋과 함께 중생을 옮긴다고 하는가.

[해] 여기에는 네 가지 뜻이 있다.

첫째, 미래세 불과佛果의 힘이 있으므로 중생을 도와주어 선심을 내게 하니, 이와 같이 전전하여 불지에 이르게 하는 것이다.『열반경』에서는 "현재세의 번뇌의 인연으로 능히 선근을 끊더라도, 미래세 불성의 힘의

112 살바야薩婆若 : [S] sarvaja. 부처님의 여실지如實智. 일체제법을 다 아는 온갖 지혜.

인연으로 다시 선근이 생기게 한다."[113]고 하기 때문이다.

둘째, 당래의 과보불이 모든 응신·화신을 나타내어 지금의 중생을 교화해서 증진을 얻게 한다. 『본승경』에서는 "자기 스스로 자신이 이룰 과를 보니 제불이 마정 설법[114]하여 몸과 마음의 특별한 수행이 불가사의하다."[115]고 하기 때문이다.

셋째, 이 경 여섯 곳에서 수기를 주는데,[116] 장차 아뇩보리를 이룰 것이라 기별하였다. 이 수기를 얻음으로 말미암아 마음을 경책하고 나아가 수행하니 장차 이룰 과가 그(중생)에 속하고 그를 옮기므로, 아래 경문에 "모든 아들들에게 각각 똑같은 하나의 큰 수레를 주었다."[117]고 하였다.

넷째, 이 경에서 설한 일체종지는 □를 다하지 않음이 없고 덕을 갖추지 않음이 없어서 온갖 중생이 모두 이 불과에 이르게 된다. 중생들이 이 경전과 그 가르침에 연하여 발심하고 뛰어난 정진으로 사십심[118]을 지나 신통으로 유희[119]하면서 사생의 중생[120]들을 교화한다. 그러므로 중생들이 불과의 수레를 타고, 수레마다 능히 인행의 지위에 있는 중생을 옮긴

---

113 북량北涼 천축삼장天竺三藏 담무참曇無讖 역譯, 『大般涅槃經』 권35 「迦葉菩薩品」 (T12, 571c).
114 마정 설법 : 마정은 부처님이 머리를 어루만져 주는 것. 마정하고, 수기하고, 설법함을 말한다.
115 『菩薩瓔珞本業經』 권하 「釋義品」(T24, 1018a).
116 여섯 곳에서 수기를 주는데 : 첫째 「譬喩品」에서 사리불에게 수기를 주고, 둘째는 「授記品」에서 사대존자(마하가섭, 수보리, 가전연, 목건련)에게 수기하였으며, 셋째는 「五百弟子授記品」에서 부루나, 아약교진여 등 오백제자에게 수기하였고, 넷째는 「授學無學人記品」에서 아난·라홀라 등 유학·무학 이천인에게 수기하였으며, 다섯째는 「法師品」에서 『법화경』을 실천하는 자에게 광범위한 수기를 주었고, 여섯째는 「勸持品」에서 마하파사파제와 야수다라 비구니에게 수기하였다.
117 『妙法蓮華經』 권2 「譬喩品」(T9, 12c).
118 사십심 : 보살수행 오십이계위 가운데 십신·십주·십행·십회향을 합해 사십심四十心이라 한다. 초발심부터 수행과 회향의 전 과정을 가리킨다.
119 신통으로 유희 : 불가사의한 능력을 신통이라 하고, 보살도를 펴면서 사방으로 자재하게 다니는 것을 유희한다고 한다.
120 사생 : 중생이 태어나는 것으로, 태와 알과 습기와 화현하여 나는 것 네 가지를 말한다.

다고 하였다. 아래의 게송에서 "모든 아들이 이때 뛸 듯이 기뻐서 이 보배의 수레[121]를 타고 사방에 유희하였다."[122]고 한 것과 같다.

이 네 가지 뜻으로 말미암아 불과佛果의 수레가 나머지 세 법과 함께한 사람을 옮기며, 사람마다 네 가지 법의 인연이 화합하여 온갖 치우침을 멀리 여의어서 무너뜨릴 수 없으니 이것을 제외하고 다 이보다 더 나아가고 늘어난 것이 없음을 알아야 한다. 이와 같이 광대하고 깊은 구경의 일승의 진실한 실상이라고 한다. 가르침의 종지를 약술하면 이와 같다.

問理敎及因共運衆生到薩婆若。此事可爾。果旣到究竟之處。云何與三共運衆生。解云。此有四義。一者由未來世有佛果力。冥資衆生令生善心。如是展轉令至佛地。如涅槃經云。以現在世煩惱因緣能斷善根。未來佛性力因緣故還生善根故。二者當果報佛。現諸應化。化今衆生。令得增進。如本乘經云。自見己身當果。諸佛摩頂說法。身心別行。不可思議故。三者此經六處授記。記當得成阿耨菩提。由得此記。策心進修。當果屬彼□得運彼故。下文言。各賜諸子等一大車。四者此經中說一切種智。無□不盡。無德不備。一切衆生同到此果。衆生緣此能詮所詮發心。勝進逕四十心。遊戲神通。化四生類。故說衆生乘於果乘。乘乘能運因地衆生。如下頌。諸子是時。歡喜踊躍。乘是寶車。遊於四方。由方是四義。當知果乘與餘三法共運一人。人人四法。因緣和合。遠離諸邊。不可破壞。除此更無若過若增。如是名爲廣大甚深究竟一乘眞實相也。所詮之宗。略述如是。

---

121 보배의 수레 : 일불승 대백우거로 불도로 들어가는 보살도를 뜻한다.
122 『妙法蓮華經』 권2 「譬喩品」(T9, 14c).

제3편 경문의 작용

셋째, 경문의 작용이란 「법사품」에서 "온갖 보살의 아뇩보리는 모두 이 경에 속하니, 방편의 문을 열어서 진실의 모습을 보인다."[123]고 한 것과 같으니, 이 경문은 바로 이 경의 뛰어난 작용을 밝힌 것이다. 작용에는 두 가지가 있는데, 여는 것(開)과 보이는 것(示)이다. 여는 것이란 삼승 방편의 문을 여는 것이요, 보이는 것이란 일승 진실의 모습을 보이는 것이다.

총체적으로 말하면 비록 이와 같지만 여기에는 세 가지가 있다. 먼저는 여는 것(開)이고, 다음은 보이는 것(示)이며, 셋째는 열고 보이는 작용을 합하여 밝히는 것이다.

第三明能詮用者。如法師品云。一切菩薩阿耨菩提皆屬此經。開方便門示眞實相。此文正明是經勝用。用有二種。謂開及示。開者開於三乘方便之門。示者示於一乘眞實之相。總說雖然。於中有三。先開。次示。第三合明開示之用。

제1장 여는 작용

먼저 '여는 뜻'을 밝히는 데 곧 두 가지가 있다. 열리는 문(所開之門)과

---

[123] 『妙法蓮華經』 권4 「法師品」(T9, 31c).

능히 여는 작용(能開之用)을 말한다.

先明開義。卽有二種。謂所開之門及能開之用。

1. 열리는 문

열리는 문은 곧 삼승교三乘敎인데, 이를 방편이라 하고 대략 네 가지 뜻이 있다.

첫째, 부처님의 방편지에서 설한 가르침으로 의주석依主釋[124]이라 이름 붙여 방편교라 한다.

둘째, 곧 삼승교로 세 가지 근기에 교묘하게 맞춘 것이니 지업석持業釋[125]이라 이름 붙여 방편교라 한다.

셋째, 일승의 가르침을 위하여 먼저 방편을 만들고, 이를 토대로 뒤에 일승의 정교正敎를 설하는데, 뒤의 정교에 대비하여 방편이라 이름한다.

넷째, 일승의 진리에서 권權으로 방편을 설하니 진실의 설이 아니다. 이 방편의 뜻을 진실에 대비하여 방편이라고 한다.

이 네 가지 뜻에 의지하기 때문에 방편이라 한다.

所開之門。卽三乘敎。此名方便。略有四義。一者佛方便智之所說敎。依主立名名方便敎。二者卽三乘敎巧順三機。持乘作名名方便敎。三者爲一乘敎作前方便。因是後說一乘正敎。對後正敎名爲方便。四者於一乘理權說

---

124 의주석依主釋: 육합석六合釋 중의 하나로. 한 단어에 두 가지 뜻이 있을 때 중심어에 의지하여 해석하거나, 앞 단어가 뒷 단어를 제한하는 뜻으로 해석하는 방법. 방편교에서 '교'가 중심어이다.

125 지업석持業釋: 육합석 중의 하나로, 두 가지 뜻이 있을 때 앞의 말이 뒷말을 꾸미거나 체體·용用으로 되어 있는 것. 방편교方便敎(방편의 가르침)에서 방편方便은 용이고, 교敎는 체이다.

方便非眞實說。是方便義對眞實說名爲方便。依此四義故名方便。

이것(방편)을 문門이라 한 것은 두 가지 뜻이 있다.

첫째, 나온다는 뜻(出義)이다. 모든 아들[126]이 이 문을 의지하여 삼계三界를 나오기 때문이다.

둘째, 들어간다는 뜻(入義)이다. 또한 이 가르침을 의지하여 일승에 들어가기 때문이다. 그런데 문에는 두 가지 이름이 있다. 만약 부처님의 문, 사람의 문이라고 하면 문이 부처님이나 사람이 아니다. 만약 판자문·대나무문이라고 하면 문이 곧 판자이고 대나무이다. 지금 삼승교를 방편문이라 한 것은 판자문·대나무문과 같아서 문은 곧 방편이니, 이런 까닭에 방편문이라 한다.

此名爲門。有其二義。一者出義。諸子依此出三界故。二者入義。又依此敎入一乘故。然門有二名。若言佛門人門。則門非佛人。若言板門竹門。則門是板竹。今三乘敎名方便門者。同板竹門。門卽方便。是故名爲方便門也。

2. 여는 작용

방편문을 연다는 것에서, 방편에는 두 가지 뜻이 있다. 만약 나오는 뜻을 바라보고 삼승을 설할 때에는 열어서 닫지 않음이며, 그 들어간다는 뜻을 바라보고 삼승을 설할 때에는 닫고서 열지 않음이니, 비록 삼계에서 나왔지만 아직 일승에 들어가지 못하였기[127] 때문이다. 이제 일승의 가

---

126 모든 아들 : 「方便品」 화택의 비유에서 불타는 집 안에 있는 장자의 아들들에게 세 수레를 주어 나오게 하였는데, 이 아들들은 삼계三界 육도六道의 중생을 뜻한다.
127 일승에 들어가지 못하였기 : 법화가 개회되기 이전을 말한 것으로, 이때는 방편이 일불승을 위해 연 것임을 알지 못하기 때문이다.

르침을 설하면서 삼승이 방편이라고 한 것은 비로소 방편문을 열어서 일
승에 들어가게 하기 때문이다. 아래의 경문에서, "마땅히 알라. 모든 부처
님은 방편력 때문에 일불승을 분별하여 삼승을 설한다."[128]고 한 것과 같
으니, 이것은 바로 방편의 문을 연 것을 말한 것이다. 모든 나머지 말씀도
이런 예로 알 수 있을 것이다.

開方便門。方便有其二義。若望出義說三乘時。開而不閉。望其入義說三之
時。閉而不開。雖出三界未入一乘故。今說一乘敎言三是方便。方開方便門
令入一乘故。如下文言。當知諸佛方便力故。於一佛乘分別說三。此言正開
方便之門。諸餘言語例此可知。

제2장 보이는 작용

다음으로 보이는 작용을 밝힌다. 여기에 또한 둘이 있다. 먼저 보여지
는 것(所示)[129]을 밝히고, 다음에는 능히 보이는 것(能示)[130]을 밝힌다.

次明示用。於中亦二。先明所示。次明能示。

1. 보여지는 것(所示)

보여지는 진실한 모습(眞實相)은 앞서 말한 것과 같다. 일승의 사람과

---

128 『妙法蓮華經』 권2 「譬喩品」(T9, 13c).
129 보여지는 것(所示) : 방편을 열어 보인 일승실상의 법을 말한다.
130 능히 보이는 것(能示) : 방편을 열어 보는 사람의 입장에서 보이는 것을 말한다. 곧
삼승의 방편을 열면 일승 진실이 보인다.

법은 법상이 상주하고 도리가 구경이므로 천마[131] 외도들이 파괴할 수 없고, 삼세 모든 부처님이 능히 바꿀 수 없으니 이런 뜻으로 진실한 모습이라고 한다. 삼승도 아니고 일승도 아니며, 사람도 없고 법도 없어서 모두 얻을 수 없다. 이와 같이 바르게 관하여 진실의 구경 일승이라고 한다. 왜냐하면 갖가지 얻음이 있다는 것은 도道도 없고 과果도 없으며, 움직임도 없고 나옴도 없으므로 앞에서와 같이 삼승도 아니고 이 일승임을 알라. 능히 타는 사람과 태우는 법의 상도 사구四句를 벗어나지 못한다. 이런 얻음이 있는데 어째서 이것이 진실한 모습이라고 하는가.

해 이 말은 그렇지 않다. 만약 삼승도 아니고 일승이라면 사구四句를 벗어나지 않기 때문에 이는 얻음이 있어서 구경이 아니라고 말한다면, 이는 곧 얻음이 있는 것은 그르다고 하고 얻음이 없는 것은 옳다고 하는 것이니 또한 사구에 들어가기 때문이다. 이것은 얻음이 있어서 또한 바른 관이 아니다.

만약 말에 의지하여 얻을 것이 없다고 말하지만 말과 같이 얻을 것이 없다는 것을 취하는 것은 아니므로 사구에 들어가지 않는다고 한다면 다른 사람 또한 말에 의지하여 말하기를 가령 일승을 가설하더라도 말과 같이 일승을 취하지 않으므로 일승 또한 사구를 벗어난다. 이런 까닭에 마땅히 알라. 말을 따르는 것은 모두 그릇되며 말대로 취하지 않는다는 것은 두 설이 다름이 없다는 것을.

所示之眞實相。謂如前說。一乘人法。法相常住。道理究竟。天魔外道所不能破。三世諸佛所不能易。以是義故名眞實相。而非三非一。無人無法。都無所得。如是正觀乃名眞實究竟一乘。所以然者。諸有所得無道無果不動

---

131 천마 : 사마四魔 중의 하나로 타화자재천마를 말한다. 욕계 제6천으로, 욕계를 지배하여 높은 단계의 선정으로 나아가는 것을 방해하므로 마군이라 한다.

不出。故知如前非三是一。能乘所乘人法之相不出四句。是有所得。云何說此爲眞實相。解云。此言不然。所以者何。若言非三是一。不出四句故。是有所得。非究竟者。是則有得爲非。無得爲是。亦入四句故。是有所得。亦非正觀。若言寄言說無所得而非如言取於無得是故無得不入四句者。他亦寄言假說一乘而非如言取於一乘所以一乘亦出四句。是故當知遂言俱非。不如言取二說無異。

🗐 만일 말을 취하지 않는 것이 모두 진실이라면 저 삼승교 또한 마땅히 진실일 것이다.

🗐 통괄적인 뜻으로는 모두 허락되지만, 개별적인 뜻이 있다. 삼승교 아래에는 도무지 삼승의 이치가 없지만, 일승교 아래에는 일승의 이치가 없지 않다. 삼승은 방편이고, 일승은 진실이다. 비록 일승의 이치가 없지 않으나 일승의 이치가 있는 것이 아니니 이런 까닭에 또한 얻을 것이 있는 것이 아니다. 보여 준 진실은 그 모습이 이와 같다.

問。若不取言皆爲實者。彼三乘教亦應是實。答。通義皆許。而有別義。以三乘教下都無三理 一乘教下不無一理故。三是權。一乘是實。雖不無一而非有一。是故亦非有所得也。所示眞實其相如是。

2. 능히 보임(能示)

능히 보이는 작용에 두 가지가 있다.

첫째는 열어서 보임이다. 앞에서와 같이 삼승을 연 것, 이것이 방편이라고 할 때, 곧 일승이 진실임을 알기 때문이다. 마치 문을 열 때 곧 안의 물건을 볼 수 있는 것과 같다.

둘째는 여는 것과 달리 보임이다. 앞에서 삼승이 방편임을 열어 보인 것과 별도로 일승을 설하여 이를 듣고서 일승의 뜻을 깨닫기 때문이다. 손으로 □하면 비로소 안에 물건이 보이는 것과 같다. 아래 경문에서 "모든 부처님이 오로지 일대사 인연으로 세상에 출현한다."[132]고 한 것과 같다. 이와 같은 말은 진실의 모습을 보임이다.

> 能示□用有其二種。一者則開之示。如前開三是方便時。卽知一乘是眞實故。如開門時卽見內物。二者異開之示。異前開三別說一乘。聞之得悟一乘義故。如以手□方見內物。如下文言。諸佛唯以一大事因緣故出現於世。如是等言是示眞實相也。

제3장 열어서 보이는 작용을 합해서 밝힘

셋째, 열어서 보임의 작용을 합하여 밝힌다. 한 번 열어 보임 속에는 네 가지 뜻이 들어 있다.

첫째는 앞의 셋을 사용하여 하나가 되는 작용이다. 앞의 삼승의 가르침이 곧 일승의 가르침이 되기 때문이다.

둘째는 셋을 가지고 하나를 이루는 것으로, 저 삼승의 사람을 이끌어 같이 일승과에 이르기 때문이다.

셋째는 셋을 모아 하나로 돌아감이니, 옛적에 설한 삼승의 인·과를 모아 본래 일승의 이치로 돌아가기 때문이다.

넷째는 셋을 파하고 하나를 세움이니, 저들이 집착하는 삼승의 개별적인 취지[133]를 파해서 함께 돌아가는 일승의 뜻을 세우기 때문이다.

---

132 『妙法蓮華經』 권2 「方便品」(T9, 7a).
133 개별적인 취지 : 삼승들은 사성제를 닦아서 성문취聲聞趣에 나아가고, 십이연기를 닦아서 연각취緣覺趣에 나아가며, 육바라밀을 닦아서 보살취菩薩趣에 나아가려는 것

이 경에는 이와 같은 네 종류의 뛰어난 작용을 갖추고 있으므로 방편문을 열어서 진실의 모습을 보인다고 한다.

第三合明開示用者。一開示中合有四義。一者用前三爲一用。前三乘之敎卽爲一乘敎故。二者將三致一。將彼三乘之人同致一乘果故。三者會三歸一。會昔所說三乘因果還歸於本一乘理故。四者破三立一。破彼所執三乘別趣以立同歸一乘義故。此經具有如是四種勝用。故言開方便門示眞實相。

問 셋을 사용하여 하나가 되고, 삼승의 사람을 이끌어 일승과에 이르게 한다는 이 두 가지는 알지 못하는데 무엇으로 증명하는가.
答 「방편품」에서 "부처님이 무수한 방편으로 제법을 연설하였으니 이 법은 모두 일불승이기 때문이다."[134]라고 하였다. 이 경문은 바로 셋을 사용하여 하나가 된다는 증거이다. 또 "이 모든 중생들이 부처님으로부터 법을 듣고 구경에 다 일체종지를 얻게 된다."[135]고 하였다. 이 말은 삼승의 사람을 이끌어 일승과에 이르게 한다는 증거이다.

問。用三爲一。將三致一。是二未知以何爲證。答。方便品言。佛以無數方便演說諸法。是法皆爲一佛乘故。此文正是用三爲一之證也。又言。是諸衆生從佛聞法。究竟皆得一切種智。此言正是將三致一之證也。

問 삼승의 인과를 모아서 본래의 일승에 돌아간다고 한 것은 삼승이 다 진실이 아니므로 일승의 진실에 돌아간다는 것인가. 오직 이승이 진실

을 말한다.
134 『妙法蓮華經』 권2 「方便品」(T9, 7b).
135 『妙法蓮華經』 권2 「方便品」(T9, 7b).

이 아니므로 일승의 진실에 돌아간다는 것인가. 만약 뒤의 것이라면 어째서 경에서는 "나에게 방편력이 있어서 삼승법을 열어 보인다."[136]고 하였는가. 만약 앞의 것이라면 어째서 다시 "오직 이 한 가지 일이 진실이고 나머지 둘은 진실이 아니다."[137]라고 하였는가.

답 혹시 어떤 사람은 이렇게 말한다. 삼승은 다 진실이 아니니 앞의 글에 말한 것과 같다. 그런데 하나는 진실이고 둘은 진실이 아니라고 하면[138] 셋 중에 하나와 셋이 없는 하나가 모두 불승[139]이다. 통괄적으로 말하면 이것이 진실이고, 나머지 둘은 개회開會를 사용하지 않았다. 별도로 말하면 진실이 아니다.[140] 이런 뜻으로 두 글은 어긋나지 않는다.

> 問。會三因果歸本一者。爲當三皆非實故歸於一實耶。爲當唯二非實故歸於一實耶。若如後者。何故經言。我有方便力開示三乘法。若如前者。云何復言。唯是一事實餘二則非眞。答。或有說者。三皆非實。如前文說。而言一實二非眞者。三中之一與無三之一。俱是佛乘。通說是實。餘二不用開。別言非實。由是義故二文不違。

혹시 어떤 사람이 오직 둘만이 진실이 아니라고 한다면 뒤의 글과 같기 때문이다. 그런데 삼승이 모두 방편이라고 말한다면 하나의 진실한 중

---

136 『妙法蓮華經』 권2 「方便品」(T9, 8b).
137 『妙法蓮華經』 권2 「方便品」(T9, 8a).
138 하나는 진실이고~아니라고 하면 : 하나는 진실이라는 것은 삼승 중에 보살승만이 진실이고, 둘은 진실이 아니라는 것은 성문승과 연각승의 이승은 진실이 아니라고 함이다.
139 모두 불승 : 셋 중에 하나인 보살승만이 진실이어서 일불승이고, 셋이 없는 하나란 삼승이 모두 방편이며, 진실은 일불승에 있으므로 모두 불승이라 하였다.
140 별도로 말하면 진실이 아니다 : 셋 중에 하나를 제외한 성문, 연각승의 하나와, 셋이 없는 하나에서 성문·연각·보살승의 하나로 보아 둘은 개회되지 않았으므로 이들은 모두 방편으로 남게 되어 진실이 아니라고 했다.

에 둘의 진실하지 않음을 더하여 합해서 셋이라고 한 것이니 이 셋은 진실이 아니다. 마치 사람 손에 실지로 과자가 하나 있는데 방편으로 셋이 있다고 말하면 셋은 진실이 아니니 세 개의 과자가 없기 때문이다. 이를 살펴보면 하나의 과자는 진실이고, 둘은 방편이니 하나의 과자만 있기 때문이다.

『대지도론』에서 "일불승을 열어서 셋으로 나눈다."고 하였으니 마치 어떤 사람이 한 말의 쌀을 나누어 세 더미로 만들면 세 더미를 모아서 하나로 돌아간다고도 말할 수 있고, 두 덩어리를 모아서 하나로 돌아간다고도 말할 수 있다. 셋을 모으고 둘을 모으는 것이 하나의 뜻과 서로 어긋나지 않는다.[141] 혹 어떤 이는 말한다. 앞뒤 두 글은 각기 다른 뜻이 있어서 하나로 회통할 수가 없다. 왜냐하면 삼승의 가르침에는 두 가지가 있기 때문이다.

첫째는 별교이고, 둘째는 통교이다. 별교 삼승은 셋이 다 진실이 아니고 모두 방편이다. 저 교설에서 삼아승지겁 동안 오직 사바라밀을 닦고 백겁 동안 상호의 업을 닦으며 최후의 몸에 선정과 지혜를 닦아서 보리수 나무 아래서 무상정각을 이룬다고 설하기 때문이다. 이와 같은 인과가 불승이니 이런 까닭에 불승 또한 방편이다. 만약 통교에서 설하는 삼승[142]을 논하면 불승은 진실이고 나머지 둘은 결코 진실이 아니다.

---

141 "『大智度論』에서" 이하의 글은 길장吉藏의 『大乘玄論』(T45, 43c), 『法華遊意』(T34, 647c)에서 인용한 것으로 보인다. 그런데 『大智度論』의 인용문인 "於一佛乘開爲三分"은 그 근거가 불명확하다. 다만 "開爲三分"은 길장의 『法華義疏』(T34, 453a)의 "佛法不爾. <u>開爲三分</u>. 而三分皆吉. 故經言上語. 又善中語又善後語又善. 三者大智度論云. 諸佛有三時利益. 一爲菩薩時則過去世益物. 二得佛時即現在世益物. 三滅度後未 來世益物. 序正謂現在益物. 流通即是未來益物也." 가운데 밑줄 친 부분에서 보인다. 또 표원表員은 『華嚴經文義要決問答』권3(『卍續藏』제8책, 436b)에서 위의 글을 그대로 인용하고 있다.

142 통교에서 설하는 삼승 : 통교에서 성문승, 연각승 둘은 진실이 아니고, 보살승은 구경에는 불승에 나아가므로 진실이라는 것이다.

저 교설에서 십지 중에 육바라밀을 갖추어 닦아서 온갖 수행이 원만해져 살바야에 이르니 이 살바야의 과는 삼세와 더불어 부합하지 않는다고 하였으므로, 이러한 인과는 궁극에는 진실이어서 이것이 불승이다. 어찌 방편이겠는가. 이런 까닭에 두 글의 뜻이 다름을 마땅히 알아야 한다. '내가 방편력이 있어서 삼승법을 열어 보인다.'고 한 것은 별교에서 설한 삼승을 밝힌 것이요, '오직 한 가지 사실이 진실이고 나머지 둘은 진실이 아니다.'라고 한 것은 통교에 대해서 설한 삼승에 대한 것이다. 그 나머지 글은 다 이렇게 통할 것이다.

或有說者。唯二非實。如後文故。而說三乘皆方便者。於一實中加二非實合說爲三。是三非實。如人手內實有一菓 方便言三。三非是實無三菓故。考而論之。一菓是實。二是方便。有一菓故。如智度論云。於一佛乘開爲三分。如人分一斗米以爲三聚 亦得言會三聚歸一 亦得言會二聚歸。會三會二猶是一義不相違也。或有說者。前後二文各有異意。不可一會。所以然者。三乘之敎有其二種。一者別敎。二通敎。別敎三乘三皆非實。皆是方便。以彼敎說三僧祇劫唯修四度。百劫之中修相好業。最後身中修於定惠。菩提樹下成無上覺。如是因果以爲佛乘。是故佛乘亦是方便。若論通敎所說三乘。佛乘是實。定餘二非眞。以彼敎說於十地中具修六度萬行圓滿致薩婆若。此薩婆若果不與三世合。如是因果究竟眞實此爲佛乘。豈是方便。是故當知二文意異。我有方便力開示三乘法者。是顯別敎所說三乘也。唯是一事實餘二則非眞者。是對通敎所說三乘。其餘諸文皆作是通。

問 만약 별교 삼승인과가 모두 방편이므로 일승에 돌아간다면, 일승의 원인에 돌아가는가, 일승의 과에 돌아가는가?

答 일불승을 분별하여 삼승을 설하므로 그 근본을 따라 인으로 돌아가고 과로 돌아간다. 이 뜻은 어떠한가? 성문과 연각이 인이든 과이든 모두

일불승 인에서 나누어 둘이 되었으니, 저 경에서 말씀하기를, "성문과 연각의 지혜와 끊음[143]이 다 보살의 무생법인이다."라고 한 것과 같다. 마땅히 알라. 이 두 가지가 다 일불승의 원인으로 돌아가고, 일불승의 원인으로 돌아가므로 마침내 일불승의 과에 이르게 된다. 저 교에서 설하기를, "불승의 인과 과는 불지의 화신의 작은 부분으로 나뉜다."[144]고 하였다. 저 경에서 "내가 실로 성불한 이래 백천만억 나유타겁이다."[145]라고 한 것과 같기 때문이다. 마땅히 알라. 저 설의 불승의 인·과는 똑같이 일승의 과 속으로 돌아간다는 것이다.

만일 보살이 저 교설에 의지하므로 보리수 아래의 부처님을 보고 발심 수행하면 이런 원행은 일승의 인에 돌아가니 저 이승과 같이 아직 과果에 이르지 못하였기 때문이다. 통괄하여 말하면 4구가 된다. 첫째, 방편의 인으로 진실의 인에 돌아가니 보살의 인과 이승의 인을 말하는 것이다. 둘째, 방편의 과로 진실의 과에 돌아가니 보리수 아래서 무상각을 이룸을 말한다. 셋째, 방편인으로 진실의 과에 돌아가니 보리수 아래 부처님 앞의 보살행을 말한다. 넷째, 방편과로 진실인에 돌아감이니 이승인의 무학과를 말한다. 총체적으로 이와 같이 4구를 섭수하여 삼승을 모아 일승으로 돌아간다고 설한다.

---

143 성문과 연각의 지혜와 끊음 : 장교(성문·연각)의 수다원향에서 팔인칠지八忍七智에서 생사의 번뇌를 끊고, 통교의 팔인지(견지와는 무간삼매로 같은 계위임)에서 생사의 번뇌를 끊어 무생법인이 이루어짐을 말한다. 『摩訶般若波羅蜜經』「遍學品」(T8, 381b), "須菩提。是八人若智若斷。是菩薩無生法忍。須陀洹若智若斷。斯陀含若智若斷。阿那含若智若斷。阿羅漢若智若斷。辟支佛若智若斷。皆是菩薩無生忍。"; 지의智顗 설說, 『仁王護國般若經疏』 권제2(T33, 260b), "大品云。阿羅漢若智若斷是菩薩無生法忍。"; 길장吉藏, 『仁王般若經疏』 권상1(T33, 318c), "大品經聲聞若智若斷皆是菩薩無生法忍。"
144 불승의 인과~부분으로 나뉜다 : 일불승의 인을 닦아 과로써 부처가 되므로, 일불승의 인因과 과果는 불지의 화신불 작은 부분들과 같다는 것이다.
145 『妙法蓮華經』「如來壽量品」(T9, 42b).

問。若說別敎三乘因果皆是方便故歸一者。爲歸一因爲歸一果。答。於一佛乘分別說三故。隨其本歸因歸果。是義□何。聲聞緣覺若因若果皆於一因分別爲二。如經說言。聲聞緣覺若智若斷。皆是菩薩無生法忍。當知此二皆歸一因。歸一因故終致一果。彼敎中說。佛乘因果分別佛地化身少分。如經說言。我實成佛已來。百千萬億那由他劫故。當知彼說佛乘因果同歸於此一乘果內。若有菩薩依彼敎故。望樹下佛發心修行。如是願行歸於一因。同彼二乘未至果故。通而言之。應作四句。一以方便因歸眞實因。謂菩薩因及二乘因。二以方便果歸眞實果。謂於樹下成無上覺。三以方便因歸眞實果。謂樹下佛前菩薩行。四以方便果歸眞實因。謂二乘人之無學果。總攝如是四句。以說會三歸一。

問 방편교 중에 인승·천승이 있는데, 어째서 이 둘은 모아 돌아가지 않고 오직 저 삼승만 모아 돌아가는가.

답 삼승을 모아 돌아간다는 말에 또한 이 두 가지가 포함된다. 왜냐하면 법화의 교설에서 설하는 삼승에는 둘이 있다. 첫째는 삼거에 비유되니 「비유품」에 나온다. 둘째 삼초三草[146]에 비유되니 「약초유품」에 나온다. 이 뜻은 어떤가.

인승·천승·이승이 합하여 소승이 되니 소약초와 같고, 성문 연각은 중승이니 중약초와 같고, 저 별교에 의지하여 발심한 보살은 대승이 되니 대약초와 같다. 이 삼승을 모으면 곧 오승五乘[147]을 섭수하게 된다. 그런데 저 인승·천승은 인으로 회통되지만 과로는 회통하지 못한다. 과는 무

---

146 삼초三草 : 「藥草喩品」에서 약초의 비유에 나오는 세 가지 약초. 원문에는 소초小草·중초中草·상초上草라 하였는데, 여기서는 상초를 대약초라 하였다. 이외에도 두 나무(二樹)가 더 있어서 약초이수藥草二樹라고도 한다(혹은 삼초이목). 이수는 지혜가 견고하고 최상승을 구하는 보살을 가리키는 소수小樹, 일불승보살로 중생을 제도하는 보살마하살을 가리키는 대수大樹가 있다.

147 오승五乘 : 인승, 천승에 성문승, 연각승, 보살승의 삼승을 합한 것.

기無記[148]로 일승인을 이루지 못하기 때문이다. 저 인因의 선법에는 두 가지 능력이 있다. 보인報因[149]의 공능 또한 회통하지 못하니[150] 받음의 다함[151]이 있기 때문이다. 등류인等流因[152]의 작용은 이제 회통되니 받음의 다함이 없기 때문이다. 이 인因의 뜻을 모아 제1구에 들어간다.

問。方便敎中有人天乘。何故不會此二唯會彼三。答。會三之言亦攝此二。所以然者。法花敎中說。三乘有二。一者三車所譬。出喩品。二者三草所呪。出藥草品。此義云何。人天二乘合爲小乘。如小藥草。聲聞緣覺名爲中乘。如中藥草。依彼別敎發心菩薩。說名爲大乘。如大藥草。會此三乘卽攝五乘。然彼人天會因而不會果。果是無記。不作一因故。彼因善法有二功能。報因功能亦不會之。有受盡故。等流因用是今所會。無受盡故。會此因義入第一句。

🈟 삼승을 모아 일승에 돌아간다는 그 뜻은 이미 드러났으나 삼승을 파하여 일승을 세운다는 것은 어떻게 알 수 있는가?
🈭 이 뜻을 알려면 자세함과 간략함이 있다.
간략히 말하면, 삼승의 네 가지 것[153]을 파해야 한다. 삼교三敎, 삼인三人, 삼인三因, 삼과三果를 파해야 한다.[154] 첫째, 삼교가 결정적으로 방편

---

148 무기無記 : 삼성의 하나로 일체법의 도덕적 성질을 삼성으로 보아 선도 악도 아닌 성질. 어떤 결과도 이끌어 오지 않는 중간성을 말한다.
149 보인報因 : 보는 과보. 과보를 받는 선업·악업의 원인.
150 회통하지 못하니 : 과로 회통되지 못함이니, 곧 일승과에 이르지 못한다는 것.
151 받음의 다함 : 인·천에서는 지은 선업·악업의 결과를 받으면 다 소진하여 다함이 있다는 것.
152 등류인等流因 : 등등은 비슷한 것. 같은 종류 두 가지가 비슷한 것. 류流는 유사하다는 것. 곧 등류인·등류과를 말한다. 인因이 선하면 과果도 선하듯이 같은 인과의 성이 동류同類인 것을 말한다.
153 삼승의 네 가지 것(四種三) : 곧 삼교三敎, 삼인三人, 삼인三因, 삼과三果.
154 삼승의 교설과 삼승의 사람과 삼승의 원인과 삼승의 과가 모두 일불승에 있다는 것을

이 아니라는 집착이다. 둘째, 삼승인三乘人이 결정적으로 취향하는 곳이 다르다는 집착이다. 셋째, 삼승三乘의 인因이 감응하는 것이 다르다는 집착이다. 넷째, 삼승의 과가 궁극에 이르는 것이 다르다는 집착이다. 이 네 가지 집착되는 상을 파하고 그 네 가지 집착하는 견해를 버리니 이런 까닭에 일승의 진실을 건립한다. 이른바 일승교를 세우므로 삼교를 파하고, 일승인을 세우므로 삼승인을 파하고, 일승인一乘因을 세우므로 삼승인三乘因을 파하며, 일승과를 세우므로 삼승과를 파하니, 일승의 이성理性을 세우고 통괄적으로 네 가지 삼승의 것을 파한다고 한다. 이 네 가지 일승의 것이 다 같이 일승의 이치이기 때문이다. 약설은 이와 같다.

자세히 논하면 열 가지 범부와 성인[155]의 집착을 파하기 위한 까닭에 일곱 가지의 비유[156]와 세 가지 평등[157]을 설하였다. 이 뜻은 저 제6문에 이르러 풀이한다.[158]

셋째 경문의 작용에 대한 설명을 마친다.

問。會三歸一其義已顯。破三立一云何可知。答。欲知此義。有廣有略。略而言之。破四種三。一執三敎定非方便。二執三人定是別趣。三執三因別

말한 것. 곧 부처님의 본 마음은 방편의 교敎·인人·인因·과果에 있지 않고, 일불승의 교敎·인人·인因·과果에 있음을 밝힌 것이다. 천태대사는 『法華經』의 일불승의를 교일敎一·인일人一·행일行一·이일理一의 사실로 파악하였다.

155 열 가지 범부와 성인 : 육범六凡 사성四聖을 말한다. 곧 육도(지옥·축생·아귀·수라·인·천)의 중생과 네 성인(성문·연각·보살·불)을 말한다.

156 일곱 가지 비유 : 『法華經』의 대표적인 일곱 가지 비유를 가리킨다. 곧 「比喩品」 제3 화택유火宅喩, 「信解品」 제4 장자궁자유長子窮子喩, 「藥草喩品」 제5 약초유藥草喩, 「化城喩品」 제7 화성유化城喩, 「五百弟子授記品」 제8 의주유衣珠喩, 「安樂行品」 제14 계주유髻珠喩, 「如來壽量品」 제16 의자유醫子喩를 말한다.

157 세 가지 평등 : 첫째는 『法華經』에서 이승·삼승에 모두 평등하게 수기를 주므로 승乘에서 평등하다는 것. 둘째는 법화에서는 생사가 곧 열반이므로 세간과 열반이 다르지 않고 평등하다는 것, 셋째는 법화에서는 중생즉부처이므로 중생과 부처가 다르지 않고 평등하다는 것. 규기窺基, 『妙法蓮華經玄贊』 권5(T34, 734b) 참조.

158 여섯째 경문을 해석함(消文義)은 현재 전하지 않는다.

感。四執三果別極。破此四種所執之相。遣其四種能執之見。是故建立一乘
眞實。謂立一教故則破三敎。立一人故則破三人。立一因故則破三因。立一
果故則破三果。立一理性通破四三。以四一皆同一乘理故。略說如是。廣而
論之。爲破十種凡聖執故。說七種譬及三平等。此義至彼第六門釋。第三明
詮用竟也。

제4편 제목 해석

넷째, 경의 제목을 해석한다. 범음梵音 전체를 다 밝히자면 마땅히 '살달마분다리수다라薩達摩分陀利修多羅'[159]라고 해야 하고, 이곳에서는 '묘법연화경妙法蓮華經'이라고 한다.

第四釋題名者。具存梵音。應云薩達摩分陀利修多羅。此云妙法蓮華經。

제1장 묘법妙法

묘법妙法이란 대략 네 가지 뜻이 있으니, 첫째 교묘하고, 둘째 뛰어나게 묘하며(勝妙), 셋째 미묘하고, 넷째 절묘하다.[160]

교묘巧妙하다고 한 것은 이 경이 방편의 문을 교묘하게 열었고, 삼승에 집착한 견해를 교묘하게 멸하며, 진실한 모습을 교묘하게 보이고, 일승의

---

159 살달마분다리수다라薩達摩分陀利修多羅 : ⓢ Saddharmapuṇḍarīka-sūtra. 범어 가운데 Sad(薩)는 묘妙이고, dharma(達磨)는 법法이고, puṇḍarīka(分多利加)는 연화蓮華이고, sūtra(修多羅)는 경經을 뜻한다.

160 절묘하다 : 천태『法華玄義』에서는 법화에 적문·본문에 각각 십묘가 있다고 해석하고 있다. 적문십묘는 경묘境妙·지묘智妙·행묘行妙·위묘位妙·삼법묘三法妙·감응묘感應妙·신통묘神通妙·설법묘說法妙·권속묘眷屬妙·이익묘利益妙이다. 본문십묘는 본인묘本因妙·본과묘本果妙·본국토묘本國土妙·본열반묘本涅槃妙·본수명묘本壽命妙·본감응묘本感應妙·본신통묘本神通妙·본설법묘本說法妙·본권속묘本眷屬妙·본이익묘本利益妙이다.

지혜를 교묘하게 생기게 하였다. 이 네 가지 뜻으로 진실한 궤범을 지었으므로 묘법이라고 하였다.

뛰어나게 묘하다고 한 것은 이 경이 온갖 불법을 잘 펴고, 온갖 신통력을 잘 보이며, 온갖 비밀법장을 잘 드러내고, 온갖 깊은 일을 잘 설하였다. 이 네 가지 뜻이 가장 뛰어나게 묘하므로 묘법이라 하였다. 「신력품」에서, "요약해서 말하면, 여래의 온갖 지닌 법과 여래의 온갖 자재한 신통력과 여래의 온갖 비밀의 법장과 여래의 온갖 매우 깊은 일을 다 이 경에서 펴 보이고 드러내 보이고 드러내 설하셨다."[161]고 한 것과 같으므로 묘법이라 한다.

미묘微妙하다고 한 것은 이 경에서 설하는 일승의 과는 묘한 덕이 원만하지 않음이 없고, 잡다한 오염이 청정하지 않음이 없으며, 의리가 다하지 않음이 없고, 세간을 제도하지 않음이 없다. 이 네 가지 뜻이 있기 때문에 미묘한 법이라고 한다. 「비유품」에서, "이 (일불)승은 미묘하고 청정함이 제일이니 모든 세간을 벗어나 가장 위가 된다."[162]고 한 것과 같으므로 묘법이라 한다.

절묘絶妙하다고 한 것은 이 경에서 설한 일승의 법상法相이 광대하고, 매우 깊으며, 말을 여의고, 생각도 끊어졌으니, 이 네 가지 뜻이 있기 때문에 절묘한 법이 되는 것이다. 「방편품」에서 "이 법은 가히 보일 수가 없으니 말로 표현되는 모습이 그윽히 끊어져서 다른 모든 중생들은 능히 알지 못하리라."[163]고 하기 때문이다.

> 言妙法者略有四義。一者巧妙。二者勝妙。三者微妙。四者絕妙。言巧妙者。
> 此經巧開方便之門。巧滅執三之見。巧示眞實之相。巧生已一之惠。以是四

---

[161] 『妙法蓮華經』 권6 「如來神力品」(T9, 52a).
[162] 『妙法蓮華經』 권2 「譬喩品」(T9, 15a).
[163] 『妙法蓮華經』 권2 「方便品」(T9, 5c).

義而作眞軌故。言妙法。言勝妙者。此經能宣一切佛法。能示一切神力。能
顯一切祕藏。能說一切深事。以此四義最爲勝妙故名妙法。如神力品云。以
要言之。如來一切所有之法。如來一切自在神力。如來一切祕密之藏。如來
一切甚深之事。皆於此經宣示顯示顯說。故言妙法。言微妙者。此經所說一
乘之果。無妙德而不圓。無雜染而不淨。無義理而不窮。無世間而不度。以
是四義故名微妙之法。如譬喩品云。是乘微妙 淸淨第一 出諸世間 爲無有
上。故言妙法。言絶妙者。此經所說一乘法相。廣大甚深離言絶慮。以是四
義故。爲絶妙之法。如方便品云。是法不可示。言辭相寂滅。諸餘衆生類無
有能得解故。

이 네 가지 뜻 가운데에서 교묘하고 뛰어나게 묘한 법은 능전能詮의 작용에 해당하여 이름 붙인 것이며, 미묘하고 절묘한 뜻은 소전所詮의 종지를 따라서 이름 붙였다. 합쳐서 말하면 모두 이와 같은 뜻을 품고 있다. 교묘하고 승묘하고 미묘하고 절묘한 열여섯 가지[164] 지극히 묘한 뜻은 시방삼세에 둘도 없는 법문(軌)이다. 이런 뜻이 있기 때문에 묘법이라 한다. 묘법의 이름을 대략 해석하면 이와 같다.

此四義中。巧妙勝妙之法當能詮用立名。微妙絶妙之義從所詮宗作目。合
而言之。具含如是。巧勝微絶十有六種極妙之義十方三世無二之軌以是義
故名爲妙法。妙法之名略釋如是。

---

164 열여섯 가지 : 교묘하고, 승묘하고, 미묘하고, 절묘한 묘법에 각각 네 가지 뜻이 있으므로, 열여섯 가지이다.

제2장 연화蓮華

연화의 비유에는 별석(別)이 있고, 통석(通)이 있다.

蓮花之喩。有別有通。

1. 통석

통석이란, 이 꽃은 반드시 꽃(華)·꽃술(鬚)·꽃받침(臺)·열매(實)의 네 가지를 갖추고 이들을 합하여 특히 아름답고 미묘함을 이루었다. 이 경에서 네 가지 묘한 뜻을 갖추어 한 경을 이룬 것을 비유하므로 '묘법妙法'[165]이라고 한다.

通者。此華必具華鬚臺實四種。合成殊爲美妙。喩於此經具四妙義合成一經。故名妙法。

2. 별석

별석으로 말하면 곧 네 가지 뜻이 있다.
첫째, 연꽃의 부류 네 종류 가운데 분타리分陀利[166]는 백련화白蓮花이다. 선명한 하얀색이 분명하고, 꽃이 피고 열매가 드러나니, 이 경이 명확하고 분명하게 방편을 열어 진실을 드러내는 교묘함을 비유하였다.

---

[165] 묘법妙法 : 이는 원문의 "故名妙法"을 따른 것이다. 다만 글의 전개상 "故名蓮華"가 더 타당할 것으로 생각된다.
[166] 분타리分陀利 : ⓢ puṇḍaīka. 분타리화分陀利華라고 음역한다. 백련화白蓮花를 가리키는데, 보통 백련白蓮이라고 약칭한다.

둘째, 이 꽃에 보통 세 가지 이름이 있다. 아직 꽃이 피지 않았을 때 굴마라屈摩羅라고 하고, 떨어지려 할 때는 가마라迦摩羅라고 하며, 이미 피어 시들지 않은 시기에 화려하게 피어 무성한 것을 분타리分陀利라 한다. 이 경은 큰 근기가 바로 나와 왕성할 때 펴서(宣) 보이고(示) 드러내어(顯) 설하는(說) 뛰어나게 묘함을 비유하였다.

셋째, 이 꽃은 바로 흙탕물에서 벗어날 뿐 아니라 원만한 향기와 청결한 갖가지 아름다움이 갖추어져 있다. 이 경에서 설한 불승이 번뇌탁을 벗어나 생사의 바다를 여의고 갖가지 덕이 원만한 미묘함을 비유하였다.

넷째, 이 꽃은 바로 꽃잎이 넓고 뿌리가 깊을 뿐만 아니라 물방울이 붙지 않고 때에 물들지 않는다. 이 경에서 설한 일승법문은 광대하고 도리가 매우 깊어서 말을 여의고 생각이 끊어진 절묘함을 비유하였다.

이 네 가지 뜻은 같은 묘법이 있으므로 이 비유에 의하여 제목의 이름을 세운 것이다.

別而言之。卽有四義。一者。蓮花之類。有四種中。分陀利者。是白蓮花。鮮白分明花開實顯。喩於此經了了分明開權顯實之巧妙也。二者。此花凡有三名。未敷之時名屈摩羅。將落之時名迦摩羅。已敷未衰處中之時。開榮勝盛稱分陀利。喩於此經大機正發之盛時宣示顯說之勝妙也。三者。此花非直出離泥水。亦乃圓之香潔衆美具足。喩於此經所說佛乘出煩惱濁離生死海衆德圓滿之微妙也。四者。此花非直荷廣藕深。亦乃不着水渧不染塵垢。喩於此經所說一乘法門廣大道理甚深離言絶慮之絶妙也。由是四義有同妙法故。寄是喩以立題名也。

제5편 교설의 섭수

다섯째, 교설이 속하는 곳(門)을 밝힌다.

第五明敎攝門者。

(問) 이 『법화경』은 어떤 교문에 속하는가? 요의了義 법문인가, 불요의 不了義[167] 법문인가?

是法華經。何敎所攝。爲是了義。爲不了義。

제1장 불요의 법문不了義法門

어떤 설에는 이 경이 불요의 법문이라고 한다. 왜냐하면 불교를 크게 나누면 세 가지 법륜이 있기 때문이다.

첫째, 상이 있는 법륜(有相法輪)으로, 오직 성문승에 나아가고자 하는 자들을 위하여 사제의 법상에 의하여 법륜을 굴리기 때문이니 『아함경』 등과 같다.

---

[167] 불요의不了義 : 요의설은 구경의 진실을 분명하게 잘 설해 주고 있는 교설이다. 불요의 는 방편설을 말한다.

둘째, 상이 없는 법륜(無相法輪)으로, 오직 보살승에 나아가고자 하는 자들을 위하여 법의 공성에 의하여 법륜을 굴리기 때문이니, 『반야경』 등과 같다.

셋째, 상이 없는 최상의 법륜(無相無上法輪)으로, 널리 삼승에 나아가고자 하는 자들을 위하여 제법이 공하고 자성이 없는 성품에 의지하여 다른 것을 용납하지 않는 최상의 법륜을 굴리기 때문이니, 『해심밀경』 등과 같다.

이 가운데에 앞의 둘은 요달하지 못한 법문이고, 셋째 법륜은 진실로 요달한 법문이다. 그런데 이 『법화경』은 둘째 법륜에 속하니, 게송에서 "모든 법은 본래부터 항상 스스로 적멸의 모습이니, 불자가 이 도를 행하여 마치면 내세에 성불하리라."[168]고 한 것과 같기 때문이다. 이런 까닭에 둘째 상이 없는 법륜에 속함을 알아야 한다.

> 有說。此經是不了義。所以然者。大分佛教有三法輪。一者有相法輪。唯爲發趣聲聞乘者。依四諦相轉法輪故。如阿含經等。二者無相法輪。唯爲發趣菩薩乘者。依法空性轉法輪故。如般若經等。三者無相無上法輪。普爲發趣三乘者 依諸法空。無自性性而轉法輪無上無容故。如解深密經等。此中前二是不了義。第三法輪是眞了義。是義具如彼論廣說。此法華經是第二攝。如偈說言。諸法從本來。常自寂滅相。佛子行道已。來世得作佛故。是故當知第二無相法輪所攝。

이미 둘째 법륜에 속한다면 불요의不了義 법문인데, 이 뜻은 곧 두 가지 경문으로 증명된다. 첫째 곧 『해심밀경』에서는 "한결같이 적정으로만 나아가는 성문종성의 보특가라補特伽羅[169]는 비록 모든 부처님께서 시설

---

168 『妙法蓮華經』 권1 「方便品」(T9, 8b).
169 보특가라補特伽羅: Ⓢ pudgala. 실체로서의 아我 또는 인人을 가리키며 윤회의 주체.

하신 갖가지 용맹스런 가행과 방편의 교화도법을 받았더라도 끝내 도량에 앉아서 무상 정등의 보리를 증득하게 할 수 없다. 왜냐하면 저들은 본래 오직 열등한 종성이기 때문이며, 한결같이 자비가 박약하기 때문이며, 한결같이 갖가지 고를 두려워하기 때문이다."[170]라고 하였으며 더 나아가 자세히 설하였다.

둘째 『대법론』에서는 "중생이 좋아하고 좋아하는 것(衆生意樂樂樂)[171]이란 부정종성자가 열등한 좋아하는 마음을 버렸기 때문에 대성문에게 장차 성불하리라 수기를 주는 것과 같다. 또한 일승을 설하고 다시 제2가 없다."[172]고 하였다.

살펴보건대, 저 경(『해심밀경』)이 이미 구경의 진실한 요의설로서 성문은 영원히 성불할 수 없다고 설하였으니, 『법화경』에서 모든 성문이 마땅히 성불할 수 있다고 설한 것은 방편의 말일 뿐 불요의설[173]임을 알 수 있다. 이런 까닭으로 『아비달마잡집론』에서는 이는 중생의 좋아하는 바에 따라 설한 것일 뿐 진실한 도리를 곧바로 설한 것이 아니라고 하였다. 수다라란 글로써 뛰어나고, 아비달마는 이치로 뛰어나니 이와 같은 두 가지 밝은 증거가 있으므로 법화일승의 교설은 결코 구경의 요의설이 아님을 알아야 한다.

---

170 『解深密經』 권2 「無自性相品」(T16, 695a).
171 중생이 좋아하고 좋아하는 것(衆生意樂樂樂) : 이 논의 네 가지 의취(平等意趣・別時意趣・別義意趣・衆生意樂意趣) 중의 하나인 중생의락의취衆生意樂意趣를 말한다. 중생의락의취는 중생낙용의취라고도 한다. 중생들이 조금 이루고 거기에 만족하려는 마음을 없애기 위하여, 그들이 좋아하는 것에 따라 여러 가지로 설하는 것.
172 『大乘阿毘達磨雜集論』(일명 『對法論』) 권12 「決擇分中法品」(T31, 752b), "衆生意樂意樂者,……然彼衆生亦生天趣。爲不定種性者。捨離聲聞下劣意樂故。記大聲聞當得作佛。又說一乘更無第二。"
173 불요의설 : 원효는 『法華經』 「方便品」에서 이 법이 적멸의 모습이라고 한 구절을 들어서 불요의설이라 본 것으로, 『解深密經』에서 적정을 추구하는 성문은 성불할 수 없다고 했으므로 불요의설의 경증으로 삼았다.

旣屬第二。是不了義。此義卽以二文爲證。一者卽彼解深密經云。一向趣寂
聲聞種性。補特伽羅。雖蒙諸佛施設 種種勇猛加行。方便化道。終不能令
當坐道場 證得無上正等菩提 何以故。由彼本來唯有下劣種性故。一向慈
悲薄弱故。一向怖畏衆苦故。乃至廣說。二者對法論言。衆生意樂。樂樂者。
如爲不定種性者捨離下劣意樂故。記大聲聞當得作佛。又說一乘。更無第
二。案云。彼經旣是究竟眞實了義說。說言聲聞永不成佛。是知法花說諸聲
聞當得作佛。是方便語不了義說。是故阿毘達磨□云。是隨衆生意樂而說。
非是直說眞實道理。修多羅者。以文爲勝 阿毘達磨以理爲勝。由有如是二
種明證。當知法花一乘之敎定非究竟了義說也。

제2장 요의 법문了義法門

어떤 설에는 『법화경』이 구경요의究竟了義의 법문이라고 한다. 이유는
다음과 같다. 여래께서 한평생 설한 교문敎門을 대략 포섭하면 삼종법륜
三種法輪을 벗어나지 않는다. 무엇을 셋이라 하는가. 첫째는 근본법륜根本
法輪[174]이고, 둘째는 지말법륜枝末法輪[175]이며, 셋째는 섭말귀본법륜攝末歸
本法輪[176]이다.

(첫째) 근본법륜이란 부처님이 처음 도를 이루고 화엄법회에서 보살들

---

174 근본법륜根本法輪 : 길장이 세운 삼전법륜의 하나. 화엄경의 설법을 가리킨다. 석가
모니 부처님이 성도 후 처음으로 보살들을 위하여 자신의 깨달은 법을 그대로 설한
법문. 그러므로 이 경은 부처님 일대 설법의 근본이라고 하여 이같이 말한다.
175 지말법륜枝末法輪 : 근기가 둔한 중생들을 위하여 삼승을 설한 가르침. 삼전법륜의
하나로 화엄경은 성도 직후에 설한 가르침으로 둔한 근기는 이해할 수 없으므로, 다
음으로 40여 년 동안 근기에 맞추어 삼승을 설한 교법.
176 섭말귀본법륜攝末歸本法輪 : 삼승교는 근기를 성숙시키기 위하여 일불승을 셋으로
나누어 설법하였으므로, 삼승을 회통하여 일승의 도에 돌아가게 한 법화의 법문을 가
리킨다.

을 위하여 일승의 원인, 일승의 결과를 널리 열었으니 이를 근본의 가르침이라 한다.

(둘째) 다만 박복하고 둔한 근기들은 깊은 일승의 원인, 일승의 결과를 듣는 것을 감당하지 못하므로, 일불승을 셋으로 나누어 설하니, 이를 지말의 가르침이라 한다.

(셋째) 사십여 년 삼승의 가르침을 설하여 그 마음을 도야하고 단련하여 지금 법화의 법회에 이르러 비로소 삼승을 모아 일승으로 돌아가니 곧 섭말귀본의 가르침이라 한다. 「신해품」에서 "장자가 사자좌에 앉으니 권속들이 둘러싸고 보물을 나열해 놓았다."[177]고 한 것은 곧 화엄의 근본 가르침[178]을 가리킨 것이다. "아들을 불렀으나 얻을 수 없었으므로 비밀히 두 사람을 보내고, 보배의 옷을 벗고 나서 떨어지고 때 묻은 옷을 입었다."[179]는 것은 일승을 숨기고 삼승을 설한[180] 지말의 가르침을 말한다. 부유한 장자가 다 하열한 것을 알고 그 마음을 항복받아 큰 지혜[181]를 가르쳤다[182]는 것은 섭말귀본의 가르침을 말한다.

---

177 『妙法蓮華經』 권2 「譬喩品」(T9, 16c).
178 화엄의 근본 가르침 : 「信解品」 장자궁자비유에서 궁자가 장자의 집 대문에 서서 그의 아버지를 보았는데 사자좌상의 보배궤 안에 발을 올려놓고, 많은 바라문 왕족 등 권속이 공경하여 둘러싸서 모시고, 천만금이나 나가는 진주 영락으로 그 몸을 치장했다는 것을 가리킨다. 천태학의 오시에서는 이를 제1화엄시 설법으로 본다. 이때의 장자 모습은 승응신의 노사나불이 법신보살을 거느린 설법상을 나타내고, 보배로 장엄한 것은 사십지의 공덕으로 법신을 장엄한 것을 나타낸다고 한다.
179 『妙法蓮華經』 권2 「譬喩品」(T9, 16c-17a).
180 일승을 숨기고 삼승을 설한 : 장자가 화려한 옷을 벗어 놓고 해지고 때 묻은 옷으로 갈아입고 똥 치는 그릇을 들고 궁자에게 가서 부지런히 일하라고 한 것을 말한다. 곧 장자가 노사나존특신盧舍那尊特身을 숨기고 장륙존불의 응신불로 나투어 이승·삼승을 편 것을 가리킨다.
181 큰 지혜 : 여기서는 일불승의 지혜. 천태학에서는 방등부·반야부를 거쳐 법화열반부의 설법을 가리킨다.
182 『妙法蓮華經』 권2 「譬喩品」(T9, 17b).

或有說者。法花經是究竟了義。所以然者。如來一代所說敎門略攝。不出
三種法輪。何者爲三。一者根本法輪。二枝末法輪。三者攝末歸本法輪。根
本法輪者。謂佛初成道花嚴之會□爲菩薩廣開一因一果法門。謂根本之敎
也。但薄福鈍根之流深不堪聞一因一果故。於一佛乘分別說三。謂枝末之
敎也。四十餘年說三乘之敎陶練其心。今至法花之會始得會三歸一。卽攝
末歸本敎也。如信解品明。長者居師子坐眷屬圍遶羅列寶物。卽指花嚴根
本敎也。喚子不得故密遣二人。脫珍御服着弊垢衣。謂隱一說三枝末敎也。
如富長者知悉下劣□[1)]伏其心乃敎大智。謂攝末歸本敎也。

1) ㉠ '□'는 吉藏의 『法華遊意』(T34, 634c)에 따르면 '柔'가 되어야 한다.

이런 □는 여러 법문의 곳곳에 글이 있다. 이 중에서 처음과 마지막의
두 가르침은 똑같이 구경의 요의설이고, 둘째의 가르침은 일승에서 삼승
을 선한 것으로 모두 방편의 불요의설임을 알아야 한다. 이 뜻을 성립시키
기 위하여 명확한 증거가 둘이 있다. 첫째는 경이고 두 번째는 논서이다.

是□諸門處處有文。當知此中初後二敎同是究竟了義之說。第二敎者。於
一說三。皆是方便不了義說。爲成此義。明證有二。一者修多羅。二者阿毘
達磨。

경에서는 대략 세 곳의 경문을 인용한다.
첫째,「안락행품」에서는 "이『법화경』은 중생들을 능히 일체지에 이르게
하되, 일체세간에서는 적이 많고 믿기 어려워 일찍이 설하지 않았던 것을
이제 설하니 이는 모든 여래의 제일 교설이다. 모든 교설 중에서 가장 뜻
이 깊으니 나중에야 주는 것이 저 강력한 왕이 오래 명주明珠[183]를 간직하

---

183 명주明珠 : 전륜성왕의 상투에 간직한 계명주로 전쟁에서 공이 가장 큰 장수에게 주
는 보배구슬로 일불승을 의미한다.

다가 이제 주는 것과 같다."¹⁸⁴고 한 것과 같다.

둘째, 「화성유품」에서는 "이 모든 부처님은 방편으로 분별하여 삼승을 설하였으나 오직 일불승에 있을 뿐이나 쉬게 하려고¹⁸⁵ 이승을 설하신다."¹⁸⁶고 하였다.

셋째, 『승만경』에서는 "아라한과 벽지불이 네 가지 지혜의 구경¹⁸⁷에 들어 쉴 곳을 얻음은 또한 여래의 방편이니 남음이 있고 불요의설이다."¹⁸⁸라고 하였다. 이와 같은 경문들을 다 말할 수 없을 정도이다.

修多羅者。略引三文。一者。如安樂行品云。此法花經。能令衆生至一切智。一切世間多怨難信。先所未說而今說之。是諸如來第一之說。於諸說中最爲甚深。末後賜與如彼强力之王久護明珠今乃與之。二者。化城品云。是諸佛方便分別說三乘。唯有一佛乘□¹⁾處故說二。三者。勝鬘經云。阿羅漢辟支佛。四智究竟得蘇息處。亦是如來是方便有餘不了義說。如是等文不可具陳。

1) ㉯ '□'은 경문에 의하면 '息'이 되어야 한다.

---

184 『妙法蓮華經』 권5 「安樂行品」(T9, 39a).
185 쉬게 하려고 : 「化城喩品」 화성의 비유에서는 인도자가 보배성으로 사람들을 인도할 때 멀고 험하여 피곤하고 지친 자들을 위하여 중간에 화성을 화작하여 쉬게 한 다음 끝내 보배성으로 인도한 것. 중간에 쉰 것은 이승·삼승의 방편이고 보배성이 일불승 진실이다.
186 『妙法蓮華經』 권3 「化城喩品」(T9, 27b).
187 네 가지 지혜의 구경 : 네 가지 지혜는 고지苦智·집지集智·멸지滅智·도지道智를 말한다. 이승들(성문·벽지불)은 이 네 가지 지혜가 원만하지 못하면 열반을 만족하지 못하므로, 네 가지 지혜의 구경으로 열반을 만족한다고 한다. 길장吉藏 찬撰, 『勝鬘寶窟』 권중(T37, 46c 이하) 참조.
188 『勝鬘師子吼一乘大方便方廣經』 「一乘章」(T12, 219c). 아라한과 벽지불이 사지의 구경을 얻어 분단생사의 고난을 끊고 열반의 쉴 곳을 얻었지만, 이는 여래의 방편일 뿐 진실한 열반이 아니므로 불요의라고 하였다. 『勝鬘經』 원문은 다음과 같다. "言阿羅漢辟支佛。觀察解脫四智究竟。得蘇息處者。亦是如來方便有餘不了義說."

논서에서는 대략 세 곳의 글을 인용한다.

(첫째,) 『법화론』에서는 "결정성과 증상만의 두 종류 성문은 근기가 미숙하므로 부처님이 수기를 주지 않고,[189] 보살은 수기를 주신다. 보살이 수기를 주는 것은 방편으로 발심하게 하기 때문이다."[190]라고 하였다.

둘째, 『대지도론』에서 설하기를, "囲 아라한이 선세의 인연으로 받은 몸은 반드시 멸하는데 어디에 머물러 있다가 불도를 구족하겠는가. 囲 아라한을 얻을 때 삼계의 모든 번뇌의 인연이 다하므로 다시 삼계에 나지 않는다. 청정한 불국토가 있어 삼계를 벗어나 있고 내지는 번뇌의 이름이 없으니, 이 국토의 부처님 있는 곳에서 『법화경』을 듣고 불도를 구족한다."[191]고 한다.

셋째, 『보성론』에서는 "囲 천제闡提[192]는 열반성이 없어서 영원히 열반에 들어갈 수 없다고 하는데, 이 뜻은 무엇인가. 대승을 비방한 업인을 드러내 보이기 위한 까닭이다. 이것은 어떤 뜻을 밝힌 것인가. 대승심을 비방하고 대승심을 구하지 않는 자들을 되돌리기 위해서는 무량한 시간이 걸리므로 이런 말을 한 것이다. 저들도 사실은 청정한 성품이 있기 때문이다."[193]라고 하였다.

이런 글들에 의하면, 여러 교설에서 이승이 결단코 성불할 수 없다고 하거나 성품이 없는 유정들이라고 한 것은 다 방편의 불요의설이라는 것을 알아야 한다. 만약 일승만 있고 두 번째는 없으므로 일체중생이 모두 마땅히 성불한다고 설한다면 이와 같은 경전은 진실로 요의설이다.

---

189 수기를 주지 않고 : 성문 결정성은 이승에 머물기 때문에 나올 수 없고, 증상만은 이승을 구경으로 생각하여 다 깨달았다고 생각하므로 불도로 나오지 못하기 때문에 수기가 이루어지지 않는다는 것이다.
190 『妙法蓮華經優波提舍』(T26, 18b).
191 『大智度論』「釋畢定品」(T25, 714a).
192 천제闡提 : Ⓢ Icchantika. 선근을 끊어서 성불하지 못하는 원인을 가지고 있는 일천제를 가리킨다. 일천제가 一闡提迦, 단선근斷善根, 신불구족信不具足 등으로 부른다.
193 『究竟一乘寶性論』 권3 「一切衆生有如來藏品」(T31, 831b).

阿毘達磨者。略引三處文。法花論云。決定增上慢二種聲聞。根未熟故佛不
與授記菩薩與授記。菩薩與記者。方便令發心故。二者。智度論說。問阿羅
漢先世因緣之所受身必應當滅。住在何處而具足佛道。答得阿羅漢時。三
界諸漏因緣盡故。更不復生三界。有淨佛立[1]出於三界。乃至無有煩惱之
名。於是國立[2]佛所聞法花經具足佛道。三者。寶性論云。問說闡提無涅槃
性常不入涅槃者。此義云何。爲欲示顯誹謗大乘因故。此明何義。爲欲迴轉誹
謗大乘心不求大乘心。依無量時。故作是說。以彼實有淸淨性故。依是等
文。當知諸敎說有二乘定不成佛。及說無性有情等言。皆是方便不了義說。
若說一乘更無第二一切衆生皆當作佛。如是經典是眞了義。

---

1) ⓥ '立'은『大智度論』에는 '土'로 되어 있다.　2) ⓥ '立'은『大智度論』에는 '土'로 되어 있다.

問 만일 처음 논사의 뜻을 세운다면(불요의설) 뒤의 스님이 인용한 글(요의설)과는 어떻게 화회하겠는가?

저 논사가 통설(通)하기를, '모든 일승의 가르침에서 설한 글들은 모두 저 부정성을 옹호하기 위한 것으로 다 방편이다.'라고 하였으므로 서로 어긋나지 않는다.『법화론』과『보성론』또한 뒤의 방편의 교의를 진술하기 위한 것이요,『대지도론』에서 설한 아라한이 정토에 태어난다는 것은 부정종성의 성문의 경우를 든 것이다. 이런 도리로 또한 서로 어긋나지 않는다.

問。若立初師義者。後師所引文云何和會。彼師通曰。諸一乘敎所說諸文。
皆爲護彼不定性者。皆是方便。故不相違。法花論文及寶性論。亦爲述後方
便敎意。智度論文說阿羅漢生淨土者。是約不定種性聲聞。由是道理亦不
相違。

問 만약 뒤의 논사의 뜻을 세운다면 먼저 인용한 증거는 어떻게 회통하는가?

저 논사가 통설(通)하기를, 『해심밀경』에서 끝내 도량에 앉아 무상정등보리를 증득하지 못한다고 한 것은 결정적으로 무여열반에 들어가야 한다는 것으로, 영원히 무여열반에 들어가지 않고는 곧 무상정등보리를 증득하지 못한다는 것을 밝힌 것이다. 이런 까닭에 한결같이 적정에 나아간다고 설한 것이다.

그런데 성문이 무여열반에 들어갈 때에는 혹은 팔만 겁을 머물고 혹은 육만 사만 이만 겁을 머물고 그 후에 발심하여 곧 대승에 들어가 정토에 태어나서 불도를 구족하는 것이다. 만약 부정종성인이라면 오로지 유여열반에 머물러 경지에 의지하여 대승에 들어가니, 『유가사지론』에 분명히 설한 것과 같기 때문이다. 이런 까닭에 이 경도 서로 어긋나지 않는다.

『대법론』의 글에서 일승교를 방편이라고 설한 것은 이는 삼승 방편교의 뜻이요, 구경의 도리를 설한 것이 아니다. 저 삼승에 집착한 사람이 15유루가 무루라고 한 것은 거친 가르침의 경계에 입각해서 말한 것으로 구경의 진실한 도리가 아니다. 이런 까닭에 이 『대법론』에서 혹은 방편교라고 말한 글도 이 도리로 말미암아 서로 어긋나지 않는다.

問. 若立後師義者. 前所引證云何得通. 彼師通云. 深密經說終不能令當坐道場證得無上正等菩提者. 是明決定當入無餘永不能令不入無餘直證無上正等菩提. 是故說爲一向趣寂. 然彼聲聞入無餘時. 住八萬劫或住六萬四萬二萬. 然後起心卽入大生於淨土具足佛道. 若論不定種性人者. 唯住有餘依地入大. 如瑜伽論分明說故. 是故彼經亦不相違. 對法論文說一乘教爲方便者. 是述三乘權敎之意而非究竟道理之說. 如彼執三乘者說云. 十五有漏□無記者. 是約麤相境界而說. 非是究竟眞實道理. 是故當知彼對法論或有述於方便敎文. 由是道理不相違也.

문 두 논사가 통설한 것은 한 가지로 근거에서는 서로 어긋나니 어느 것이 진실이고, 어느 것이 나은 설인가?

답 이것이 다 경론인데 어떤 진실하지 않은 것이 있겠는가. 왜냐하면 한결같이 적정에 나아가는 자를 옹호하는 뜻으로는 곧 처음 논사가 회통시킨 것이 진실이고, 부정종성의 사람을 옹호하는 뜻으로는 곧 뒤의 논사가 설한 것이 진실이 되니 모두 중생들의 근기에 맞추어 각각 화회하고 회통시킨 것이기 때문이다.

도리에 맞추어 승부를 판정하면, 저 논사(처음 논사)는 뜻이 좁고 짧다. 그는 부처님의 □이 일체에 두루하다고 하지 않다고 설하기 때문이며, 또한 이승은 결국 단멸이라고 설하기 때문이다. 둘째 논사는 뜻이 넓고 또한 길어서 앞의 짧고 좁은 것과 상반되어 그 뜻을 알 수 있다. 이것은 짧고 좁은 뜻을 넓고 긴 글에 회통시킨 것이다. 글이 □□를 해치므로 넓고 긴 뜻을 써서 짧고 좁은 글을 수용한 것이다. 글이 좁으면 뜻에 해를 입지 않으니 곧 쉽게 회통할 수 있다. 이런 도리로 말미암아 뒤의 설이 수승하다. 이런 까닭에 이 『법화경』은 곧 구경의 요의교설임을 알아야 한다.

問。二師所通。一據相違。何者爲實。何者爲勝。答。皆是經論。有何不實。所以然者。爲護一向趣寂者意。則如初師所通爲實。爲護不定種姓人意。則如後師所說爲實。皆當物機各得和通故。若就道理判其勝負者。彼師義狹而且短。彼說佛□不遍一切故。又說二□竟斷滅故。第二師義寬而復長。返前短狹其義可知斯則以短狹義會寬長文。文傷□□會。用寬長義容短狹文。文狹則無傷義。則易會。由是道理後說爲勝。是故當知此法花經乃是究竟了義之敎也。

이제 이 뜻에 의하여 모든 글을 회통시키면 모든 글의 상위相違는 모두 잘 통할 수 있다. 왜냐하면 모든 요의 구경의 교설의 속에는 방편 불요의 말이 없지 않기 때문이다. 『해심밀경』에서 말하기를, "일체 성문·연각·보살은 똑같이 모두 한가지로 이 묘하고 청정한 도를 함께하고, 모두 똑같이 한가지로 구경의 청정한 진여를 함께한다."[194]고 한 것과 같다. 이 도리로 말미암아 경의 종지를 삼았으니, 이런 까닭에 이 경이 진실한 요의설이다.

그런데 이 경에서 적정으로 나아가는 성문은 끝내 도량에 앉을 수 없다고 설하였으니 이와 같은 글들은 방편설로서 결정 이승을 보호하기 위한 까닭에 방편 불요의설을 지은 것이다. 이런 도리로 말미암아 무릇 사람 성품 등의 설을 저 논사가 불요의라고 한 것이다. 이와 같이 두 글은 서로 어긋나지 않는다.

> 今依是義以通諸文。諸文相違皆得善通。所以然者。以諸了義究竟教內不無方便不了之言。如解深密經中說言。一切聲聞緣覺菩薩。同皆共一此妙清淨道。皆同是一究竟清淨如。□是道理爲彼經宗。所以彼經是眞了義。而彼經說寂趣聲聞終不能得坐於道場。如是等文是方便說。爲護決定二乘意故。作是方便不了義說。由是道理夫人性等說彼以爲不了義說。如是二文不相違也。

또 이 『법화경』에서 설하기를 "쉬어 가게 하기 위하여 보배성을 화작하여 다시 쉬고 나서는 마침내 불과로 인도한다."[195]고 하였으니 이런 도리에 의지하여 일승을 설함으로써 이 경을 구경의 요의로 삼은 것이다.

이 경에 또한 불요의의 말이 있는데, □ 바로 말해서 오직 □□ (일승이) 있을 뿐 이승도 없고 삼승도 없다고 하였다. 이 글은 □□ 결단코 □

---

194 『解深密經』 권2 「無自性相品」(T16, 695a).
195 『妙法蓮華經』 권3 「化城喩品」 제7(T9, 26a).

□ (일승의) 설이요, 적정에 나아가는 이승의 행이 없음을 말한다. 그러나 실은 적정으로 나아가는 이승의 행이 없다는 것은 아니다. 이런 까닭에 방편으로 하는 말이 없다고 한 것이요, 이런 도리로 말미암아 『대법론』에서 방편이라고 설한 것 또한 도리가 있다.

又此法花經中說言。爲□□¹⁾故。化作寶城。更止息已終引佛果。依是道理以說一乘。是爲經究竟了義。此經亦有不了義語□直說言唯有□□無二無三。是文爲□□定□□說無趣寂二乘之行。而實不無趣寂二乘之行。是故說無是方便語。由是道理對法論說爲方便者。亦有道理也。

1) ㉠ '□□'은 『法華經』에 따르면 '止息'으로 보인다.

법화종요
法花宗要

홍안 6년(1283) 8월 17일 상승相承[196]하다.

弘安六年八月十七日相承之

---

196 이 본이 홍안 6년 일본 인화사仁和寺 소장본으로, 이곳에서 상승하였다는 것.

화엄경소 제3권
花嚴經疏卷第三*

석원효 지음 釋元曉述
최원섭 옮김

---

* ㉮ 저본은 『대정신수대장경大正新脩大藏經』 권85에 실린 간분(寬文) 10년(1670) 사본寫本이다.

화엄경소華嚴經疏 해제

최 원 섭
동국대학교 외래강사

『화엄경소華嚴經疏』는 신라 원효元曉(617~686)가『화엄경』을 주석한 문헌이다. 일본의 원초圓超(?~914)가 편찬한『화엄종장소병인명록華嚴宗章疏并因明錄』(T55, 1133a), 고려의 의천義天(1055~1101)이 1090년에 편찬한『신편제종교장총록新編諸宗教藏總錄』(T55, 1166b), 일본의 영초永超가 관치寬治 8년(1094)에 편찬한『동역전등목록東域傳燈目錄』(T55, 1146b) 등에 원효의『화엄경소』가 10권이라고 밝히고 있다. 특히『신편제종교장총록』에는『화엄경소』가 원래 8권이었는데 제5권을 나누고『종요宗要』를 합해서 10권(T55, 1166b)이 되었다고 밝히고 있다. 하지만 현재 남아 있는 것은『동문선東文選』에 전하는 서문과 일본에 필사본으로 전하는 제3권뿐이다. 관문寬文 10년(1670)에 필사했다는 기록이 남아 있는『화엄경소』제3권은『대정신수대장경』제85권에 실려 있는데,『한국불교전서』는 이것을 저본으로 하여『동문선』의 서문을 함께 실었다.

원초圓超의『화엄종장소병인명록』에 원효의『화엄경소』가 고경古經에 대한 것이라고 한 데서도 알 수 있듯이 이것은 동진東晉의 불타발타라佛駄跋陀羅가 421년에 번역하여 간행한 60권본『화엄경』을 주석한 문헌이다.

『동문선』에서 서문을 「진역화엄경소서晉譯華嚴經疏序」라고 한 것도 이런 사정을 나타낸다. 현재 남아 있는 제3권은 「여래광명각품如來光明覺品」 제5에 대한 주석이다.

원효의 『화엄경소』와 관련해서는 『삼국유사三國遺事』의 기록을 언급하지 않을 수 없다. 『삼국유사』 권4 「의해義解」 제5 '원효불기元曉不羈'에 "분황사에 머물면서 『화엄경소』를 찬술하였는데, 제4 「십회향품」에 이르러 절필하였다."라고 했다. 이를 통하여 원효가 『화엄경소』를 지은 곳이 분황사이고 주석을 완전히 한 것이 아니라 중간에서 그만두었음을 알 수 있다. 그런데 '제4'와 「십회향품」이 어떻게 관련되는지 분명하지 않은 점이 있다. 『화엄경소』를 전하고 있는 목록들이 『화엄경소』는 8권이거나 10권이라고 하므로 '제4'가 '제4권'을 가리킨다고 할 수 없다. 또 「십회향품」은 60권 『화엄경』의 제21품이므로 '제4'가 '제4품'이라는 의미도 아니다. 오히려 「십회향품」이 60권 『화엄경』의 권14부터 권22까지 해당하기 때문에 '제4 「십회향품」'은 '제14 「십회향품」'의 오기라고 생각하는 편이 나을지도 모른다. 또는 십회향이 『화엄경』에서 보살의 수행과정인 신信·주住·행行·회향廻向·지地에서 네 번째에 해당하므로 '제4'라고 한 것이 아닐까 하고 추정할 수도 있다.

『화엄경소』 서문에서 원효는 특유의 논리를 사용하여 "아무런 걸림이 없는 법계의 법문"인 화엄의 의의를 밝히고 『화엄경』은 "원만하고 위없는 돈교頓敎의 법륜法輪으로 법계의 법문을 널리 펼쳐 끝없는 행덕行德을 드러내 보인 것"이라고 설명하였다. 그리고 '대방광불화엄경'의 일곱 글자를 풀이하여 "법계가 무한無限함이 '대방광'이며 행덕이 무변無邊함이 '불화엄'이다. 대방大方이 아니면 불화佛華를 넓힐(廣) 수 없고, 불화佛華가 아니면 대방大方을 장엄(嚴)할 수 없다."라고 하면서 『화엄경』의 근본 뜻을 '광廣과 엄嚴'이라고 밝혔다.

「여래광명각품」은 7처 8회 34품으로 이해하는 60권본 『화엄경』의 구성에서 제2회 보광법당회普光法堂會에 해당하고 설법 내용은 신심信心이다. 제2회에는 제3「여래명호품如來名號品」, 제4「사제품四諦品」, 제5「여래광명각품」, 제6「보살명난품菩薩明難品」, 제7「정행품淨行品」, 제8「현수보살품賢首菩薩品」의 여섯 품이 해당하는데, 『화엄경소』는 제3품과 제4품을 "얻는 과보를 거론하여 즐거워하는 마음을 발원하게 함"이라고 하고, 제5품부터 제8품까지를 "수행하지 않은 이가 나아가려는 의지를 생기게 함"이라고 하여 내용을 구분하였다. 이렇게 이해하는 방식은 법장法藏의 『화엄경탐현기華嚴經探玄記』(T35, 167a)에 따라 일반적으로 제3품을 부처의 신업身業, 제4품을 부처의 구업口業, 제5품을 부처의 의업意業으로 보는 이해와 구별된다. 한 발 더 나아가 『화엄경소』는 이전의 「여래명호품」과 「사성제품」에서 부처의 명호와 사제의 명칭이 시방의 일체 세계에 두루하다고 설명하였기 때문에 그러한 부처의 신업과 구업이 한량없다는 점과 관련한 의문을 풀어 주기 위한 것이 제5「여래광명각품」이라고 한다.

『화엄경소』가 「여래광명각품」의 본문을 "빛이 나오는 곳"과 "빛이 비추는 곳"으로 구분할 만큼 「여래광명각품」의 경론은 간단한 구조로 되어 있다. 부처 발의 상륜相輪에서 나온 광명이 열 방향으로 퍼져 나가면서 도달하는 불국토의 상황을 열 단계에 걸쳐 설명하고 그 각각의 세계에서 문수보살이 대표로 찬탄하는 게송을 전하고 있다. 또 광명이 퍼져 나가는 곳에 머물고 있는 모인 보살을 차례로 "문수사리보살·각수覺首보살·재수財首보살·보수寶首보살·덕수德首보살·목수目首보살·정진수精進首보살·법수法首보살·지수智首보살·현수賢首보살"이라고 하고 그 보살 권속의 본국 부처를 차례로 "부동지불不動智佛·지혜화불智慧火佛·정지불淨智佛·구위의지불具威儀智佛·명성지불明星智佛·구경지불究竟智佛·무상지불無上智佛·자재지불自在智佛·범천지불梵天智佛·복원지불伏怨智佛"이라고 거론하였다.

『화엄경소』는 이와 같은 경의 구조를 활용하여, 가까운 곳에서 먼 곳까지 열 단계로 광명이 도달한 불국토 세계에서 문수보살이 찬탄하는 게송을 설명하는데, 열 방향의 부처의 이름을 빌려 부처를 찬탄하고 보살의 이름을 빌려 그 법문을 찬탄한다고 하였다. 이것을 정리하면 다음과 같다.

광명이 퍼진 세계	부처	부처의 덕	보살	보살의 법문
삼천대천세계	동방불	불부동상 佛不動相	유수	무주무득지 無住無得智
십불국토	남방불	지혜화 智惠火	(각수)	각수법문 覺首法門
백불국토	서방불	정지법행 淨智法行	재수	요익일체중생법문 饒益一切衆生法門
천불국토	북방불	구위덕지혜법문 具威德智惠法門	보수	여연금청정법문 如鍊金淸淨法門
만불국토	동남방불	구경지심묘계 究竟智深妙界	목수	정목소견묘색 淨目所見妙色
십만불국토	명지불 明智佛	명조부사의경 明照不思議境	덕수	자리이타공덕 自利利他功德
백만불국토	서남방불	불무상지각 佛無上智覺	진수	진입불지경계 進入佛智境界
일억불국토	서북방불	자재지방편 自在智方便	법수	어법의수순지력 於法義隨順智力
십억불국토	하방불	범천지법문 梵天智法門	지수	각암지등법문 却闇智燈法門
법계평등일체세계	상방불	복원지법문 伏怨智法門	현수	승능법문 勝能法門

위에서 언급한 것처럼 경문에서 언급한 열 방향과 열 부처와 열 보살은 어느 특정한 한 세계에만 있는 것이 아니라 광명이 퍼져 나가는 모든 세계마다 존재한다. 그것을 『화엄경소』는 〈표〉에서 보이는 것과 같이 개별 세계로 배분하여 설명하고 있다. 일반적인 화엄의 교의에 따라 보자면, 이런 『화엄경소』의 설명은 특정 세계에 특정 불보살이 있다는 의미가 아니라 모든 세계에 모두 존재하는 불보살 중에 하나를 대표하여 그 특정 세계의 특성을 드러내는 것일 뿐이다. 첫 단계 세계의 부처를 동방불이라고 하고 그 부처의 부동상不動相을 찬탄했다고 설명하였지만 사실은 그

세계에 열 부처가 모두 있는데 그중에 동방불을 대표로 드러낸 것뿐이다. 여섯 단계의 부처가 '동북방불'이어야 할 것 같지만 '명지불'로 표시한 것에서도 그런 점을 알 수 있다. 저 부처 자리에 방향을 나타내는 부처가 오든 특성을 드러내는 부처 이름이 오든 큰 상관이 없다는 뜻이다.

『화엄경소』는 신라는 물론 전근대 우리나라에서 찬술된 유일한『화엄경』자체에 대한 주석서이자 유일하게 남아 있는 원효의 화엄 관련 저술이라는 데 의의가 있다. 기록에는 이외에『화엄경종요華嚴經宗要』,『화엄경강목華嚴經綱目』,『보법기普法記』등의『화엄경』관련 저술이 있었다고 하지만 전하지 않는다. 또한『화엄경소』는『삼국유사』기록 등에 의해 원효 말년의 저술이라고 평가받고 있는데, 무애가를 부르며 대중교화에 나섰다는 원효의 행적에서 무애가의 근거가 되는 것이『화엄경』의 게송 "일체무애인一切無礙人 일도출생사一道出生死"라는 점에서 원효 생애에서 화엄이 갖는 의미를 새삼 느끼게 한다.

참고 문헌

고영섭,「원효의 화엄학 : 광엄廣嚴과 보법普法의 긴장과 탄력」,『원효학연구』제5집, 2000.

최연식,「신라 및 고려시대 화엄학 문헌의 성격과 내용」,『불교학보』제60집, 2011. 12.

대한불교조계종 한국전통사상서 간행위원회,『정선精選 원효』, 서울: 대한불교조계종 한국전통사상총서 간행위원회 출판부, 2009.

동국대학교 불교문화연구소 편,『한국불교찬술문헌총록』, 서울: 동국대학교출판부, 1976.

차례

화엄경소華嚴經疏 해제 / 169
일러두기 / 176
진역晋譯『화엄경소華嚴經疏』서序 / 177

1. 대의 182

2. 본문 해석 184
  1) 빛이 나오는 곳 184
  2) 빛이 비추는 곳 185
    (1) 삼천대천세계에 두루 비침 185
    (2) 십불국토에 두루 비침 189
    (3) 백불국토에 두루 비침 191
    (4) 천불국토에 두루 비침 191
    (5) 만불국토에 두루 비침 193
    (6) 십만불국토에 두루 비침 194
    (7) 백만불국토에 두루 비침 195
    (8) 일억불국토에 두루 비침 197
    (9) 십억불국토에 두루 비침 199
    (10) 법계와 평등한 일체 세계까지 두루 비침 201

3. 결어 203

일러두기

1 '한글본 한국불교전서'는 문화체육관광부의 지원을 받아 동국대학교 불교학술원에서 수행하고 있는 '불교기록문화유산아카이브(ABC)사업'의 결과물을 출간한 것이다.
2 이 책은 『한국불교전서』(동국대학교출판부 간행) 제1책에 수록된 『화엄경소권제삼花嚴經疏卷第三』을 저본으로 번역하였다.
3 번역문에 이어 원문을 병기하고 간단한 표점 부호를 삽입하였다.
4 원문의 교감 사항은 번역문의 각주와 별도로 원문 아래 부분에 제시하였다.
　㉾은 『한국불교전서』 편찬자가 교감한 내용이다.
　㉣은 번역자가 교감한 내용이다.
5 약물은 다음과 같다.
　『 』 : 경명
　「 」 : 분 또는 품명
　T : 『대정신수대장경大正新脩大藏經』
　Ⓢ : 산스크리트어

진역晉譯『화엄경소華嚴經疏』서序

석원효釋元曉

아무런 걸림이 없는 법계의 법문이란 법이 없으면서도 법이 아님도 없고 문이 아니면서도 문이 아님도 없다. 그래서 크지도 않고 작지도 않으며, 빠르지도 않고 느리지도 않으며, 움직이지도 않고 고요하지도 않으며, 하나이지도 않고 여럿이지도 않다. 크지 않기 때문에 극미極微가 되고도 남음이 없고, 작지 않기 때문에 태허太虛[1]가 되고도 남는다. 빠르지 않으므로 삼세의 겁파刧波(S kalpa, 겁)를 품을 수 있고, 느리지 않으므로 전체가 한 찰나에 들어간다. 움직이지도 않고 고요하지도 않으므로 생사가 열반이 되고 열반이 생사가 된다. 하나이지도 않고 여럿이지도 않으므로 한 법이 모든 법이고 모든 법이 한 법이다.

이와 같이 아무런 걸림이 없는 법으로 법계 법문의 도술道術을 만드니, 모든 대보살이 들어가는 곳이고 삼세의 모든 부처가 나오는 곳이다. 이승二乘과 사과四果는 귀먹고 눈멀며, 범부와 하사下士는 비웃고 놀란다. 이 법문에 들어갈 수 있는 사람이라면 한순간이 지나기 전에 무한한 삼세를 두루 나타낼 수 있고, 시방세계를 작은 티끌 하나 안에 모두 넣을 수 있으니, 이러한 도술을 어떻게 생각해 낼 수 있겠는가.

---

1 원문은 '대허大虛'이나 일반적으로 '태허太虛'로 사용한다. '대大'와 '태太'는 통용된다. 태허太虛는 『장자莊子』「지북유知北遊」편에 나오는 말이다. 천지 만물의 근원인 무형의 도道라는 뜻으로 사용되며, 고요하고 현묘한 경지나 우주를 의미하기도 한다.

晋譯華嚴經疏[1]序[2]

釋元曉[3]

原夫無障無碍法界法門者。無法而無不法。非門而無不門也。爾乃非大非小。非促非奢。不動不靜。不一不多。由非大故作極微而無遺。以非小故爲大虛而有餘。非促之故能含三世刼[4]波。非奢之故擧體入一刹。不動不靜故生死爲涅槃。涅槃爲生死。不一不多故一法是一切法。一切法是一法。如是無障無礙之法。乃作法界法門之術。諸大菩薩之所入也。三世諸佛之所出也。二乘四果之聾盲。凡夫下士之所笑驚。若人得入是法門法。[5] 卽能不過一念普現無邊三世。復以十方世界。咸入一微塵內。斯等道術。豈可思議。

1) ㉠ '疏'는 『東文選』에는 '䟽'로 되어 있다. 2) ㉭ 저본은 『東文選』 권83에 실린 서문이다. 3) ㉠ '釋元曉'는 『東文選』에는 없다. 4) ㉠ '刼'은 『東文選』에는 '刧'으로 되어 있다. 5) ㉠ '法'은 『東文選』에는 '者'로 되어 있다.

그러나 저 법문에 의지하여 세상일을 본다면, 하루에 세 번 문밖을 나가고 열 사람이 함께 방 안에 앉는 것과 같으니, 쉽게 하는 것에 무슨 기이하고 특별함이 있겠는가. 더욱이 수미산이 겨자씨로 들어가는 것은 돌피[2]가 커다란 (곡식) 창고에 들어가는 것이며, 방장[3]이 여러 자리를 받아들이는 것은 우주가 만물을 받아들이는 것이니, 받아들이고 들어가는 일이 매우 거리낌이 없는데 어찌 어려울 수 있겠는가.

2 돌피 : 논이나 강가에 자라는 볏과의 식물이다. 흔히 논에서 자라는 잡풀을 가리키는 '피'나 '피죽도 못 먹는다'고 할 때의 '피'의 일종이다. 쓸모없고 하찮은 것을 비유한다.
3 방장 : 방장方丈은 사방으로 1장丈(약 3m)이 되는 방이라는 뜻인데, 특히 총림의 최고 어른을 일컫는 말로 쓰이기도 한다. 보통 유마거사가 신통을 부려 문병 온 이들을 위해 방 안에 3만 2천 자리를 마련했다는 『維摩經』의 내용(T14, 546b)에 따라 '방장'의 기원이 『維摩經』이라고 한다. 하지만 『維摩經』에서 유마거사의 방이 사방 1장이라는 표현은 보이지 않는다. 670년에 지어진 『法苑珠林』 권29에 "당나라 현경顯慶(656~661) 때에 칙사 왕현책王玄策이 인도에 가서 유마의 집을 지나다가, 홀笏로 그 집터를 재 보았더니 10홀밖에 되지 않았다. 그래서 그 집을 방장실이라 했다."(T53, 501c)는 기록이 보인다.

봉황새가 푸른 구름까지 날아오르면 산악의 나직함을 내려다보고, 하백河伯이 큰 바다에 이르면 하천의 좁음을 되돌아 부끄럽게 여기는 것[4]처럼, 배우는 이가 이 경의 보문普門[5]에 들어오면 비로소 배운 것이 편협함을 알게 될 것이다. 그러나 (날개가) 짧은 새는 산림에 의지하여 형체를 기르고, 작은 물고기는 시냇물에 잠겨서 본성을 편안히 하니, 이런 까닭에 얕고 친근한 교문敎門도 그만둘 수 없을 뿐이다.

然依彼門。用看此事。猶是一日三出[1)]門外。十人共坐堂內. 徑然之域。有何奇特。況乎須彌入於芥子者。稊來[2)]入於大倉也。方丈內乎衆座者。宇宙內於萬物也。內入甚寬。何足爲難乎哉。若乃鳳皇翔于靑雲。下觀山岳之卑。河伯届乎大海。顧羞川河之狹。學者入乎此經普門。方知會[3)]學之齷齪也。然短之鳥。庇山林而養形。微之魚。潛涓流而安性。所以淺近敎門。亦不可匕之耳。

1) ㉠ '三出'은 원효의 『晋譯華嚴經疏序』를 전하고 있는 이능화의 『朝鮮佛敎通史』 권하(p.1010)에는 '出三'으로 되어 있다. 2) ㉠ '來'는 『東文選』에는 '米'로 되어 있다. 내용으로 보아 '米'가 적절한 것으로 보인다. 3) ㉠ '會'는 『東文選』에는 '曾'으로 되어 있다.

지금 이 경은 바로 원만하고 위없는 돈교頓敎의 법륜法輪으로 법계의 법문을 널리 펼쳐 끝없는 행덕行德을 드러내 보인 것이다. 행덕에는 두려울 것이 없지만 그것을 드러내 보여 단계를 밟게 하였으니 단계를 밟기 때문에 닦아 나아갈 수 있으며, 법문에는 끝이 없지만 그것을 펼쳐 표적

---

4 하백河伯이 큰~여기는 것 : 하백은 황하黃河의 수신水神이다. 『莊子』 「秋水」편에, 가을이 되어 모든 냇물이 황하로 흘러들자 천하의 아름다움이 모두 자기에게 있다고 생각하던 황하의 신 하백이 바다로 흘러 들어가자 바다의 무한함에 스스로 탄식했다는 내용이 보인다.

5 보문普門 : Ⓢ samanta-mukha. 화엄을 가리킨다. 화엄종에서는 하나의 문 안에 원융한 법계를 포섭하므로 보문이라고 한다. 『華嚴經探玄記』권2(T35, 138b).

을 삼게 하였으니 표적을 삼기 때문에 앞으로 나아갈 수 있다. 저 문에 나아가 들어간 자는 곧 들어갈 것이 없기 때문에 들어가지 않을 것도 없으며, 이 덕을 수행한 자는 곧 얻을 것이 없기 때문에 얻지 않을 것도 없다. 이에 삼현三賢[6]과 십성十聖[7]의 어느 행行이나 원만하지 않음이 없고, 삼신三身[8]과 십불十佛[9]의 어느 덕德이나 갖추어져 있지 않음이 없다. (이 경의) 그 문장은 빛나고 빛나며 그 의미는 넓고 넓으니, 어찌 이루 다 말할 수 있겠는가.

> 今是經者。斯乃圓滿無上頓教法輪。廣開法界法門。顯示無邊行德。行德無畏而示之階。階故可以造修矣。法門無涯開之的。的故可以進趣矣。趣入彼門者。即無所入故無所不入也。修行此德者。即無所得故無所不得也。於是三賢十聖。無行而不圓。三身十佛。無德而不備。其文郁郁。其義蕩蕩。豈可得而稱焉。

'대방광불화엄大方廣佛華嚴'이란, 법계가 무한無限함이 '대방광'이며 행덕이 무변無邊함이 '불화엄'이다. 대방大方이 아니면 불화佛華를 넓힐(廣) 수 없고, 불화佛華가 아니면 대방大方을 장엄(嚴)할 수 없다. 이런 까닭에

---

[6] 삼현三賢 : 성자의 경지에 이르기 위해 닦는 세 가지의 수행 단계. 일반적으로 대승의 삼현은 십주十住, 십행十行, 십회향十迴向의 셋을 든다.
[7] 십성十聖 : 십지위十地位의 보살을 가리킨다. 보통 삼현과 함께 쓰이는 경우가 많다.
[8] 삼신三身(Ⓢ trikāya) : 부처의 세 가지 유형이다. 법신法身은 진리 그 자체, 또는 진리를 있는 그대로 나타낸 우주 그 자체를 의미한다. 보신報身은 중생을 위해 서원을 세우고 수행하여 깨달음을 성취한 부처를 의미한다. 응신應身은 때와 장소, 중생의 능력이나 소질에 따라 나타나 그들을 구제하는 부처를 의미한다.
[9] 십불十佛 : 『華嚴經』에서 설하는 열 종류의 부처님이다. 화엄종에서는 십불을 두 가지로 설명한다. 행경行境의 십불은 『華嚴經』「離世間品」에 나오는 열 종류의 부처님이며, 해경解境의 십불은 「十地品」에 나오는 열 종류의 부처님이다. 『華嚴經孔目章』 권2(T45, 560a)

쌍으로 방方과 화華의 일을 들어 그 광廣과 엄嚴의 뜻(宗)을 나타내었다. '경經'이란 원만한 법륜이 (공간적으로) 시방의 남음 없는 세계에까지 두루 들리고 (시간적으로) 삼세의 경계 없는 유정有情에게까지 널리 퍼져, 궁극의 변함없는 법칙이기 때문에 경經이라고 하였다. 이런 대의를 들어 제목으로 표시하기 때문에 '대방광불화엄경'이라고 말하였다.

所言大方廣佛華嚴者。法界無限大方廣也。行德無邊佛華嚴也。非大方無以廣佛華。非佛華無以嚴大方。所以雙擧方華之事。表其廣嚴之宗。所言經者。圓滿法輪。周聞十方無餘世界。遍轉三世無際有情。極軌窮常。故名曰徑。[1] 擧是大意以標題目。故言道大方廣佛華嚴經也。

---
1) ㉮ '徑'은 '經'인 듯하다.

여래광명각품如來光明覺品[1]

1. 대의大意

여기에서는 여래가 빛을 발하여 시방을 두루 비추어 모든 대중의 어둡고 막힌 장애를 없애고 여래의 몸이 법계에 널리 퍼져 있음을 깨닫게 하기 때문에 '광명각품光明覺品'이라고 하였다. 이것은 두 가지 의문에 대한 답인데 그 의미는 앞에서 설명한 것과 같다. 또한 여기에서는 부처님의 빛이 모든 의혹을 없애고 온갖 재난을 뽑아 내니 이런 의미에서 두 구절에 답하는 것이 다시 원래 자리를 떠올리게 하는 것이다.

此中如來放光普照十方。令諸大衆除滅闇障。覺如來身周遍法界。以之故言光明覺品。是答二問。義如前說。又此佛光滅諸疑惑拔衆災難。由是義故答彼二句更起元位。

신심信心 부분[2] 안에 두 가지가 있는 중에 (첫째인) '얻는 과보를 거론하여 즐거워하는 마음을 발원하게 함'은 이미 앞에서 (설명하였고), 지금부터는 둘째인 '수행하지 않은 이가 나아가려는 의지를 생기게 함'이다.[3]

---

1 『華嚴經疏』의 대상인 60권본 『華嚴經』의 제5품.
2 지금 주석하고 있는 「如來光明覺品」은 7처 8회 34품으로 이해하는 60권본 『華嚴經』의 구성에서 제2회 보광법당회普光法堂會에 해당하며 제2회의 설법 내용은 신심이다.
3 제2회 보광법당회에는 모두 여섯 품이 있다. 지금 주석하고 있는 제5 「如來光明覺品」이전에 제3 「如來名號品」과 제4 「四諦品」이 있고, 「如來光明覺品」 다음으로 제6 「菩薩明難品」과 제7 「淨行品」과 제8 「賢首菩薩品」이 있다. 지금 단락의 내용으로 유추하면 신심을 설하는 제2회 중에 제3품과 제4품을 한 부분으로 하고, 제5품부터 제8품까지의 4품을

여기의 네 품을 분류하면 두 부분이 된다. 앞의 두 품[4]은 여러 의문과 질문을 떨쳐 내서 신해信解를 생기게 하는 것이고, 그 뒤의 두 품[5]은 수행의 덕德을 바로 설해서 수행으로 나아가게 하는 것이다.

앞에도 둘이 있는데, 첫 품(「여래광명각품」)은 의문을 제거하고, 다음 품(「보살명난품」)은 질문을 풀어 준다. 질문을 풀어 주는 것은 법을 이해하기가 어려우면 여러 질문이 생기기 때문이고, 의문을 제거하는 것은 부처님을 믿지 못하면 여러 의문을 일으키기 때문이다.

信心分內有二之中。舉所得果。起願樂心。旣於前。此下第二。不所修行。生進趣意。此中四品。科爲二分。謂前二品。遣諸疑難以生信解。其後二品。正說行德而令進修。初中亦二。初品遣疑。次品通難。通難者。於法難解生諸難故。遣疑者。於佛未信起諸疑故。

이런 의문이 무엇 때문에 일어날 수 있는가 하면, 앞의 두 품(「여래명호품」과 「사성제품」)에서 부처님의 명호와 사제의 명칭이 시방의 일체 세계에 두루 퍼져 있다고 하였는데, 이에 대해서 의문의 말을 한다. 부처님의 몸이 두루하기 때문에 이름이 그를 따라서 두루한 것인가? 몸은 이 세계에 국한되고 이름만 두루한 것인가?

이름만 두루하고 몸은 두루하지 않다면 어째서 신업의 과보는 좁고 구업의 과보는 넓은가? 본래 (신업과 구업의) 두 가지 업을 닦는 것 모두 한량이 없어서 이름이 두루하고 몸도 두루하다면 어째서 부처 세계가 이 법회에만 있음을 보는가? 이런 의문을 제거하기 위해서 이 품이 온 것이다. 대의는 이와 같다.

또 다른 한 부분으로 구별하고 있다.
4 앞의 두 품 : 제5 「如來光明覺品」과 제6 「菩薩明難品」
5 그 뒤의 두 품 : 제7 「淨行品」과 제8 「賢首菩薩品」

此疑因何而得起者。前二品說。佛號諦名遍布十方一切世界。於是疑言。爲佛身遍故名聲隨遍耶。爲身局世此唯名聲遍耶。若唯名聲遍而身不遍者。如何身業之報狹。口業之果寬。本修二業皆無量故。若如名遍身亦遍者。何故但見佛世此會。爲遣是疑故此品來。大意如是。

2. 본문 해석

다음으로 본문을 해석한다. 본문에는 두 부분이 있다. 앞에서는 빛이 나오는 곳을 밝혔고, 뒤에서는 빛이 비추는 곳을 드러냈다.

次釋其文。文中有二。先明光從出處。後顯光所照處。

1) 빛이 나오는 곳

첫 부분에 "두 발의 상륜에서 백억의 광명을 뿜어낸다."[6]고 하였다. 상륜은 천 개의 바큇살 무늬인데 신행信行을 나타낸다. 처음 (믿음을) 일으킨 이는 우선 열 가지 마음을 일으키고 점점 백천에 이르며 지관止觀을 함께 닦아 현수보살의 자리에 들어가기 때문에 두 발의 상륜에서 (빛이) 나오는 것이다.

初中言從兩足相輪放百億光明。相輪卽是千輻輪相爲表信行。始發起者。初起十心增至百千。止觀雙運。入賢首位故。從兩足相輪而出也。

---

6 『華嚴經』권5 「如來光明覺品」(T9, 422b18).

2) 빛이 비추는 곳

(본문의) "두루 비추다." 이하는 빛이 비추는 곳이다. 가까운 곳에서 먼 곳으로 열 단계에 걸쳐 반복하여 점차 늘어나는 것[7]은 처음 (수행에) 나아간 이가 점차 닦아 나가 진전이 있고 반드시 계위를 완성할 것임을 나타낸다. 여기에서는 부처님의 몸이 두루하여서 신업과 구업 두 가지 업의 과보도 모두 끝이 없으며 법계에 똑같이 두루함을 그대로 드러냈다.

> 遍照以下光所照處。從近至遠十重漸增。表所爲始發趣者漸修增進必滿位。此中正顯佛身遍然。所以身口二業果報。皆同無邊等周法界。

(1) 삼천대천세계에 두루 비침

(열 단계 가운데) 첫 번째 단계에 대해서 두 가지 구분이 있다. 앞에서는 빛이 비치는 곳과 (그곳에서) 보이는 일을 차례로 설명했고, 뒤에서는 유수濡首(문수)[8]보살이 게송을 설하여 부처를 찬탄하는 것을 밝혔다.

처음 (빛이 비치는 곳) 부분에도 둘이 있다. 앞에서는 빛이 백억 세계까지 비치는 것을 나타냈고, 뒤에서는 (그 세계에서) 두루 만나는 부처와 대중을 밝혔다. (첫 번째 단계뿐만 아니라) 나중의 아홉 단계도 글을 나누면 이와 같다.

(유수보살이) 부처를 찬탄하는 부분에도 둘이 있다. 앞에서는 한 곳을

---

7 『華嚴經疏』가 주석하고 있는 『華嚴經』「如來光明覺品」은 세존의 두 발에서 빛이 나와 여러 세계로 퍼져 나가는 것을 열 단계에 걸쳐 설명하는데, 삼천대천세계를 시작으로 차례로 열 배씩 늘어나 십불국토, 백불국토, 천불국토 등으로 퍼져 나간다.

8 유수濡首(문수):『華嚴經探玄記』권4(T35, 169c), "名文殊師利或云尸利。或云漫殊室利。或翻爲敬首。或云溥首。又云濡首。又云妙德。又云妙吉祥。"

밝히고, 뒤에서는 나머지 곳을 이 예에 따랐다.[9]

就第一重卽有二分。先序光所照處所見之事。後明濡首菩薩說偈讚佛。初中亦二。先顯光照百億世界。後明普見佛及大衆。後之九重科文亦爾。讚佛中亦有二。先明一處。後例餘處。

(첫 번째 대목의) 게송에 두 부분이 있다. 앞의 두 게송은 동방 부처님 명호에 의지하여[10] '부처의 움직이지 않는 모습'(佛不動相)[11]을 찬탄하였고, 뒤의 여덟 게송은 유수보살의 이름에 기대어[12] '머물 것 없고 얻을 것 없는 지혜'(無住無得智)를 드러냈다.

---

9 「如來光明覺品」 경문에서 문수보살이 첫 번째 찬불게를 설하고 "이곳에서 문수사리가 게송을 설한 것처럼 모든 곳에서도 그러하였다."(T9, 423a3)고 한 것을 가리킨다. 이 설명은 첫 번째 찬불게에만 있다.
10 동방 부처님 명호에 의지하여 : 원효는 제1송부터 차례대로 열 방향의 부처를 배정하여 설명하는데, 이것은 「如來光明覺品」 경문에서 열 방향으로 빛이 퍼져 나간다고 한 설명에 근거한다. 경문에서는 열 단계에 걸쳐 빛이 퍼져 나가는 곳을 설명할 때마다 "동방으로 불국토를 두루 비추니 남방·서방·북방과 사유四維와 위아래도 마찬가지였다."고 하였다.
11 부처의 움직이지 않는 모습(佛不動相) : 원효는 제1송부터 차례대로 부처의 덕을 찬탄하는 내용을 배정하여 설명하는데, 이것은 「如來光明覺品」 경문에서 빛이 퍼져 나가는 곳에 모인 보살 권속의 본국 부처를 차례로 거론한 것이다. 경문에서는 열 단계에 걸쳐 빛이 퍼져 나가는 곳을 설명할 때마다 "그들의 본국 부처님은 말하자면 부동지불不動智佛·지혜화불智慧火佛·정지불淨智佛·구위의지불具威儀智佛·명성지불明星智佛·구경지불究竟智佛·무상지불無上智佛·자재지불自在智佛·범천지불梵天智佛·복원지불伏怨智佛 등이었으니, 그들은 모두 이 부처님에게서 범행을 닦았다."고 하였다.
12 유수보살의 이름에 기대어 : 원효는 제1송부터 차례대로 열 보살을 배정하여 설명하는데 이것 역시 「如來光明覺品」 경문에서 빛이 퍼져 나가는 곳에 머물고 있는 보살을 차례로 거론한 것이다. 경문에서는 열 단계에 걸쳐 빛이 퍼져 나가는 곳을 설명할 때마다 "그 보살들이 각각 열 세계 티끌 수의 보살 권속들과 함께 부처님께 나아갔다. 그들은 말하자면 문수사리보살·각수覺首보살·재수財首보살·보수寶首보살·덕수德首보살·목수目首보살·정진수精進首보살·법수法首보살·지수智首보살·현수賢首보살이었다."고 하였다.

앞(의 두 게송)에 또 둘이 있다. 첫 게송[13]은 반대로 드러낸 것(反顯)이고, 뒤의 게송[14]은 그대로 밝힌 것(順明)이다. 반대로 드러낸 (게송의) 의미는, 여래가 속박을 풀고 벗어났다고 아는 것은 여래에게 움직임이나 출입이 있다고 생각하는 것이어서 유소득有所得[15]이고 청정한 눈이 아니기 때문이다. 그대로 밝힌 (게송의) 의미는, 여래가 일체법이 모두 무소유라고 관찰한다고 아는 것은 여래의 부동의 지혜를 따르는 것이어서 유주有住[16]가 아니고 곧바로 부처가 되기 때문이다.

頌中有二也。前二頌依東方佛號。讚佛不動相。後之八頌寄濡首菩薩名。顯無住無得智。初中亦二。初頌反顯。後頌順明。反顯義者。若知如來脫縛離滿。[1)] 則謂如來有動有出。旣有所得非淨眼故。順明義者。若知如來觀一切法皆無所有。則順如來不動之智。旣非有住疾作佛故。

1) ⓐ '滿'은 『華嚴經』 경문에 따르면 '漏'가 되는 것이 적절하다.

뒤의 여덟 게송에는 네 쌍(의 구분)이 있다.

첫째 쌍 가운데 첫 게송[17]은 세속에는 진실함이 없음을 통달함이고, 다

---

13 『華嚴經』 권5 「如來光明覺品」(T9, 422c12-13), "若有知正覺。解脫離諸漏。不著一切世。彼非淨道眼。"
14 『華嚴經』 권5 「如來光明覺品」(T9, 422c14-15), "若有知如來。觀察無所有。知法散滅相。彼人疾作佛。"
15 유소득有所得 : 기본적으로 있음과 없음이나 옳음과 그름 등 상대적으로 대상을 바라보는 시각을 가리키는 말이다. 대승불교의 기본적인 관점인 공空이나 중도에서 보자면 본문에서 언급하듯이 "여래가 속박을 풀고 벗어났다."고 보는 시각은 원래부터 깨달아 있어서 새롭게 얻을 것이 없는 여래의 무소득無所得이라는 진실한 모습을 보지 못한 것이다.
16 유주有住 : 유소득有所得과 마찬가지로 '머물 곳이 있다'고 보는 시각은 상대적으로 대상을 바라보는 관점이기 때문에 대승불교의 기본적인 관점에서는 적절하지 않다. 본문에서 언급하듯이 "일체법이 모두 무소유라고 관찰"하는 "여래의 부동의 지혜"는 무주無住의 특성을 드러내고 있는 것이다.
17 『華嚴經』 권5 「如來光明覺品」(T9, 422c16-17), "能見此世界。一切處無著。如來身亦然。是

음 게송[18]은 진실한 무이無二에 들어감이다. 둘째 쌍의 앞 게송[19]은 사람에 대하여 머무름이 없음을 밝혔고, 뒤의 게송[20]은 법에 대하여 오래전에 얻었음을 드러냈다. 셋째 쌍의 앞 게송[21]은 법이 있음과 없음에서 벗어나 있음을 밝혔고, 뒤의 게송[22]은 부처에게는 늘 것도 줄 것도 없음을 드러냈다. 넷째 쌍의 앞 게송[23]은 사람과 법에 대해 얻을 것이 없다는 입장에서 중생을 교화함을 밝혔고, 뒤의 게송[24]은 하나와 여럿이 걸림이 없다는 입장에서 두려워함이 없게 됨을 드러냈다.

일체법이 하나의 법에 들어가기 때문에 하나에서 무량을 이해하고, 하나의 법이 일체법에 들어가기 때문에 무량에서 하나를 이해한다. 그러므로 서로 들어갈 수 있다는 것은 반복적으로 서로 거울과 (거기에) 비친 그림자가 되어 생기는 것이지 실체가 있어서 생기는 것이 아니기 때문에 걸림이 없다. 이것이 유수보살의 법문이다.

後八頌中卽有四雙。第一雙中初頌達俗無實。次頌入眞無二。第二雙者先明於人無住。後顯於法久得。第二[1)]雙者先明於法離有無。後顯於佛無

---

18 『華嚴經』권5「如來光明覺品」(T9, 422c18-19), "若於佛法中。其心隨平等。入不二法門。彼人難思議。"
19 『華嚴經』권5「如來光明覺品」(T9, 422c20-21), "若見我及佛。安住平等相。彼住無所住。遠離一切有。"
20 『華嚴經』권5「如來光明覺品」(T9, 422c22-23), "色受無有數。想行識亦然。能如是知者。彼是大牟尼。"
21 『華嚴經』권5「如來光明覺品」(T9, 422c24-25), "見者無所有。所見法亦無。明了一切法。彼能照世間。"
22 『華嚴經』권5「如來光明覺品」(T9, 422c26-27), "一念見諸佛。出現于世間。而實無所起。彼人大名稱。"
23 『華嚴經』권5「如來光明覺品」(T9, 422c28-29), "無我無衆生。亦無有敗壞。若轉如是相。彼則無上人。"
24 『華嚴經』권5「如來光明覺品」(T9, 423a1-2), "一中解無量。無量中解一。展轉生非實。智者無所畏。"

減增。第四離[2]雙者先明人法無所得門轉化衆生。後顯一多無障礙門得無所畏。一切法入一法故一中解無量。一法入一切法故無量中解一也。所以能得互相入者。展轉互爲鏡影而生。非實而生故無障礙。是謂濡首菩薩法門。

---

1) ㉠ '二'는 『大正新脩大藏經』에는 '三'으로 되어 있다. 내용적으로도 '三'이 적절한 것으로 보인다. 2) ㉲ '離'는 剩字인 듯하다.

(2) 십불국토에 두루 비침

두 번째 대목의 게송도 두 가지 구분이 있다. 앞의 두 게송은 남방 부처님 명호에 기대어 '지혜의 불'(智惠火)의 법문을 찬탄하였고, 뒤의 여덟 게송은 그 (두 번째인 각수覺首)보살의 이름에 의지하여 각수의 법문을 드러냈다.

第二頌中。亦有二分。在前二頌寄南方佛號。歎智惠火法門。後之八頌依彼菩薩名。顯覺首法門。

앞(의 두 게송)에 둘이 있다. 앞의 한 게송[25]은 모든 중생이 어리석음과 어둠에 있는 것을 보고 위없는 지혜 광명을 구하게 하고, 뒤의 한 게송[26]은 안으로는 움직이지 않는 지혜의 불을 품고 밖으로는 위없는 빛의 수레바퀴를 굴린다.

初中有二。前之一頌。見諸衆生癡闇。令求無上惠明。後之一頌。內懷不轉

---

25 『華嚴經』 권5 「如來光明覺品」(T9, 423a16-17), "見衆生苦逼。癡覆愛欲刺。常求無上道。諸佛法如是。"
26 『華嚴經』 권5 「如來光明覺品」(T9, 423a18-19), "離斷常二邊。見法實不轉。昔所未曾轉。轉此無上輪。"

智火。外轉無上光輪。

뒤의 여덟 게송은 다시 네 쌍이다.

첫째 쌍 가운데 앞[27]은 커다란 서원을 으뜸으로 삼아 생사의 잠을 깨우고, 뒤[28]는 자비를 품어 온갖 원수 같은 마군을 항복시킨다. 둘째 쌍[29]은 안으로는 깊은 지혜의 깨달음을 얻어 모든 번뇌를 방해하고, 밖으로는 바른 법의 북을 울려 시방 국토를 깨어나게 한다. 셋째 쌍[30]은 아래로는 모든 있음에 집착하지 않으며, 위로는 모든 부처에게 환희의 마음을 낸다. 넷째 쌍[31]은 중생을 구제하기 위하여 오랜 겁 동안 괴로움을 받고, 불법을 수호하기 위하여 신명身命을 아끼지 않는다.

이것이 각수보살의 스스로 깨치고 남도 깨치게 하는 법문이다.

後八頌中。亦作四雙。第一雙者。前則弘誓爲首覺生死眠。後則慈悲爲懷降衆魔怨。第二雙者。內得深智覺能害諸煩惱。外擊正法鼓。警覺十方國。第三雙者。下則於一切有而不取著。上則於一切佛而生歡喜念。第四雙者。爲救衆生長刧[1]受苦。爲護佛法不惜身命。是爲覺首菩薩自覺覺他法門。

1) ㉘ '刧'은 『大正新脩大藏經』에는 '劫'으로 되어 있다.

---

[27] 『華嚴經』 권5 「如來光明覺品」(T9, 423a20-21), "不可思議劫。被弘誓德鎧。爲度生死故。大聖法如是。"
[28] 『華嚴經』 권5 「如來光明覺品」(T9, 423a22-23), "導師降衆魔。勇健莫能勝。愛語離衆怖。無上慈悲法。"
[29] 『華嚴經』 권5 「如來光明覺品」(T9, 423a24-27), "內得甚深智。能害諸煩惱。一念見一切。彼自在示現。能擊正法鼓。聲震十方國。令得無上道。自覺法如是。"
[30] 『華嚴經』 권5 「如來光明覺品」(T9, 423a28-b2), "不壞無量境。能遊無數刹。不取一切有。彼自在如佛。無比歡喜念。諸佛常淸淨。虛空等如來。彼是具足願。"
[31] 『華嚴經』 권5 「如來光明覺品」(T9, 423b3-6), "一一衆生故。阿鼻地獄中。無量劫燒煮。心淨如最勝。不惜身壽命。常護諸佛法。具足行忍辱。彼得如來法。"

(3) 백불국토에 두루 비침

세 번째 대목의 게송도 두 가지 구분이 있다. 앞의 한 게송[32]은 서방 부처님 명호에 기대어 '청정한 지혜'(淨智)와 법의 수행을 찬탄하였고, 그 뒤의 아홉 게송[33]은 저 (세 번째인) 재수財首보살의 이름에 의지하여 갖가지 공덕이 나타남을 밝힌 것이니, 이는 곧 모든 중생을 이롭게 하는 법문이다.

앞(의 게송 하나)에도 둘이 있다. 위의 반[34]은 깨달음의 청정이고, 아래의 반[35]은 마음의 청정이다. 이것이 청정한 지혜와 법의 수행이다.

第三頌中亦有二分。在前一頌寄西方佛名。歎淨智法行。其後九頌依彼財首菩薩之名。明現種種功德之。[1) 則饒益一切衆生法門。初中有二。上半覺淨。下半心淨。是謂淨智法行也。

---
1) ⓔ '之' 다음에 한 글자가 누락된 것으로 보인다.

(4) 천불국토에 두루 비침

네 번째 대목의 게송도 두 가지 구분이 있다. 앞의 아홉 게송은 북방 부처님 명호에 기대어 '위엄과 덕을 갖춘 지혜'(具威德智惠) 법문을 찬탄하였

---

32 『華嚴經』 권5 「如來光明覺品」(T9, 423b18-19), "如來覺諸法。如幻如虛空。心淨無障礙。調伏群生類。"
33 『華嚴經』 권5 「如來光明覺品」(T9, 423b20-c8), "或見初生時。妙色如金山。住是最後身。照明如滿月。或見經行時。攝無量功德。念慧善具足。明行人師子。或見明淨眼。觀察照十方。或時見戲笑。衆生樂欲故。或見師子吼。清淨無比身。示現末後生。所說無非實。或見出家時。解脫一切縛。修習諸佛行。常樂觀寂滅。或見坐道場。善覺一切法。度諸功德岸。癡闇煩惱滅。或見天人尊。具足大悲心。或見轉法輪。度脫諸群生。或見無畏吼。儀容甚微妙。調伏一切世。神力無障礙。或見寂靜心。世間燈永滅。或見十力尊。顯現自在法。"
34 『華嚴經』 권5 「如來光明覺品」(T9, 423b18), "如來覺諸法。如幻如虛空。"
35 『華嚴經』 권5 「如來光明覺品」(T9, 423b19), "心淨無障礙。調伏群生類。"

고, 마지막의 게송 하나[36]는 저 (네 번째인) 보수寶首보살의 이름에 의지하여 쇠를 단련하는 것 같은 청정한 법문을 드러냈다.

> 第四頌中亦有二分。在前九頌寄北方佛號。歎具威德智惠法門。最後一頌依彼寶首菩薩之名。顯如錬金淸淨法門。

처음(의 아홉 게송)에도 두 가지가 있다.
앞의 한 게송[37]은 안팎으로 위엄과 덕이 모두 갖춰졌음을 총체적으로 나타낸 것인데, 위의 반은 안으로 위엄과 덕을 증득한 것이고, 아래의 두 구절은 밖으로 위엄과 덕을 나타낸 것이다.

> 初中亦二。在前一頌總標內外威德具足。於中上半內證威德。下之二句外現威德。

그 다음의 여덟 게송은 네 쌍으로 위엄과 덕이 모두 갖춰졌음을 개별적으로 드러냈다.
첫째 쌍[38]은 스스로 깨달아 번뇌에서 벗어난 덕과, 다른 사람을 교화하여 모두 일어나게 한 위엄이다. 둘째 쌍[39]은 (다섯 가지) 덩어리(와 12처와 18계)가 없어 괴로움에서 벗어난 위엄과, 안팎으로 해탈한 덕이다. 셋

---

36 『華嚴經』 권5 「如來光明覺品」(T9, 424a9-10), "佛智如錬金。一切有非有。隨其所應化。爲說淸淨法。"
37 『華嚴經』 권5 「如來光明覺品」(T9, 423c20-21), "善逝法甚深。無相亦無有。衆生顚倒故。次第現一切。"
38 『華嚴經』 권5 「如來光明覺品」(T9, 423c22-25), "無有我我所。彼境界空寂。善逝身淸淨。自覺離諸塵。等覺明解脫。無量不可數。無邊世界中。因緣和合起。"
39 『華嚴經』 권5 「如來光明覺品」(T9, 423c26-29), "無諸陰界入。永離生死苦。不在世間數。故號人師子。內外俱解脫。本來常自空。一切離虛妄。諸佛法如是。"

째 쌍⁴⁰은 고요하면서도 항상 움직이는 위엄과, 움직이면서도 항상 고요한 덕이다. 넷째 쌍⁴¹은 깊고 깊음을 잘 아는 덕과, 두루 보아 널리 건너게 하는 위엄이다.

> 其次八頌別顯四雙威德具足。第一雙者。自覺離塵德。化他普起威。第二雙者。無陰離苦威。內解外脫德。第三雙者。靜而恒動威。動而常寂德。第四雙者。善知甚深德。普見廣度威。

(5) 만불국토에 두루 비침

다섯 번째 대목의 게송도 두 가지로 구분한다. 앞에 있는 다섯 게송은 저 다섯 번째인 덕수德首보살에 의지하여 스스로 이롭게 하고 남도 이롭게 하는 공덕을 밝혔고, 뒤에 있는 다섯 게송은 다섯 번째인 명지불明智佛의 명호에 기대어 그 광명이 비치는 불가사의한 경계를 찬탄하였다.

> 第五頌中亦作二分。在前五頌依彼第五德首菩薩。明共¹⁾自利利他功德。其後五頌寄彼第五明智佛號。歎彼明照不思議境。
>
> 1) ㉠ '共'은 『大正新脩大藏經』에는 '其'로 되어 있다.

앞(의 다섯 게송)도 두 가지이다. 앞의 한 게송⁴²은 아래로 중생을 교화하는 자비의 덕이고, 그 뒤의 네 게송⁴³은 위로 부처의 도를 구하여 수행

---

40 『華嚴經』 권5 「如來光明覺品」(T9, 424a1-4), "離愛諸煩惱。長流永不轉。正覺解諸法。度無量衆生。一念不二相。樂觀寂滅法。其心無所著。佛自在無量。"
41 『華嚴經』 권5 「如來光明覺品」(T9, 424a5-8), "善知因緣法。業報及衆生。最勝無礙智。甚深難思議。普見十方界。嚴淨諸佛刹。如來離虛妄。度脫無量衆。"
42 『華嚴經』 권5 「如來光明覺品」(T9, 424a22-23), "離諸人天樂。常行大慈心。救護諸群生。是彼淨妙業。"

하며 나아가는 덕이다.

뒤의 다섯 게송도 나누면 둘이 된다. 앞의 두 게송[44]은 몸과 마음의 실상의 경계를 밝게 보았고, 그 뒤의 세 게송[45]은 한량없는 불가사의한 경계를 통달한 것이다.

初中亦二。前之一頌下化群生慈悲之德。其後四頌上求佛道進修之德。後之五頌亦分爲二。在前二頌明觀身心實相境界。其後三頌達無量不思議境。

(6) 십만불국토에 두루 비침

여섯 번째 대목의 게송에는 두 가지 구분이 있다. 7언으로 된 게송 여섯과 5언으로 된 게송 다섯이다.

7언으로 된 게송에도 두 가지 구분이 있다. 앞에 있는 두 게송[46]은 저 여섯 번째인 목수目首보살에 의지하여 청정한 눈에 보이는 오묘한 색色을 반대로 드러냈고, 그 뒤의 네 게송[47]은 동남방 부처님 명호에 기대어 '구

---

43 『華嚴經』권5「如來光明覺品」(T9, 424a24-b2), "一向信如來。其心不退轉。不捨念諸佛。是彼淨妙業。永離生死海。不退佛法流。善住淸涼慧。是彼淨妙業。身四威儀中。觀佛深功德。晝夜常不斷。是彼淨妙業。知三世無量。不生懈怠心。常求佛功德。是彼淨妙業。"
44 『華嚴經』권5「如來光明覺品」(T9, 424b3-6), "觀身如實相。一切皆寂滅。離我非我著。是彼淨妙業。觀察衆生心。遠離虛妄想。成就實境界。是彼淨妙業。"
45 『華嚴經』권5「如來光明覺品」(T9, 424b7-12), "能稱無量土。悉飮一切海。成就神通智。是彼淨妙業。計數諸佛國。色相非色相。一切盡無餘。是彼淨妙業。無量佛土塵。一塵爲一佛。悉能知其數。是彼淨妙業。"
46 『華嚴經』권5「如來光明覺品」(T9, 424b24-27), "若以色性大神力。而欲望見調御士。是則瞖目顚倒見。彼爲不識最勝法。如來身色形相處。一切世間莫能覩。億那由劫欲思量。妙色威神不可極。"
47 『華嚴經』권5「如來光明覺品」(T9, 424b28-c6), "非以相好爲如來。無相離相寂滅法。一切具足妙境界。隨其所應悉能現。諸佛正法不可量。無能分別說其相。諸佛正法無合散。其性本來常寂滅。不以陰數爲如來。遠離取相眞實觀。得自在力決定見。言語道斷行處滅。等觀

경지究竟智'의 깊고 오묘한 경계를 찬탄하였다.

> 第六頌中卽有二分。七言六頌。五言五頌。七言頌中亦有二分。在前二頌依彼第六日首菩薩。反顯淨目所見妙色。其後四頌寄東南方佛號。嘆究竟智深妙界。

5언으로 된 게송에도 두 가지 구분이 있다. 앞에 있는 두 게송[48]은 목수(보살)의 이름에 의지하여 부처님의 청정한 눈의 자재한 법문을 찬탄하였고, 뒤의 세 게송[49]은 저 (동남방) 부처님 명호에 기대어 '구경지'의 깊고 깊은 경계를 찬탄하였다.

> 五言頌中亦有二分。在前二頌依目首名。嘆佛淨眼自在法門。後之三頌寄彼佛號。嘆究竟智甚深境界。

(7) 백만불국토에 두루 비침

일곱 번째 대목의 게송도 두 부분이다. 앞에 있는 두 게송은 서남방 부처님 명호에 기대어 '부처의 위없는 지혜와 깨달음'(佛無上智覺)을 찬탄하였고, 그 뒤의 여덟 게송은 저 (일곱 번째) 보살인 진수進首의 이름에 의지하여 부처 지혜의 경계에 들어감을 드러냈다.

身心無異相。一切內外悉解脫。無量億劫不二念。善逝深遠無所著。"
48 『華嚴經』 권5 「如來光明覺品」(T9, 424c7-10), "普放妙光明。遍照世境界。淨眼一切智。自在深廣義。一能爲無量。無量能爲一。知諸衆生性。隨順一切處。"
49 『華嚴經』 권5 「如來光明覺品」(T9, 424c11-16), "身無所從來。去亦無所至。虛妄非眞實。現有種種身。一切諸世間。皆從妄想生。是諸妄想法。其性未曾有。如是眞實相。唯佛能究竟。若能如是知。是則見導師。"

第七頌中亦作二分。在前二頌寄西南方佛號。讚佛無上智覺。其後八頌依
彼菩薩進首之名。顯其進入佛智境界。

앞(의 두 게송)도 둘이다. 앞의 것[50]은 스스로도 깨치고 다른 사람도 깨
치게 하는 위없는 지혜를 찬탄하였고, 뒤[51]는 물듦도 없고 허물어짐도 없
는 위없는 덕을 찬탄하였다.

初中亦二。前嘆自覺覺他無上之智。後讚無染無毀無上之德。

뒤의 여덟 게송은 네 쌍이다.
첫째 쌍[52]은 부처 지혜에 닦아 들어가고, 법의 바다에 닦아 들어간다.
둘째 쌍[53]은 법의 바퀴를 바르게 굴리고, 부처 도를 바르게 생각한다. 셋
째 쌍[54]은 부처의 참된 가르침을 따르고, 부처의 진실한 덕을 안다. 넷째
쌍[55]은 적멸을 관찰하고, 평등을 완전히 안다.

---

50 『華嚴經』 권5 「如來光明覺品」(T9, 424c28-29), "最勝自覺超世間。無依殊特莫能勝。大仙
化度一切有。具足淨妙諸功德。"
51 『華嚴經』 권5 「如來光明覺品」(T9, 425a1-2), "其無染無處所。常住無想亦無依。永處吉祥
無能毀。威德尊重大導師。"
52 『華嚴經』 권5 「如來光明覺品」(T9, 425a3-6), "從本淨明滅衆冥。永離諸染無塵穢。寂然不
動離邊想。是名善入如來智。欲入善逝深法海。遠離身心虛妄想。了解諸法眞實性。永不隨
順疑惑心。"
53 『華嚴經』 권5 「如來光明覺品」(T9, 425a7-10), "一切世界如來境。悉能爲轉正法輪。於法自
性無所轉。無上導師方便說。曉了諸法無疑惑。有無妄想永已離。不生差別種種念。正意思
惟佛菩提。"
54 『華嚴經』 권5 「如來光明覺品」(T9, 425a11-14), "諦了分別諸法時。無有自性假名說。隨順
諸佛眞實敎。法非一相亦不多。衆多法中無一相。於一法中亦無多。若能如是了諸法。是知
諸佛無量德。"
55 『華嚴經』 권5 「如來光明覺品」(T9, 425a15-18), "觀察諸法及衆生。國土世間悉寂滅。心無
所依不妄想。是名正念佛菩提。衆生諸法及國土。分別了知無差別。善能觀察如自性。是則
了知佛法義。"

이것은 진수(보살)이 닦아 들어간 법문이다.

後八頌中四雙不現.¹⁾ 第一雙者進入佛智進入法海. 第二雙者正轉法輪正思佛道. 第三雙者順佛眞敎知佛實德. 第四雙者觀察寂滅了知平等. 是謂進首進入法門也.

1) ㉠ '不現'은 剩字인 듯하다.

(8) 일억불국토에 두루 비침

여덟 번째 대목의 게송에는 이십 게송이 있는데 둘로 나눈다. 앞에 있는 열 게송은 서북방 부처님 명호에 기대어 '자재한 지혜의 방편'(自在智方便)을 찬탄하였고, 뒤의 열 게송은 (여덟 번째) 보살 법수法首의 이름에 의지하여 법의 의미를 따르는 지혜의 힘을 찬탄하였다.

第八偈中有二十頌. 卽爲二分. 在前十頌寄西北方佛號. 嘆自在智方便. 後十頌依菩薩法首之名. 嘆於法義隨順智力.

앞(의 열 게송)에는 다섯 쌍이 있다.
첫째 쌍⁵⁶은 큰 지혜가 자재하여 큰 덕을 성취한다. 둘째 쌍⁵⁷은 (번뇌에서) 벗어나는 모습이 대단한 즐거움임을 깨달음의 본성으로 자세하게 관찰한다. 셋째 쌍⁵⁸은 있음에 걸림이 없고 비었음에 집착이 없다. 넷째

---

56 『華嚴經』 권5 「如來光明覺品」(T9, 425b1-4), "大智無有量. 妙法無倫匹. 究竟能度彼. 生死大海岸. 壽命無終極. 永已離熾然. 彼成大功德. 是則方便力."
57 『華嚴經』 권5 「如來光明覺品」(T9, 425b5-8), "於諸佛深法. 隨覺如自性. 常觀三世法. 不生止足想. 了達所緣境. 未曾起妄想. 彼樂不思議. 是則方便力."
58 『華嚴經』 권5 「如來光明覺品」(T9, 425b9-12), "常樂觀衆生. 而無衆生想. 示現有身趣. 永離諸趣想. 內常樂禪寂. 而無繫心想. 彼心無所著. 是則方便力."

쌍[59]은 차별을 자세하게 알고 평등을 기쁘게 관찰한다. 다섯째 쌍[60]은 모든 지혜를 거두어 가장 뛰어난 의도를 이룬다.

이와 같은 다섯 쌍의 열 가지 방편이 모두 자재한 지혜의 차별이다.

初中五雙。第一雙者大智自在大德成就。第二雙者覺性廣觀離相深樂。第三雙者於有無礙於空無著。第四雙者諦了差別樂觀平等。第五雙者攝一切智成最勝意。如是五雙十門方便。皆是自在智差別也。

다음은 법에 대한 지혜를 찬탄하는데 역시 다섯 쌍이 있다.

첫째 쌍[61]은 깊은 법에 따라 알아서 가야 할 곳에 두루 도달한다. 둘째 쌍[62]은 일심에 따라 순종하여 깊은 경계에 도달한다. 셋째 쌍[63]은 시절을 기억하여 성패成敗를 잘 안다. 넷째 쌍[64]은 알고 있는 차별에 맞추어 방편을 완전히 안다. 다섯째 쌍[65]은 삼세를 관찰하여 평등을 잘 안다.

다섯 쌍은 모두 법수(보살)의 법문이다.

次嘆法智。亦有五雙。第一雙者深法順知至處遍至。第二雙者隨順一心能

---

59 『華嚴經』 권5 「如來光明覺品」(T9, 425b13-16), "方便善觀察。諦了諸法相。專念正思惟。常行涅槃性。樂於解脫道。具足平等慧。彼住寂滅法。是則方便力。"
60 『華嚴經』 권5 「如來光明覺品」(T9, 425b17-20), "隨順調御士。最勝佛菩提。攝取一切智。廣大如法性。善入眞實諦。敎化諸群生。彼成最勝意。是則方便力。"
61 『華嚴經』 권5 「如來光明覺品」(T9, 425b21-24), "佛說深法義。悉能隨順知。入深廣智慧。滅除諸障礙。一切至處道。是處悉能到。行是自覺道。是則方便力。"
62 『華嚴經』 권5 「如來光明覺品」(T9, 425b25-28), "心猶虛空界。亦如變化法。一切所依性。是相則非相。行於涅槃性。猶若虛空相。能到深妙境。是則方便力。"
63 『華嚴經』 권5 「如來光明覺品」(T9, 425b29-c3), "常記念晝夜。晦朔月日數。年歲時劫分。亦隨觀察知。一切諸世界。始終成敗相。悉能諦了知。是則方便力。"
64 『華嚴經』 권5 「如來光明覺品」(T9, 425c4-7), "一切群萌類。隨業受生死。有色及無色。有想亦非想。彼彼姓名號。所趣諦了知。得此不思議。是則方便力。"
65 『華嚴經』 권5 「如來光明覺品」(T9, 425c8-11), "一切過去世。未來現在法。隨順佛所說。善念諦觀察。覺三世平等。如其眞實相。是諸深妙道。無比方便力。"

至深境。第三雙者記念時節了知成敗。第四變者所知差別能了方便。第五雙者觀察三世覺知平等。五雙皆是法首法門也。

(9) 십억불국토에 두루 비침

아홉 번째 대목의 게송도 두 부분이 있다. 앞에 있는 열 게송은 저 하방 부처님 명호에 기대어 '범천의 지혜'(梵天智) 법문을 찬탄하였고, 그 뒤의 열 게송은 저 (아홉 번째인) 지수智首보살의 이름에 의지하여 어두움을 물리치는 지혜의 등불 법문을 찬탄하였다.

第九頌中。亦有二分 在前十頌寄彼下方佛號 嘆梵天智法門 其後十頌依彼智首菩薩之名 嘆其却闇智燈法門

앞(의 열 게송)에 둘이 있다. (처음의) 두 게송은 간단히 나타낸 것이고, (뒤의) 여덟 게송은 자세하게 풀이한 것이다.
(간단히) 나타낸 부분도 둘이다. 먼저[66] 범천의 수행을 밝혔고, 뒤[67]는 범천의 소리를 드러냈다. 범천의 수행이라고 말한 것은 범천이 변화하여 인간을 교화할 때는 어려운 수행법을 받아서 모습이 앙상한 뼈처럼 되므로 (경문에서처럼) 늘 어려운 수행인 줄 안 것이 바로 범천의 수행이다.

初中有二。二頌略標。八頌廣釋。標中亦二。前明梵行後顯梵音。言梵行者。梵天現化化人間時。受難行法形如骨鎖。常知難行卽是梵行。

---

[66] 『華嚴經』 권5 「如來光明覺品」(T9, 425c23-24), "受持難行法。堅固不退轉。日夜常精進。未曾起疲厭。"
[67] 『華嚴經』 권5 「如來光明覺品」(T9, 425c25-26), "已度難度海。大音師子吼。一切衆生類。我今悉當度。"

여덟 게송으로 자세하게 풀이한 부분은 네 가지 문으로 드러냈다.

첫 번째 두 게송[68]은 높은 교만을 벗어나는 법문이니 나고 죽는 고난을 없앤다. 두 번째 두 게송[69]은 게으르지 않는 법문이니 세간의 게으름을 없앤다. 세 번째 두 게송[70]은 내가 없다는 가르침을 펼치는 문이니 중생이 나에 집착함을 없앤다. 네 번째 두 게송[71]은 큰 서원으로 널리 기름지게 하는 문이니 중생의 치솟는 불길을 없앤다.

이것을 모두 범천의 수행문이라고 한다.

八頌廣釋。卽顯四門。一者二頌離高慢法門。除生死苦難。二者二頌不放逸法門。除世間放逸。三者二頌宣無我敎門。滅衆生著我。四者二頌弘誓普潤門。滅衆生熾火。此曰皆是梵天行門也。

뒤의 열 게송도 두 가지 구분이 있다. 앞에 있는 두 게송은 지혜의 문을 간단히 나타내었다. 이 (두 게송) 중에 앞의 게송[72]은 없애야 할 어두움을 거론하였고, 그 뒤의 게송 하나[73]는 없애는 등불을 드러냈다.

여덟 게송으로 (자세하게) 풀이한 부분은 또 네 가지 문이 있다. 첫 번째 두 게송[74]은 배로 떠내려가는 사람들을 건네주는 법문이다. 두 번째 두

---

68 『華嚴經』 권5 「如來光明覺品」(T9, 425c27-426a1), "漂浪生死流。沈淪愛欲海。癡惑結重網。昏冥大怖畏。離慢堅固士。是能悉除斷。超勇成世雄。是則佛境界。"
69 『華嚴經』 권5 「如來光明覺品」(T9, 426a2-5), "世間諸放逸。長迷醉五欲。非實興妄想。永爲大苦障。勤修不放逸。奉行諸佛法。大誓能度彼。是則佛境界。"
70 『華嚴經』 권5 「如來光明覺品」(T9, 426a6-9), "慧者滅本際。無量難見劫。衆生依吾我。無窮生死轉。令入寂滅法。奉行最勝敎。誓宣此妙法。是則佛境界。"
71 『華嚴經』 권5 「如來光明覺品」(T9, 426a10-13), "見彼苦衆生。孤惸無救護。永淪諸惡趣。三毒恒熾然。無間無救處。晝夜常火焚。誓度斯等苦。是則佛境界。"
72 『華嚴經』 권5 「如來光明覺品」(T9, 426a14-15), "迷惑失正路。習行諸邪徑。見彼群生類。長處大闇冥。"
73 『華嚴經』 권5 「如來光明覺品」(T9, 426a16-17), "爲現智慧燈。令見諸佛法。誓能爲照明。是則佛境界。"

게송[75]은 다리로 물에 빠진 사람들을 구하는 법문이다. 세 번째 두 게송[76]은 방편으로 괴로움을 뽑는 법문이다. 네 번째 두 게송[77]은 진실한 지혜로 즐거움을 주는 법문이다.

後十頌中亦有二分。在前二頌略標智門。於中前頌擧所滅闇。其後七[1)]頌顯能滅燈。八頌釋中亦有四門。一者二頌般[2)]渡漂流法門。二者二頌橋拯沈沒法門。三者二頌方便拔苦法門。四者二頌實智與樂法門。

1) ㉮ '七'은 내용면에서 '一'이 적절한 것으로 보인다. 이 부분은 전체 열 게송 중에 앞의 두 게송을 다시 나누어 설명하는 부분이기 때문이다. 2) ㉮ '般'은 『大正新脩大藏經』에는 '船'으로 되어 있다. 내용으로 보아 '船'이 적절할 것으로 보인다.

(10) 법계와 평등한 일체 세계까지 두루 비침

열 번째 대목의 게송도 두 가지 구분이 있다. 앞에 있는 네 게송은 저 상방의 부처님 명호에 기대어 '원한을 항복시키는 지혜'(伏怨智) 법문을 찬탄하였고, 뒤의 열여섯 게송은 저 (열 번째) 보살인 현수賢首의 이름을 의지하여 현수의 뛰어난 능력 법문을 자세하게 설명하였다.

第十頌中亦有二分。在前四頌寄彼上方佛號。歎伏怨智法門。後十六頌依彼菩薩賢首之名。廣說賢首勝能法門。

---

74 『華嚴經』 권5 「如來光明覺品」(T9, 426a18-21), "一切三有海。深廣無涯底。見彼群生類。漂溺莫能濟。爲彼勤方便。興造正法船。普拯所應度。是則佛境界。"
75 『華嚴經』 권5 「如來光明覺品」(T9, 426a22-25), "無有本實見。常依無明住。沈沒生死淵。愚癡心迷亂。慧者見斯苦。爲之設法橋。大悲演說法。是則佛境界。"
76 『華嚴經』 권5 「如來光明覺品」(T9, 426a26-29), "見彼生死獄。楚毒難可量。長夜老病死。三苦競侵逼。自覺深妙法。專修方便慧。誓度斯等苦。是則佛境界。"
77 『華嚴經』 권5 「如來光明覺品」(T9, 426b1-4), "聞佛甚深法。信心無疑惑。周滿十方刹。普行諸法界。觀察空寂法。其心無恐怖。現同一切身。是則天人師。"

앞(의 네 게송)에 둘이 있다. 앞에 있는 두 게송[78]은 원한을 항복시키는 뛰어난 지혜의 열 가지 힘을 그대로 드러냈고, 그 다음의 두 게송[79]은 원한을 항복시키는 이름의 뛰어난 덕을 나타냈다.

初中有二。在前二頌正顯伏怨勝智十力。其次二頌標示伏怨名聲勝德。

"널리 중생을 위해" 이하는 (열 번째 대목의) 두 번째인 (열여섯 게송으로 이루어진) 현수(보살)의 법문이다. 여기에 둘이 있다. 먼저 네 게송[80]은 아래로 중생을 교화하는 뛰어난 능력이고, 나중의 열두 게송은 위로 부처의 도를 구하는 뛰어난 능력이다.

普爲衆生以下第二賢首法門。於中有二。前之四頌下化衆生勝能。後十二頌上求佛道勝能。

"시방의 부처님에게 묻다." 이하는 (현수보살 법문의) 두 번째인 위로 부처의 도를 구하는 부분이다. 열두 게송을 합하여 여섯 쌍으로 한다.
첫째[81]는 부처에게 묻는 것과 부처를 보는 것이 쌍이다. 둘째[82]는 설하는 것과 교화하는 것이 쌍이다. 셋째[83]는 부처의 음성을 듣는 것과 부처의

---

[78] 『華嚴經』 권5 「如來光明覺品」(T9, 426b20-23), "無量無數劫。一念悉觀察。無來亦無去。現在亦不住。一切生滅法。悉知眞實相。超度方便岸。具足十種力。"
[79] 『華嚴經』 권5 「如來光明覺品」(T9, 426b24-27), "無等大名稱。普遍十方利。永離生死難。究竟一切法。皆悉能遍至。一切諸世界。具足能敷演。清淨微妙法。"
[80] 『華嚴經』 권5 「如來光明覺品」(T9, 426b28-c6), "普爲衆生類。正心奉諸佛。是故獲直心。眞實淨依果。隨順分別知。了達如如相。得佛自在力。十方靡不現。從始供養佛。樂行忍辱法。能入深禪定。觀察眞實義。悉令一切衆。歡喜向如來。菩薩行是法。速逮無上道。"
[81] 『華嚴經』 권5 「如來光明覺品」(T9, 426c7-10), "能問十方佛。其心常湛然。信佛不退轉。威儀悉其足。一切有無法。了達非有無。如是正觀察。能見眞實佛。"
[82] 『華嚴經』 권5 「如來光明覺品」(T9, 426c11-14), "無量淨樂心。境界滿十方。一切國土中。能說眞實義。滅除衆垢難。安住平等法。若能如是化。斯人等如來。"

몸을 보는 것이 쌍이다. 넷째[84]는 있음에 대한 집착과 집착 없음의 열(고 달)음이 쌍이다. 다섯째 쌍[85]은 아래로는 비유이고 위로는 법이다. 여섯째 쌍[86]은 밖으로는 비유이고 안으로는 법이다. 이 마지막의 (다섯째와 여섯째의) 두 개의 쌍은 비유와 추론의 문(比量門)에 의지하여 부처 몸이 널리 두루하다는 의미를 증명하였다.

> 能問十方佛以下。第二上求佛道。合十二頌以爲六雙。一者問佛見佛爲雙。二者能說能化爲雙。三者聞佛音見佛身以爲雙也。四者著有無著開以爲雙也。第五雙者下喩上法。第六雙者外譬內法。此後兩雙依比量門證成佛身周遍之義。

3. 결어

지금까지 열 단계 광명이 두루 비치는 것으로 부처의 색신色身이 미치지 않는 곳이 없음을 드러냈고, 열 대목 게송으로 부처의 공덕을 찬탄하는 것으로 부처의 내덕內德도 두루하지 않은 곳이 없음을 밝혔다. 그 안에서 보살의 덕도 드러냈던 것은 모든 보살은 부처를 따라 정확하게 (부처의 능력과) 들어맞음을 밝혔다. 부처에 대해 일어나는 의문을 제거하는 것을 모두 마친다. (교정을 마치다.)

---

83 『華嚴經』 권5 「如來光明覺品」(T9, 426c15-18), "聞佛妙音聲。逮得無上法。常轉淨法輪。甚深難知見。最勝所說法。具足七覺義。如是無上觀。常見諸佛身。"

84 『華嚴經』 권5 「如來光明覺品」(T9, 426c19-22), "不見如來空。寂滅猶幻化。雖見無所見。如盲對五色。虛妄取相者。是人不見佛。一切無所著。乃見眞如來。"

85 『華嚴經』 권5 「如來光明覺品」(T9, 426c23-26), "衆生種種業。難可分別知。十方內外身。種種無量色。佛身亦如是。一切滿十方。難知能知者。彼是大導師。"

86 『華嚴經』 권5 「如來光明覺品」(T9, 426c27-427a1), "譬如無量刹。依止虛空住。不從十方來。去亦無所至。世界若成敗。本來無所依。佛身亦如是。充滿虛空界。"

上來十重光明遍照。顯佛色身無所不遍。十重說偈讚佛功德。明佛內德亦無不周。於中亦顯菩薩德者。明諸菩薩隨佛能適。於佛起疑除遣已盡。[1]

---

1) 옌 '盡' 다음에 『大正新脩大藏經』에는 몇 글자의 간격을 떼고 '交了'가 있다.

간분(寬文) 10년(1670년) 7월 9일 세키스이인(石水院 : 일본 교토京都의 고산지高山寺에 있는 건물) 사본을 베껴 쓰다.

寬文十年七月九日。以石水院本寫了。

십문화쟁론
| 十門和諍論 |

원효 스님 지음 元曉撰[*]
이정희 옮김

---

* ㉜ 찬자명을 보입補入하였다.

십문화쟁론十門和諍論 해제

이 정 희
전 동국대학교 불교문화연구원 교수

1. 개요

원효 사상의 특징은 종합과 화쟁이다. 이러한 화쟁의 의미를 집중적으로 규명한 저술이 『십문화쟁론』이다. 그러나 현존 『십문화쟁론』은 단지 4면으로 이루어진 단편에 불과해 원효의 화쟁 논리를 밝히기에는 부족한 자료이다. 원효 연구자들은 『십문화쟁론』의 10문이 무엇인가를 알기 위해 많은 노력을 경주하여 왔으나, 한정된 자료 때문에 기대만큼의 성과를 얻었다고 하기는 사실상 어렵다.

『십문화쟁론』 연구에 있어서 10문이란 1에서 10까지 열 개의 개별 항목이라는 주장과, '10'이란 '백가百家'라는 말처럼 복수, 즉 '많음'을 가리키는 일반적인 명칭이라는 견해가 서로 대립한다. 이러한 문제에 접근하기 위해서는 먼저 『십문화쟁론』의 자료적 검토와 함께 비록 단편으로 남아 있지만 그 내용에 대한 철저한 분석이 이루어져야 할 것으로 판단된다.

『십문화쟁론』 잔간에는 '공유화쟁空有和諍'과 '삼성동이화쟁三性同異和諍' 및 남은 부분의 '무성유정유무無性有情有無'에 관한 것을 합하여 모두 세

개 부문이 있는 것으로 확인된다.

'십문화쟁'이라는 제목이 시사하는 것처럼 '화쟁'이 10문으로 구성되었을 것으로 추정되지만 그것이 '십문'이라고 단정하기는 어렵다. 잔간의 내용으로 보면 구체적으로 이러한 10문을 지시하는 표제가 있는 것이 아니기 때문이다. 따라서 완전한 판본이 발견된다 하여도 십문을 알기 위해서는 전체 내용을 파악하고 그것을 간별하는 노력이 반드시 필요할 것으로 생각된다.

2. 저자

원효는 7세기 동아시아 불교가 당면한 사상사적 과제를 해결하고자 했던 탁월한 사상가이며 저술가였다. 그는 현실 속에 직접 뛰어들어 중생을 구제하기 위한 자비행을 실천하는 한편, 화쟁과 종합을 지향하는 수많은 저술들을 남겼다. 그의 저술은 시공을 넘어 오늘날까지도 그 영향력을 남김없이 발휘하고 있다.

현재 남아 있는 저서는 23종 30권으로 파악되지만 목록상으로 확인되는 것만도 86부 181권에 달한다. 이들 저술의 대부분은 경론經論 등에 대한 소疏와 기記이다. 원효의 소기疏記는 경론의 주석이지만 정연한 체계와 뚜렷한 논지를 담은 논문으로 평가할 만큼 뛰어난 문헌으로 인정받고 있다. 특히『대승기신론소별기』와『금강삼매경론』은 많은 주석가들이 경론 해석의 전범으로 삼은 것이다. 원효의 저술은 질적인 면뿐만 아니라 양적으로도 전 불교학 분야를 포괄하고 있다. 중관·유식·화엄·법화·반야 등 교학 분야는 물론 대·소승 경론과 계율에 이르기까지 다양하다. 이들 저서 중 주석서가 아닌 독창적인 저술로는『십문화쟁론』,『판비량론』,『이장의』,『유심안락도』,『대승육정참회』등이 있다.

3. 서지 사항

원효의 대표적인 저술인 『십문화쟁론』(동국대학교 소장)은 해인사의 사간장 판목을 탁본하여 엮었으며 이것을 저본으로 하여 편집한 것이 『한국불교전서』 제1책에 실린 내용이다.

『한국불교전서』 소재 『십문화쟁론』은 세 부분으로 구성되어 있다. 사간장본을 중심에 두고, 앞부분에는 〈서당화상비문〉 중 『십문화쟁론』에 대해 언급한 내용을 서문 격으로 실었으며, 맨 뒷부분에는 잔궐殘闕 판본을 복원하여 실었다. 이는 『십문화쟁론』의 잔간을 조금이라도 더 보충하여 원본에 근접시키기 위한 노력의 일환이다.

『한국불교전서』의 『십문화쟁론』 편집체계도 이러한 연구 성과를 토대로 한 것이다. 충분한 검토를 거쳐 편집되었지만 여기에도 판본의 구성 등 몇 가지 간과할 수 없는 문제점이 내포되어 있다.

본 『십문화쟁론은』 완본이 아니고 모두 4면이 남아 있는 단간斷簡이다. 해인사 사간장 목판본이 저본인데 고려 때 판각했다고 조사된 판목이다. 이 『십문화쟁론』은 후대 학자들의 글 가운데 여러 곳에서 인용되고 있을 뿐만 아니라 『신편제종교장총록』, 『동역전등목록』, 『화엄경론장소목록』, 『화엄종장소병인명록』 등 여러 목록집에도 그 명목이 전해 오고 있다. 당시에는 완본이 전해졌을 것으로 보이나 지금은 모두 일실되고 유일하게 해인사 잔궐 판목만이 남게 되었다.

그러나 남은 4장도 완전한 것이 아니고 중간중간이 빠진 것을 순서대로 합친 것이다. 사간장 판본의 맨 처음 시작 부분은 제8쪽 후반부터이다. 여기서부터 9·10의 2쪽은 완전하고 11·12·13·14의 4쪽이 결락되었으며 이어 15쪽은 온전하고 16쪽의 전반 반쪽이 남아 전체를 합치면 모두 4쪽이 된다.

그러므로 현 『십문화쟁론』의 앞부분은 8쪽 반이 결락되었고 중간에 4

쪽이 빠졌으며 제16쪽 반 이후는 몇 쪽이 파손되었는지 추단하기 어렵다.

이와 같이 『십문화쟁론』의 판본이 단간斷簡인데다 그것마저 중간이 결장됨으로써 전체 내용의 파악이 더욱 어렵게 된 것이다. 이러한 고려 없이 그대로 원본에 접근한다면 자칫 본래의 의미가 오도될 수도 있기 때문에 자료의 해석에 신중한 접근이 요구된다.

서문으로 편입한 「서당화상비문」도 마찬가지로 중간이 파손된 편비의 일부여서 일관된 내용을 파악하기가 어렵다. 이 때문에 마멸된 글자에 대한 고려 없이 그대로 앞뒤를 붙여 해석함으로써 본래의 내용과 서로 맞지 않은 역문이 된 경우도 있다. 여기에도 세심한 주의가 필요하다고 하겠다.

가장 문제 되는 것은 『십문화쟁론』의 맨 마지막에 실려 있는 1쪽의 마멸된 판목이다. 최범술은 「십문화쟁론 복원을 위한 수집자료」라는 발표문에서 '화쟁론잔궐和諍論殘闕 권급장卷及張의 미상未詳을 보전補塡'이라고 하여 단간 본문의 말미에 이 잔궐 판목을 편입시키고 있다. 이에 앞서 '불교사학연구실' 간행 『원효대사전집』도 제10권 말에 이 판목을 붙여 엮었다. 사실상 최범술이 편집하여 복원한 자료도 이 전집에 근거하여 이루어진 것으로 보인다. 이 이후에 간행된 모든 『십문화쟁론』의 편집본들은 이러한 체제를 따랐으며 『한국불교전서』도 예외가 아니다.

그러면 왜 최범술은 이 잔편을 『십문화쟁론』의 끝부분이라고 판단하여 복원했을까. 이 판목은 본래 해인사 사간장판에서 발견된 것으로 단 1판에 불과한 것이었다. 최범술은 이 판목의 내용과 『이장의』의 말미 부분이 같은 것으로 확인했지만 그것을 『십문화쟁론』의 뒷부분이라고 판단한 것으로 보인다.

이에 대한 문제는 이미 이종익에 의해 검토된 바 있다. 이종익도 『십문화쟁론』의 말미에 붙인 판목 부분이 『이장의』와 일치한다는 것을 발견하고, 이것이 『이장의』의 결미인지 혹은 『이장의』와 동일한 『십문화쟁론』의 결미인지에 대해 의문을 제기한다. 그러나 그는 최종적으로 『십문화쟁론』의 일부라고 결론짓는다.

이종익이 이 부분을 잠정적으로 『십문화쟁론』의 결미일 것이라고 추정하는 데는 몇 가지 근거가 있다.

첫째, 『십문화쟁론』은 쪽당 세로 20자 가로 27행으로 판각되었는데 말미에 붙인 이 판목의 쪽당 행수와 행당 글자 수가 『십문화쟁론』 판과 똑같다는 것이다.

둘째, 이 판목이 『이장의』의 결미라면 용곡대학본 『이장의』의 해당 쪽수와 일치되어야 할 것이다. 그러나 동 이장의의 전체 글자 수를 한 쪽당 1행 20자 27행으로 환산하면 제45쪽에 해당되는 데 이 판목의 쪽수는 31장으로 표기되어 있다는 것이다.

그러므로 이 판목을 『이장의』라고 인정하는 것은 무리이고, 서지 형식상 『십문화쟁론』과 일치하기 때문에 『십문화쟁론』 판목이라고 판단한다는 것이다.

그러나 여기에는 근거 자료에 대한 검토를 간과한 측면이 있다. 먼저 이종익이 의거한 자료는 '불교사학연구실' 편 등사본이다. 그런데 이 가운데 『십문화쟁론』 잔간의 본문을 필사한 부분은 목판본 형식과 같지만, 말미의 필사 부분이 소속 불명의 판목 형식과 일치하는지는 좀 더 살펴보아야 할 것이다.

최범술은 1937년 고려장경 인경불사를 맡아 진행하면서 그 기회에 해인사 사간장판목을 모두 조사하여 목록을 작성하였는데 그로부터 34년 후인 1970년에 그 내용을 『동방학지』에 발표했다. 여기에는 『십문화쟁론』 명목과 함께 그 결미라고 보는 판목 1판이 수록되어 있다. 그러나 이 조사 보고서는 문제의 판목이 『이장의』라고 분명하게 밝히고 있다. 당시의 조사에서 이 판목이 이미 『이장의』라고 판단한 것으로 보인다.

그러나 최범술의 조사 내용에서도 소속 미상 판목이 『십문화쟁론』 판과 다르다는 것을 확인 할 수 있다. 『십문화쟁론』판은 세로23㎝ 가로 55㎝에 1행 20자 27행이지만, 조사된 『이장의』의 판목은 세로 22.5㎝ 가로 28㎝에 1행 20자 28행으로 판목 자체가 서로 다른 것이었다. 그러므로 '불교사학회실' 본은 20자 27행으로 원판과 다르게 편집되었다는 것을 알 수 있다. 그것은 이 미상 판목(실제 『이장의』의 잔판)을 『십문화쟁론』의 서지 체제에 맞추기 위해 의도적으로 이와 같이 편집한 것이라고 추정된다.

또 이종익은 '불교사학회' 본에 의거하여, 판목에 나타난 쪽수가 31이기 때문에 해당 『이장의』의 쪽수와 맞지 않는다고 하여 『이장의』의 판본이 아니라고 판단하였으나 판목 조사표에는 쪽수가 없는 것으로 나타나 있다. 31쪽이라는 숫자의 정확성 또한 의문이 아닐 수 없다. 그러므로 이 판목이 『십문화쟁론』의 말미라고 주장할 근거가 불분명해진 것이다. 이것은 조사 내용 그대로 『이장의』의 잔여 판목이라고 보는 것이 타당할 것이라 생각된다.

그런데 최범술은 왜 문제의 판목이 『이장의』라는 것을 확인하고도 『십문화쟁론』판이라 믿고 복원하였을까. 아마 이 목록집이 간행된 것이 34년 후인 것으로 보아 조사를 마친 후 별 관심 없이 갈무리해 두었다가 복원 당시 그러한 사실을 잊은 것이라고 추정된다. 따라서 이것이 『이장의』의 잔궐 판목임이 확실하다면 당연히 『십문화쟁론』에서 복원한 이 부분을 제외하여야 할 것으로 보인다.

4. 내용과 성격

『십문화쟁론』의 십문을 처음으로 세운 학자는 이종익이다. 이종익은 『원효의 근본사상(십문화쟁론연구)』에서 『십문화쟁론』을 비롯한 원효의 여러 저술 중 화쟁과 관련된 내용들을 뽑아 십문을 건립 복원하였다. 이와 같이 복원한 십문이 원효 사상과 관련하여 그 타당성은 인정되지만, 그것이 『십문화쟁론』의 본래 내용과 일치한다고 보기는 어렵다. 이종익이 세운 십문은 다음과 같다.

1. 삼승일승화쟁문
2. 공유이집화쟁문
3. 불성유무화쟁문
4. 인법이집화쟁문
5. 삼성이의화쟁문
6. 오성성불의화쟁문
7. 이장이의화쟁문
8. 열반이의화쟁문
9. 불신이의화쟁문
10. 불성이의화쟁문

위 십문 중 제1문은 총문으로 『법화종요』에 의거하였고 제2, 3, 4문은 『십문화쟁론』 잔간에서, 제5문은 『기신론소·기』, 제6문은 『교분기원통초』, 제7문은 『이장의』, 제8, 9, 10문은 『열반경종요』에서 뽑은 것이라고 주기하고 있다.

이와 같이 제2, 3, 4문 이외의 7문은 모두 원효의 다른 저술에서 십문을 추정하여 세운 것이다. 그렇지만 『십문화쟁론』이 과연 10개의 문으로 건립되어 있는가는 현존 단간으로 판단하는 것은 사실상 어렵다. 잔간에 의해 세운 제2, 3, 4문의 3문도 모두 앞부분이 결락되어 개별 문이 드러나 있지 않기 때문이다.

이 가운데 제4 '인법이집화쟁문'은 『십문화쟁론』이 아닌 『이장의』의 판목을 근거로 세운 문이다. 이 판목이 『이장의』의 결미로 밝혀진 이상, 이

것이 『십문화쟁론』 현존본에 의거하여 건립한 문이라고 분류할 수 있는 근거가 없게 되었다. 그러므로 제4문은 현존 자료에서 제외되어야 할 것으로 보인다. 남은 2문은 위의 표와 같이 제2 '공유이집화쟁문'과 제3 '불성유무화쟁문'이 된다. 이 가운데 제2문은 제8쪽 후반 반쪽과 제9, 10쪽으로 모두 2쪽 반의 내용에 근거한 것이고 제3문은 제15쪽과 제16쪽의 전반 반쪽, 모두 1쪽 반의 내용에 의거하여 세운 문이다.

그런데 전자가 공유이집에 관해 화쟁하고 있는 것은 사실이지만 2쪽 반을 모두 '공유이집화쟁문'이라고 보기는 어렵다. 먼저 '공유화쟁' 부분에 대해 살펴보자.

앞에서 실제로 유有라고 한 것은 공空과 다르지 않은 유이며, 뒤에서 유有에 떨어지지 않는다고 말한 것은 공空과 다른 유有에 떨어지지 않는 것을 말하는 것이다. 따라서 (유有와 공空) 둘 다 허용하더라도 서로 어긋난다고 할 수는 없다.

곧 유라고 하여도 가설된 것이기 때문에 공과 다르지 않고 공이라고 하지만 유를 떠난 공이 아니기 때문에 유라고 하거나 공이라고 하거나 서로 다르지 않다는 것이다. 이는 바로 중관과 유식간의 오랜 논쟁을 화회하려는 원효의 입장을 말해 주고 있다. 이것은 청변과 호법으로 대표되는 공유의 역사적인 논쟁이 결국 관점의 차이임을 천명한 것이라 할 수 있을 것이다.

유무有無의 화회는 『기신론별기』를 비롯한 그의 여러 저술 중에서도 강조되고 있는 내용이지만 이 단문인 『십문화쟁론』에서 특히 비중 있게 다루어지고 있다.

問 비록 논리를 세워 모든 반박으로부터 자유롭지만 말이 감추고 있

는 뜻을 파악하는 것은 더욱 어렵다. 유有라고 말하면서 공空과 다르지 않다고 하니 여기에서 인용한 설명은 이해할 수 없다. 왜냐하면 만약 유有가 실재한다면 무無와 다르다. 소의 뿔이 토끼의 뿔과 다른 것과 마찬가지이다. 만약 공空과 다르지 않다면 결코 유有는 아니다. 이것은 토끼 뿔이 공空과 다르지 않은 것과 같다. 지금 유有가 공空과 다르지 않다는 말은, 세간에 그러한 유례가 없으니, 그것이 어떻게 성립될 수 있겠는가. 설사 유有가 공과 다르지 않다는 것을 동유同喩로써 입증한다고 하여도 앞의 비량比量 때문에 부정과不定過가 성립되는 것이다.

질문은 공과 유가 다르지 않다고 할 경우 빠질 수 있는 논리적 오류를 지적하고 있다. 그러나 원효는 이러한 지적이 다만 언설의 유희일 뿐이라고 강하게 주장한다. 공유의 화쟁은 언설을 통하여 언설을 초월한 법을 보여 준다는 것이다. 마치 달을 가리키는 손가락을 보고 달이 아니라고 비난하는 것과 같다는 비유로 언어에 집착하는 어리석음을 비판하고 있다.

실제로 공유의 화회는 이곳 문답에서 끝나는 것으로 보아야 한다. 다음에 시작되는 글은 『유가사지론』을 인용하여 언설을 떠난 법을 설명하는 내용이다. 즉 언설을 떠난 법을 통해 삼성三性의 동이同異 문제를 다루고 있는 것이다. 그런데 이곳에는 『십문화쟁론』 제 몇 문門이라는 표제어가 없고 전후의 문장에 연속성이 있는 것으로 보아 공유를 논의하고 있는 앞 문장과 같은 맥락의 글로 판단할 수도 있다. 『십문화쟁론』을 복원한 이종익도 이런 이유로 처음부터 15쪽 반의 전체 내용을 제2 '공유이집화쟁문'이라고 판단한 것으로 보인다.

그 때문에 이종익은 10문을 복원하면서 『십문화쟁론』의 이 부분을 제외한 채 원효의 『대승기신론별기』에 의거하여 제5 '삼성동이화쟁문'을 세웠던 것이다.

그러나 본 자료의 공유에 관한 문답 후반부는 '삼성동이'를 회회하는 『기신론소』의 내용과 크게 다르지 않다는 것을 알 수 있다.

처음에 '일체제법이 오직 망념에 의하여 차별이 있는 것이다.'라고 말한 것은 변계소집상을 가리키는 것이다. …… 처음에 '그러므로 일체법'이라고 말한 것은 연을 따라 생한 의타기법이다. …… 마음이 연하는 상을 떠났다고 하는 것은 명언분별이 연할 수 없는 것이기 때문이다. 그것은 허공중에 나타나는 새의 발자취와 같다. 새의 모양을 따라 허공의 모습이 나타난다. 날아가는 모습은 실제로 알 수 있지만 그 자취를 볼 수는 없는 것이다. 의타기의 법도 또한 그와 같다.

이것은 변계소집성은 망념분별이고, 의타기상은 새의 발자취처럼 언설로 드러낼 수 없다는 것에 대한 설명이다. 『십문화쟁론』의 삼성해석도 위의 내용과 맥락을 같이한다.

보살이 망상분별을 떠나 변계소집상遍計所執相을 제거할 때 언설을 떠난 법을 관조할 수 있다. 이때 제법의 언설을 떠난 모습이 드러나게 되는 것이다. 비유하면 모든 색상色相을 제거할 때, 그 제거한 곳을 따라 색을 여읜 허공이 드러나는 것과 같다고 하겠다.

위의 인용문은 『기신론소』의 글이고, 아래의 인용문은 『십문화쟁론』의 내용이다. 두 인용문은 모두 변계소집의 망상분별을 떠난 것이 의타기상이라고 하여 의타기상이 '언설을 떠난 법'이라 정의하고 있다. 한 치의 나무를 제거한 곳에 한 치의 허공이 드러나고 한 자의 나무를 제거한 곳에 한 자의 허공이 드러난다는 것은 『십문화쟁론』의 비유이고, 새의 발자취가 사라진 곳에 그 자취에 따른 허공이 나타난다는 것은 『기신론소』의 비유이다. 위에 인용한 두 문헌은 모두 동일한 변계소집상과 의타기상에 대해 설명하고 있는 것이다.

그러므로 『십문화쟁론』 '공유문답' 이후의 글은 '공유이집'에 관한 화쟁의 연장이라기보다 '삼성동이'에 대해 화쟁하는 글이라고 보는 것이 훨씬 더 타당한 해석일 것이다.

『기신론소』에서의 삼성설은 공유를 부연하는 설명이 아니라 생멸과 진여를 해석하는 기재로 사용되고 있기 때문이다.

> 진여문 가운데 포섭하는 사법은 분별성이다. 그것으로써 제법이 불생불멸 본래적정이지만 다만 망념에 의해 차별이 있다고 설명하기 때문이다. 심생멸문 가운데 설명하는 사법은 의타성이다. 제법은 인연화합으로 생멸이 있다고 설하기 때문이다. 그러나 이 이성은 비록 하나가 아니지만 다른 것도 아니다.

이와 같이 원효는 진여문과 생멸문에 삼성설을 배대하고 있다. 그러므로 이종익이 '삼성동이화쟁문'을 별도로 세우면서 그것을 『십문화쟁론』 잔간의 이 부분과 관련시키지 않는 것은 납득하기 어렵다. '유무화쟁문'이라고 분류한 부분은 유무 하나의 쟁점만을 다루고 있는 것이 아니라 '유무화쟁'과 '삼성동이화쟁'의 두 가지 주제에 대해 논하고 있기 때문이다. 따라서 이종익의 유무화쟁론 부분은 '유무화쟁'과 '삼성동이화쟁'의 두 부분으로 나누어 보는 것이 더 적합한 분류라고 판단된다.

맨 마지막 남은 15쪽 반은 '무성유정유무' 화쟁설이다. 일체 중생에게 모두 불성이 있다는 설과 일천제에게는 불성이 없다는 설을 화쟁하는 내용이다. 전자는 『열반경』을 비롯한 『화엄경』 등 성종계의 설이고, 후자는 『유식론』에 근거한 일부 상종계의 주장이다. 『십문화쟁론』은 '무성유정의 유무' 문제에 대한 다양한 견해와 논리를 소개한다.

원효는 먼저 '무성유정이 있다'는 설, '유성이기도 하고 무성이기도 하다'는 설, '무성유정이 없다'는 설 등이 빠질 수 있는 논리적 오류를 지적하고, 다음은 문답을 통하여 여기에서 파생될 수 있는 제반 문제점을 다시 검토하여 이들을 회통한다. 즉 '일체 중생에게 모두 불성이 있다'고 하는 것은 불타의 본의를 나타낸 요의설이고 '무성유정이 있다'는 설은 대승을 구하지 않는 사람들을 위해 은밀히 설하는 '방편설'이라고 하여 '무성유정이 있다'는 설과 '무성유정이 없다는 설'을 화회하고 있다는 것을 알 수 있는 것이다. 따라서 이 부분은 불성 없는 중생이 있는가 없는가를 화쟁하는 '유성무성유무화쟁' 부분이라 할 수 있겠다.

그러므로 『십문화쟁론』의 잔간에는 '유무화쟁', '삼성동이화쟁', '무성유정유무화쟁' 등 세 가지의 주제가 포함되어 있지만 각 문을 표시하는 표제라고 볼 수 있는 내용이 발견되지 않는다. 그러기 때문에 비록 열 부분의 주제를 다루었다 하더라도 개별의 10문을 세웠다고 보는 것은 무리라고 생각된다.

비록 남아 있는 『십문화쟁론』이 4장의 단편에 불과하지만, 공유·삼성동이·무성유정유무 등 사상사적으로 가장 핵심적인 쟁점을 화쟁하는 내용을 담고 있다는 것은 매우 다행한 일이다.

이들 쟁점은 불교적 진리에 대한 근본적인 관점들이기 때문에 공간이나 시간을 뛰어넘어 불교학의 주된 관심사가 되어 왔다. 원효는 이러한 과제들을 객관적인 자료와 종·인·유라는 논리적인 방법을 통해 화쟁하고 있는 것이다. 그러나 그의 화쟁은 논리의 함정에 매몰되지 않는다. 논리를 통해 논리를 극복함으로써 진정한 진리의 바다에 이를 수 있다는 것이 원효화쟁의 궁극적인 지향점이라 하겠다.

5. 가치

『십문화쟁론』이 비록 잔간이긴 하지만 화쟁의 핵심적인 내용이 남아 있다는 것은 다행이 아닐 수 없다. '공유'·'삼성동이'·'무성유정유무' 등은 당시 불교학계의 가장 핵심적인 쟁점으로서 불교적 진리에 대한 근본적인 문제들이다. 원효는 이러한 과제들을 『십문화쟁론』을 통해 객관적이고 논리적으로 화쟁한다. 이런 의미에서 본 문헌은 원효의 저술 중 매우 비중 있는 자료 가운데 하나라고 하겠다.

6. 참고 문헌

이종익, 『원효의 근본사상(십문화쟁론연구)』, 동방사상연구소, 1977.
조명기, 「원효의 화쟁사상」, 『한국사상논문선집』, 불함문화사, 2005.
서수생, 「해인사사간장경판목록」, 『해인사지』, 가산문고, 1992.
최범술, 「십문화쟁론 복원을 위한 수집자료」, 『원효연구논총』, 국토통일원, 1987.
최범술, 「해인사사간누판목록」, 『동방학지』 11집, 연세대학교, 1970.

차례

십문화쟁론十門和諍論 해제 / 207
일러두기 / 223

1. 공空과 유有········ 225

2. 변계소집상과 의타기상········ 228

3. 유성有性과 무성無性········ 234

일러두기

1 '한글본 한국불교전서'는 문화체육관광부의 지원을 받아 동국대학교 불교학술원에서 수행하고 있는 '불교기록문화유산아카이브(ABC)사업'의 결과물을 출간한 것이다.
2 이 책은 『한국불교전서』(동국대학교출판부 간행) 제1책에 수록된 『십문화쟁론十門和諍論』을 저본으로 번역하였다.
3 번역문에 이어 원문을 병기하고 간단한 표점 부호를 삽입하였다.
4 원문의 교감 사항은 번역문의 각주와 별도로 원문 아래 부분에 제시하였다.
   ㉠은 『한국불교전서』 편찬자가 교감한 내용이다.
   ㉡은 번역자가 교감한 내용이다.
5 약물은 다음과 같다.
   『 』: 경명
   「 」: 분 또는 품명
   T : 『대정신수대장경大正新脩大藏經』

『십문론十門論』이란 여래가 세상에 계실 때 이미 원음圓音에 의해 중생 등을……(알맹이 없는 유有의 주장이)[1] 비처럼 몰아치고 헛된 공의 논쟁[2]은 구름처럼 어지럽다. 어떤 사람은 "나는 옳고 다른 사람은 옳지 않다."고 말하고, 어떤 사람은 "나만이 그렇다고 인정하고 다른 사람은 그렇지 않다."고 부정하니, 이러한 논쟁이 끝이 없다. 큰……(공空을 싫어하고 유有를 좋아하니)[3] 산을 (오르면서) 골짜기로 들어가고, 유有를 증오하고 공空을 떠받드니 나무를 버리고 숲을 찾는 것과 다르지 않다. 비유하면 청색과 남색은 같은 바탕이고 얼음과 물은 근원이 같다고 할 것이다. 거울은 수많은 형상을 받아들이고 물은 (하나의 근원에서)[4] 갈라진다.……원융하게 통(하도록)하여 서술하니, 그 제명題名이『십문화쟁론十門和諍論』이다.[5]

十門論者。如來在世。已賴圓音。衆生等…雨驟。空空之論雲奔。或言我是言他不是。或說我然說他不然。遂成河漢矣。大……山而投廻谷。憎有愛空。猶捨樹以赴長林。譬如靑藍共體。氷水同源。鏡納萬形。水分……通融。聊爲序述。名曰十門和諍論。[1)]

―――――――
1) ㉑ 저본底本은「서당화상탑비誓幢和上塔碑」에 수록된 글이다.

―――――――
1 알맹이 없는 유有의 주장이 : 이 역문은 역자가 아래의 글 "헛된 공의 논쟁은 구름처럼 어지럽다."에 대응하여 추정, 복원한 해석이다. 우취雨驟와 운분雲奔이 서로 대가 되고, 공공지론空空之論에 짝이 되는 글은 허유지설虛有之說, 즉 '알맹이 없는 주장' 정도가 아닐까 한다.
2 원문의 '공공지론空空之論'을 '헛된 공의 논쟁'으로 번역하였다.
3 공空을 싫어하고 유有를 좋아하니 : "유有를 증오하고 공空을 떠받드니 나무를 버리고 숲을 찾는 것과 다르지 않다."라는 역문에 대응하여 결락된 부분을 추정, 복원한 것이다. 원문으로 환원하면 "憎空愛有。如登山'而投廻谷。"이 된다.
4 이는 앞 구절의 '鏡納萬形'에 맞추어 '水分一源'으로 추정한 것이다.
5 『십문론十門論』이란 여래가~제명題名이『십문화쟁론十門和諍論』이다 : 이는 서당화상탑비편誓幢和上塔碑片에 남아 있는 글이다. 완본이 아닌『十門和諍論』자료를 보완하기 위해 편자가『十門和諍論』의 첫머리에 잔편 비문 중 십문화쟁과 관련된 부분만을 발췌하여 실은 것으로 보인다.

1. 공空과 유有[6]

(진실로 유有라고 하지만)[7] 여기에서 인정하는 유有는 공空과 다르지 않다. 그러므로 앞의 설명과 같다 하더라도 증익집增益執[8]은 아니다. 유有라고 인정해도 실제로 유有에 떨어지는 것이 아니다. 여기에서 인정하는 유有는 유有에 떨어지지 않는 것이 아니기 때문에 뒤의 설명과 같다 하더라도 손감집損減執[9]은 아니다.

앞에서 실제로 유有라고 한 것은 공空과 다르지 않은 유이며, 뒤에서 유有에 떨어지지 않는다고 말한 것은 공空과 다른 유有에 떨어지지 않는 것을 말하는 것이다. 따라서 (유有와 공空) 둘 다 허용하더라도 서로 어긋나다고 할 수는 없다. 또 부정이 아니기 때문에 다 인정한다면, 긍정이 아니기 때문에 둘 다 인정하지 않는 것이 된다.

그러므로 이 부정은 긍정과 다른 것이 아니다. 유有와 공空이 다르지 않은 것도 이와 같다. 둘 다 허용하지 않더라도 본래의 명제를 잃은 것은 아니다. 따라서 사구四句[10]를 다 갖추고 있어 모든 오류로부터 벗어났다고 하겠다.[11]

---

6 공空과 유有 : 현존하는 『十門和諍論』의 이 부분은 '공空과 유有의 화쟁'에 대해 논의하고 있으므로, 제목을 이와 같이 붙였다.
7 진실로 유有라고 하지만 : '유有' 자는 앞 문장이 끝나는 부분으로서 전후 문맥으로 볼 때 '說實是有'가 누락된 것으로 추정된다. '說實是有'가 되어야 뒷 문장과 의미가 통한다.
8 증익집增益執 : 제법이 실제로 있다고 집착하는 치우친 생각.
9 손감집損減執 : 제법은 공무空無하여 아무것도 없다고 집착하는 잘못된 견해.
10 사구四句 : 사구분별四句分別. 사구四句로 모든 것을 해석 분별하는 논리형식. 예를 들어 유有와 무無로 제법을 판별할 때, 제1구 유有(정립), 제2구 무無(반정립), 제3구 역유역무亦有亦無(긍정종합), 제4구 비유비무非有非無(부정종합)라는 사구의 형식을 사용한다.
11 이 글은 공空과 유有가 다르지 않다는 것을 논리적으로 입증하고 있다. 공空과 유有는 다른 것이 아니기 때문에 유有라고 하여도 증익집增益執에 빠지는 것이 아니고 공空

……有。¹⁾ 此所許有。不異於空。故雖如前而非增益。假許是有。實非墮有。此所許有。非不墮有。故雖如後而非損減。前說實是有者。是不異空之有。後說不墮有者。不墮異空之有。是故俱許而不相違。由非不然。故得俱許而亦非然。故俱不許。此之非然。不異於然。喩如其有。不異於空。是故雖俱不許而亦不失本宗。是故四句並立而離諸過失也。

1) ㉵ 이하 나오는 글의 저본은 해인사海印寺 사간장본寺刊藏本이다. ㉡ 본 『十門和諍論』은 해인사 사간장본寺刊藏本을 저본으로 한 것으로, 전후와 중간 일부가 결락된 4장(목판본 1장은 2면으로 엮어져 있다.)의 단간斷簡이다. 저본은 8장 반부터 시작하고 있어 '유有' 자 앞에 7.5장이 결락된 것으로 보인다. 8장 반부터 10장까지 2장 반은 온전하고 11장부터 14장까지 4장은 모두 빠졌다. 이어 15장부터 16장의 반장만 남아 있고 이후는 다 일실되어 원문의 전체 분량을 알기 어렵다.

㉺ 비록 논리를 세워 모든 반박으로부터 자유롭지만 말이 감추고 있는 뜻을 파악하는 것은 더욱 어렵다. 유有라고 말하면서 공空과 다르지 않다고 하니 여기에서 인용한 설명은 이해할 수 없다. 왜냐하면 만약 유有가 실재한다면 무無와 다르다. 소의 뿔이 토끼의 뿔과 다른 것과 마찬가지이다. 만약 공空과 다르지 않다면 결코 유有는 아니다. 이것은 토끼 뿔이 공空과 다르지 않은 것과 같다. 지금 유有가 공空과 다르지 않다는 말은, 세간에 그러한 유례가 없으니, 그것이 어떻게 성립될 수 있겠는가. 설사 유有가 공과 다르지 않다는 것을 동유同喩[12]로써 입증한다고 하여도 앞의 비량比量[13] 때문에 부정과不定過[14]가 성립되는 것이다.

이라고 하여도 손감집損減執에 떨어지는 것이 아니라는 것을 밝히는 글이다.
12 동유同喩 : 증명되어야 할 것과 같은 종류로 이유 개념의 의의를 가지고 있는 것. 인명삼지작법의 제3지, 예를 들면 '소리는 무상하다.', '만들어진 것이기 때문에', '비유하면 병과 같다.'라고 할 때, 병은, '만들어진 것이기 때문에'라는 이유 개념과 같기 때문에 동유同喩라고 한다.
13 비량比量 : 하나의 사상事象에 의하여 다른 사상事象을 바르게 추측하여 아는 것. 연기를 보고 그곳에 불이 있다고 아는 것과 같다.
14 부정과不定過 : 인명因明에서 인因의 과실인 14과過 중의 한 가지. 인因은 반드시 삼상三相, 곧 변시종법성遍是宗法性, 동품정유성同品定有性, 이품변무성異品遍無性을

問。雖設徵言。離諸妨難。言下之旨。彌不可見。如言其有。不異於空。此所引喩。本所未解。何者。若實是有則異於無。喩如牛角不同兎角。若不異空。定非是有。喩如兎角。無異於空。今說是有而不異空。世間無類。如何得成。設有同喩。立不異空。由前比量。成不定過。

답 그대가 절묘한 방법으로 모든 공방을 세워 언설이 의지意旨에 미치지 않는다고 곧바로 반박하지만 인용한 비유는 성립될 수 없다. 왜냐하면 소뿔은 있는 것이 아니고 토끼 뿔도 없는 것이 아니니, 그대가 취하는 것은 다만 명칭과 언어뿐이기 때문이다. 나는 언어에 의거하여 언어가 끊어진 법을 보여 주려는 것이다. 손가락으로 달을 가리킬 때, 가리키는 것은 손가락이 아니라 달인 것처럼, 그대는 지금 바로 말에 따라 뜻을 취함으로써 말로써 할 수 있는 설명을 끌어와 말을 떠난 법을 반박하고 있다. 마치 손가락 끝을 보고 달이 아니라고 비난하는 것과 같다고 하겠다. 그러므로 반박이 정교할수록 이치로부터 더욱 더 멀어지게 될 것이다.

答。汝雖巧便。設諸妨難。直難言說不反意旨。所引譬喩皆不得成。何以故。牛角非有。兎角不無。故如汝所取。但是名言。故我寄言說。以示絶言之法。如寄手指。以示離指之月。汝今直尒如言取義。引可言喩。難離言法。但看指端。責其非月。故責難彌精。失理彌遠矣。

갖추어야 성립된다. 제1상은 갖추어져 있으나 제2상이나 제3상이 갖추어지지 않을 경우, 명제가 성립되지 않는 오류를 말한다. 이러한 오류에는 여섯 가지가 있다.

2. 변계소집상과 의타기상[15]

그러나 지금 다시 성인의 말씀을 인용하여 '언어를 떠난 것'을 비유로 설명하겠다. '허공이 일체의 길고 짧은 등의 색色과 굽히고 펴는 등의 업業을 모두 수용하는데, 이때 모든 색과 색업을 제거하면 (사라진) 물체만큼의 허공이 나타나는 것'과 같다. 말하자면 1장丈의 나무를 제거한 곳에는 1장丈에 해당하는 허공이 나타나고, 1척尺의 나무를 제거한 곳에는 1척尺에 해당하는 허공이 드러난다. 구부림을 없앨 때 구부리는 것만큼의 허공이 나타나고, 편 것을 치울 때 편 것만큼의 허공이 나타난다.[16] (색과 색업을 제거하고) 나타나는 허공은 길기도 하고 짧기도 한 것 같지만 언설을 떠난 사事[17](事法)라는 것을 알아야 한다. 이와 같이 공한 사법事法은 응하는 바를 따라 이전과 같이 장단長短 등의 색色을 수용한다.

그러나 그 수용된 색은 허공과 다르다. 그것은 범부의 삿된 상념과 분별로 취한 것이기 때문에 변계소집상遍計所執相[18]의 제법諸法에 비유한다.

---

15 이곳이 단락으로 구분된 것은 아니지만 변계소집과 의타기상에 대해 설명하고 있다. 물론 이 부분이 공과 유라는 주제의 연장으로 공과 유가 다르지 않다는 것을 밝히고 있는 것으로 볼 수 있지만, 그러한 해석이 삼성을 통해 이루어지고 있기 때문에 '변계소집과 의타기상'이라는 소제小題를 달았다.
16 원문의 '除屈屈顯 除申申顯'을 위와 같이 해석했다. 원문대로 해석하면 의미가 통하지 않는다. 굴屈과 현顯, 신申과 현顯 사이에 공空이 생략된 것으로 보인다.
17 사事 : 일반적으로 일, 사물, 일어나는 일 등을 말하지만, 보편적인 법칙인 이리에 대해 연기하는 만유의 차별상을 가리킨다. 그러나 『瑜伽師地論』 등 유식계 경론에서 사事란 법에 나타나는 구체적 사실을 말하고 있다. 『瑜伽師地論』은 일체 사事를, 심사心事, 심소유법사心所有法事, 색사色事, 심불상응행사心不相應行事, 무위사無爲事의 총 다섯 가지로 분류한다. 이것은 곧 오위백법五位百法의 오위五位를 사로 지칭하는 것이다. 또 잡염품사雜染品事, 청정품사淸淨品事 등으로 구체적인 법과 동일하게 사용한다. 이곳 『十門和諍論』의 언설사言說事(언설로 이루어진 사), 이언설사離言說事(언설을 떠난 사) 등은 모두 『유가사지론』 설로서 사법事法을 가리킨다는 것을 알 수 있다.
18 변계소집상遍計所執相 : 실재하지 않는 대상을 실재하는 것으로 착각하는 것이다. 예

이는 비록 있는 것이 아니지만 공空과 다르다고 분별하기 때문이다. 또 (색을) 수용하는 사법事法이 공空과 다르지 않다는 것은 모든 범부가 분별로 알 수 있는 것이 아니다. 그러므로 이것은 의타기상依他起相[19] 제법諸法에 비유한다. 이는 실제로 유有이지만 공空과 다르지 않기 때문이다. 또 변계소집遍計所執의 자성自性은 의지하는 것 없이 독자적으로 성립하는 것이 아니라, 의타기상依他起相에 의거하여 변계소집遍計所執이 시설되는 것이다. 허공과 같이 언설을 떠난 사법事法이 그 응하는 바를 따라서 모든 색을 수용하는 것과 같다고 하겠다.

然今更引聖說離言之喩。喩知虛空容受一切長短等色屈申等業。若時除遣諸色色業。無色虛空。相似顯現。謂除丈木處。卽丈空顯。除尺木處。卽尺空顯。除屈屈顯。除申申顯等。當知卽此顯現之空。似長似短。離言之事。如是空事。隨其所應。前時容受長短等色。然所容受色。異於虛空。凡夫邪想分別所取。故喩遍計所執諸法。雖無所有而計異空故。能容受事。不異虛空。非諸凡夫分別所了。故喩依他起相諸法。雖實是有而不異空故。又彼遍計所執自性。非無所依獨自成立。依他起相爲所依止。遍計所執方得施設。喩如虛空離言之事。隨其所應。〈卷上第九張[1]〉容受諸色。

---
1) ㉠ '卷上第九張'은 사간장본에 있는 본문의 쪽수를 가리킨다. 『十門和諍論』은 결락이 많으므로, 쪽수를 표시할 필요가 있다. 아래도 마찬가지다.

보살이 망상분별을 떠나 변계소집상遍計所執相을 제거할 때 언설을 떠난 법을 관조할 수 있다. 이때 제법의 언설을 떠난 모습이 드러나게 되는 것이다. 비유하면 모든 색상色相을 제거할 때, 그 제거한 곳을 따라 색을

를 들면, 안질환자가 눈의 이상 때문에 나타나는 허공의 꽃이 실재하는 것으로 잘못 아는 것이다.
19 의타기상依他起相 : 현상제법은 독립적으로 영원히 존재하는 것이 아니라 다른 연에 의해 가유로 생기한 환화幻化와 같은 존재임을 설명하는 말이다.

여읜 허공이 드러나는 것과 같다고 하겠다. 이러한 비량比量의 도리에 의해 제법이 모두 허공과 같음을 알아야 한다. 이는 『금고경金鼓經』[20]에서 다음과 같이 설한 것과 같다.

만일 그것이 다르다고 말한다면 일체 제불과 보살의 행상도 집착일 것이다. 왜 그러할까. 일체 성인은 행법行法과 비행법非行法[21]을 실천하면서 함께 지혜행智慧行을 하기 때문에 다르지 않다. 따라서 오음五陰은 유有가 아니므로 인연을 따라 생하는 것이 아니며, 오음은 유有가 아님도 아니니 성인의 경계에 지나지 않기 때문이다. 이것은 언어가 미칠 수 있는 대상이 아니다.

『혜도경慧度經』(『반야경』)에서는 다음과 같이 설한다.

비록 생사의 길이 멀고 중생성衆生性의 부류가 많다고 하지만 생사의 한계와 중생성의 한계는 허공과 같이 끝이 없다.[22]

『중관론』은 다음과 같이 말한다.

---

20 『금고경金鼓經』: 『金光明最勝王經』을 말한다. 여기에 인용한 경전은 수隋의 사문 보귀寶貴가 편집한 『合部金光明經』이다. 이 경은 모두 8권 24품으로 구성되어 있으나 한 사람이 번역한 것이 아니고 담무참, 사나굴다, 진제 등 3인의 번역을 합한 것이다. 따라서 각 품마다 역자가 다르다. 이 인용문은 양의 진제가 번역한 제9장 「依空滿願品」가운데 있는 내용이다. 이 품에서 특기할 것은 오음五陰을 법계라고 정의하지만, 오음은 불가설不可說이며 비오음非五陰 또한 불가설不可說이라는 것이다. 따라서 오음이 법계라는 것은 단견斷見이며 오음을 떠났다는 것은 상견常見이기 때문에 단상斷常 이변二邊을 떠나 집착하지 말라는 의미를 담고 있다. T16, 664a 참조.
21 비행법非行法 : 염불을 가리킨다. 염불은 자력으로 하는 수행이 아니라 아미타불 본원의 기능 그 자체라는 뜻으로 비행非行이라고 하는 것이다.
22 구마라집鳩摩羅什 역譯, 『摩訶般若波羅蜜經』 권17 「夢行品」(T8, 349b7-8).

열반의 실제와 세간의 실제, 이 두 가지의 실제가 다르다고는 털끝만큼도 인정할 수 없다.[23]

菩薩若離妄想分別。除遣遍計所執相時。便得現照離言之法。尒時諸法離言相顯。喩如除遣諸色相時。隨其除處。離色空顯。由如是等。比量道理。應知諸法。皆等虛空。如金鼓經言。若言其異者。一切諸佛菩薩行相。則是執着。何以故。一切聖人。於行非行法中同智慧行。是故不異。是故五陰非有。不從因緣生。非不有。五陰不過聖境界故。非言語之所能及。慧度經言。雖生死道長。衆生性多。而生死邊如虛空。衆生性邊亦如虛空。中觀論云。涅槃之實際。及與世間際。如是二際者。無毫氂許異。

『유가론』에서는 다음과 같이 설명한다.

만일 모든 유정이 불타가 설한 깊은 공성과 상응하는 경전의 은밀한 뜻을 알지 못하기 때문에, 경에서 "일체법은 모두 자성이 없고, 사법事法이 없으며, 무생무멸無生無滅이다."라고 설하거나 "일체법은 모두 허공과 같고 몽환과 같다."고 설하는 말을 듣고서, 놀라고 두려운 마음으로 이 경전을 비방하며 불설佛說이 아니라고 말한다.
보살은 그들을 위하여 이치대로 (여래가 설한 밀의의 깊은 의취를) 회통하고 여실하게 화회和會하여 저 유정들을 모두 포섭하고 그들을 위해 다음과 같이 설한다. "이 경에서는 일체제법이 모두 없다."고 말하는 것이 아니다. 다만 "언설言說로 이루어진 제법의 자성自性이 모두 없다."고 설한 것이다.
비록 일체 언설로 이루어진 사법事法이 있어 그것에 의지하여 모든

---

23 『中論』 권4(T30, 36a).

언설이 전전한다고 하더라도, 그곳에서 설한 '말로 표현할 수 있는 자성'은 제일의제第一義諦에서 보면 자성이 아니다. 비유하면 허공중에 많은 색色과 색업色業이 있는데 (허공이) 모든 색과 색업을 다 수용하고 있는 것과 같다. 다시 말해 허공중에는 현재 가고 오고 굽히고 펴는 등(색과 색업)의 여러 가지 것들이 있다고 하자, 만일 이때 이 모든 것(색과 색업)을 제거하면, 오직 형체가 없는 청정한 허공의 모습만이 나타나게 되는 것이다.

이와 같이 (물체와 행위가 사라지고 나타난) 허공과 같은 '언설을 떠난 사법事法'에 다양한 언설들이 만들어 낸 잘못된 망상 분별과 희론에 따른 집착이 있어서 마치 (허공중의) 색업色業과 유사하게 전전해서 일어난다. 또 이와 같이 일체 언설의 망상 분별과 희론에 따른 집착은 마치 색업과 유사하여, 이들은 모두 허공과 같은 '언설을 떠난 사법事法'에 의해 수용된다.

이때 보살은 뛰어난 성지(妙聖智)로 일체 언설이 일으킨 잘못된 상념과 분별 그리고 희론에 따른 집착을 제거하고, 또 보살 최승성자最勝聖者는 제법의 '언설을 떠난 사事'를 증득한다. 오직 일체 언설의 자성이 있다고 하지만, (본래의) 자성이 드러난 것은 아니다. 마치 허공의 청정한 모습이 나타나는 것과 같다.[24] 그러나 또한 이것을 지나 나머지 자성이 있는 것이 아니니 다시 잘 생각해야 할 것이다.[25]

瑜伽論云。若諸有情。於佛所說甚深空性相應經典。不解密意。於是經中。說一切法皆無自性皆無有事無生無滅。說一切法皆等虛空皆如幻夢。彼聞是已。心生驚怖。誹謗此典。言非佛說。菩薩爲彼。如理會通。如實和會。攝

---

[24] 언설자성은 허공중의 색, 색업과 같기 때문에, 허공 가운데 색과 색업이 사라지고 청정한 허공이 드러나듯이 언설을 떠날 때 진실한 자성이 드러난다는 말이다.
[25] 『瑜伽師地論』 권45 「菩薩地」(T30, 540c)를 인용한 것이다.

彼有情。爲彼說言。此經不說。一切諸法。都無所有。但說諸法所言自性。都無所有。雖有一切所言說事。依止彼故諸言說轉。然彼所說可說自性。據第一義非其自性。譬知空中有衆多色色業。可得容受一切諸色色業。謂虛空中現有種種。若往若來屈申等事。若於尒時諸色色業皆悉除遣。卽於尒時。唯無色性淸淨虛空相似[1]顯現。如是卽於相似虛空離言說事。有其種種言說所作邪想分別隨戲論着。似色業轉。又卽如是一切言說邪想分別隨戲論着似衆色業。皆是似空離言說事之所容受。若時菩薩。以妙聖智。除遣一切言說所起邪想分別隨戲論着。尒時菩薩☒勝聖者。證得諸法離言說事。唯有一切言說自性, 非性所顯。喩如虛空淸淨相顯。亦非過此有餘自性。應更尋思。故……[2] 〈卷上第十張[3]〉……

---

1) ㊟ '相似'는 『瑜伽師地論』 권45(T30, 541b3)에 따르면 '其相'이 되어야 한다. 2) ㊟ '故'는 『瑜伽師地論』 권45(T30, 541b12)에는 없다. '應更尋思'까지가 『瑜伽師地論』 권45(T30, 541b12)의 글이다. '故' 이하는 원효의 설명이다. 3) ㊟ 이상의 제9장張과 제10장은 단간 가운데서 연속된 부분이다. 이하는 총 5장이 결락되었다.

3. 유성有性과 무성無性[26]

……또[27] 저 『열반경』에서는 "중생의 불성佛性은 하나도 아니고 둘도 아니니다. 제불은 평등하여 허공과 같아, 일체 중생이 다함께 (동일한 불성을) 가지고 있다."[28]고 설한다. 다시 (『열반경』) 아래의 글에서는 "일체중생은 똑같이 불성佛性이 있다. 동일한 일승一乘이고, 일인一因이고, 일과一果이고, 동일한 감로甘露이니, 일체가 장래에 상常·낙樂·아我·정淨[29]을 얻을 것이다. 그러므로 일미一味이다."[30]라고 설한다.

---

26 유성有性과 무성無性 : 이 단락에서 논의하는 내용은 모두가 성불할 종성을 지니고 있다는 유성有性의 견해와 어떤 부류는 성불할 종성을 지니고 있지 않다는 무성無性의 견해를 다루고 있으므로, 제목을 이와 같이 붙였다.

27 이상 4장 8면이 결락됨. 이하는 유성有性과 무성無性에 관한 해석으로, 위의 공空과 유有를 다루는 문단에 연속된 문장이 아니다.

28 『涅槃經』 권32 「師子吼菩薩品」(T12, 538c). 이 문장의 앞에 사자후師子吼보살의 다음과 같은 질문이 나온다. "세존이시여, 중생의 불성은 모두 공통된 것입니까, 각각 있는 것입니까? 만약 공통된 것이면 한 사람이 무상보리를 얻을 때 일체 중생이 또한 동시에 얻어야 할 것입니다. 세존이시여, 마치 20인이 한 가지 원한을 갖고 있을 때, 만약 한 사람이 그것을 없애면 나머지 19인이 모두 공통으로 원한을 없애는 것과 같습니다. 불성도 이와 같다면, 한 사람이 그것을 얻을 때 나머지 또한 얻어야 할 것입니다. 만약 각각 있는 것이면 무상한 것이 됩니다. 왜냐하면 셀 수 있기 때문입니다. 그러나 부처님께서 설하신 중생의 불성은 하나도 아니고 둘도 아닙니다. 만약 각각 있다면 제불이 평등하다고 설해서도 안 되고, 또한 불성이 허공과 같다고 설해서도 안 됩니다.(世尊。衆生佛性爲悉共有。爲各各有。若共有者。一人得阿耨多羅三藐三菩提時。一切衆生亦應同得。世尊。如二十人同有一怨。若一人能除。餘十九人皆亦同除。佛性亦爾。一人得時。餘亦應得。若各各有則是無常。何以故。可算數故。然佛所說衆生佛性不一不二。若各各有。不應說言諸佛平等。亦不應說佛性如空。)" 본문에서는 사자후 보살의 이러한 질문에 의거하여 "중생의 불성은 하나도 아니고 둘도 아니다."라고 답했고, "제불은 평등하여 허공과 같다."고 답한 것이다.

29 상락아정常樂我淨 : 『涅槃經』의 설이다. 열반의 사덕으로 상락아정을 든다. 열반은 영원하고 안락하며 절대적이고 청정하다고 한다. 『涅槃經』은 초기불교의 삼법인三法印인 무상無常·무아無我·고苦에 부정不淨을 더한 네 가지 법을 전도로 보고 이것을 극복한 네 가지 덕을 상常·낙樂·아我·정淨이라고 한다.

30 『涅槃經』 권32 「師子吼菩薩品」(T12, 559a), "三者一味。一切衆生同有佛性。皆同一乘。同

이 경문에 의하면 "불성佛性이 없는 일분一分의 중생이 있다."는 주장은 대승의 평등법성平等法性이라는 진리에 어긋난다. 동체대비同體大悲는 바다와 같은 일미인 것이다.

> 又彼經言。衆生佛性不一不二。諸佛平等猶知虛空。一切衆生同共有之。又下文云。一切衆生同有佛性。皆同一乘一因一果同一甘露。一切當得常樂我淨。是故一味。依此經文。若立一分無佛性者。則違大乘平等法性。同體大悲。如海一味。

또 만약 다음과 같이 주장할 경우,

(종) 확실히 무성유정(無性)은 있다.
(인) 일체 계界의 차별을 얻을 수 있기 때문이다.
(유) 마치 화성火性 가운데 수성水性이 없는 것과 같다.

상대방 역시 이렇게 주장할 수 있다.

(종) 확실히 모두에게 (불성이) 있다.
(인) 일미평등을 얻을 수 있기 때문이다.
(유) 마치 모든 물질이 다 대종성大種性[31]을 가지고 있는 것과 같다.

그러므로 이것은 (서로 상충되는) 결정상위決定相違의 과실[32]이 된다.

一解脫。一因。一果。同一甘露。一切當得常樂我淨。是名一味。"
31 대종성大種性 : 지地·수水·화火·풍風 사대의 성질.
32 결정상위決定相違의 과실 : 결정상위과決定相違過는 인명因明의 여섯 가지 부정과不定過의 하나로서, 입론자와 대론자가 각기 어긋나는 종宗을 세워 서로 대립하지만, 그

또 만약 다음과 같이 주장할 경우,

(종) 무성유정은 있다.
(인) 본래부터 그러하기 때문이다.

상대방 역시 이렇게 주장할 수 있다.

(종) 무성유정은 없다.
(인) 본래부터 그러하기 때문이다.

그러므로 이것 역시 결정상위의 과실이 된다.

又若立言。定有無性。一切界差別可得故。如火性中無水性者。他亦立云。
定皆有性。一味性平等可得故。如諸麤色聚悉有大種性。則有決定相違過
失。又若立云。定有無性。由法尒故者。他亦立云。定無無性。由法尒故。是
亦決定相違過失。

무성유정(無性)이 있다는데 집착하는 논사가 회통하여 말한다.
경에서 "중생은 모두 마음이 있다."고 하는 것은 일체의 유성有性과 무성無性, 이미 얻었거나(未得) 얻지 못한(已得) 모든 유정有情을 말하는 것이다.
"마음이 있으면 장래에 보리를 얻을 것이다."라고 하는 것은, (앞에서 말한 여러 경우) 가운데 '불성은 있지만 아직 그것을 얻지 못한 유정'을

논법이 완전무결한 것. 그러나 이러한 인因은 결국에는 입론자의 종宗을 성립시키는데 만족하지 못하므로 과過라 한다.

취하여 '마음이 있다.'고 한 것이다.

만일 '마음이 있는 일체는 장래에 (보리를) 얻을 것이다.'라고 한다면, 이미 보리를 얻은 사람도 장차 다시 (보리를) 얻어야 할 것인가? 그러므로 '마음이 있는 일체가 앞으로 (보리를) 얻을 것이다.'라는 뜻으로 말한 것은 아님을 알아야 한다.

또 '허공과 같아 일체중생은 똑같이 (불성이) 있다.'고 하는 말은 이치로서의 본성(理性)을 말하는 것이지 행으로서의 본성(行性)을 가리키는 것이 아니다.

또 (『열반경』에서) "일인一因이고, 일과一果이고, 내지 일체가 장래에 상락아정常樂我淨을 얻을 것이다."라고 설한 것은 부분적인 일체(少分一切)에 의거한 것이지 전체를 가리키는 일체(一切一切)에 의거해서 설한 것은 아니다. 이와 같이 모든 글들이 다 잘 통할 수 있다.

> 執有無性論者通曰。經言衆生悉有心者。汎擧一切有性無性未得已得諸有情也。凡其有心當得菩提者。於中簡取有性未得之有心也。設使一切有心皆當得者。已得菩提者。亦應當得耶。故知非謂一切有心皆當得也。又言猶如虛空一切同有者。是就理性。非說行性也。又說一因一果乃至一切當得常樂我淨者。是約少分一切。非說一切一切。如是諸文。皆得善通。

또 '법이法爾[33]이기 때문에 무성유정(無性)이 없다.'고 주장한다면 중생의 끝이 있게 된다.[34] 이것은 심각한 오류가 아닐 수 없다. 그렇게 되면 앞

---

33 법이法爾 : 본래 있는 그대로의 모습. 법으로서의 그 자체.
34 일체 중생에게 본래부터 불성이 있다고 한다면 마지막에는 모두 성불하게 되므로 중생은 끝나게 된다. 중생이 무진無盡인데 불성이 법이본유法爾本有라면 중생이 끝나게 되므로 법이본유라는 주장은 맞지 않게 된다. 여기에서는 법이본유가 빠질 수 있는 오류를 지적하고 있다.

에서 주장했던 '법이法爾이기 때문에 무성유정이 있다.'고 하는 입론立論이 오히려 오류가 없게 된다. 그러므로 이것은 결정상위과決定相違過와 유사하게 보이지만 실제로 상위과相違過로 성립되지 않음을 알아야 한다.

만일 어떤 사람이 다음과 같이 주장할 경우 ,

(종) 불은 습성濕性이 아니다.
(인) 본래 그렇기 때문이다.

또 다른 사람은 다음과 같이 주장할 수 있다.

(종) 불은 습성濕性이다.
(인) 본래 그렇기 때문이다.

이것은 결정상위과처럼 보이지만 실제로 이러한 오류는 없다. 화성火性은 뜨거운 성질이어서 실제로 습성을 가지고 있는 것은 아니기 때문이다. 무성유정無性有情의 도리 역시 이와 마찬가지이다.

> 又若立云。由法尒故無無性者。則衆生有盡。是爲大過。如前所立。由法尒故有無性者。則無是失。故知是似決定相違。而實不成相違過失。如有立言。火非濕性。由法尒故。又有立言。火是濕性。由法尒故。此似決定相違。而實無此過失。以火性是熱。實非濕故。無性有情。道理亦尒。

📮 만일 후자(유성론자)의 입장을 세운다면, 다음의 설을 어떻게 통하게 할 수 있는가. 예를 들어 『현양론』[35]에서 다음과 같이 말했다.

---

[35] 『顯揚聖教論』권20「攝勝決擇品」(T31, 581a).

왜 '현재세에서만 반열반법般涅槃法이 아니라고 하는가. 이치에 맞지 않기 때문이다.' 현재세에 비록 반열반법이 아니라 하더라도 나머지 생生에서 다시 전성轉成하여 반열반법이 된다고 말해서는 안 된다. 왜냐하면 (그것은) 반열반종성般涅槃種性이 없는 법이기 때문이다. 또 이 생生에서 먼저 순해탈분順解脫分[36]의 선근을 쌓았다면, 왜 반열반법이라고 하지 않는가. 만일 이 생生에서 (순해탈분 선근을) 전혀 쌓지 않았다면 어떻게 후생에서 반열반할 수 있다고 하겠는가. 이런 이유로 반열반종성이 아닌 유정은 확실히 있다.[37]

『유가론』 중에도 위와 같은 설이 있다.
또 만일 일체중생이 앞으로 다 부처가 된다면, 중생이 비록 많다고 하지만 반드시 끝남이 있을 것이다. 왜냐하면 성불하지 않을 중생이 없기 때문이다. 이렇게 되면 모든 부처의 이타利他 공덕도 모두 끝나게 된다.[38] 또 중생이 반드시 다함이 있다면 최후로 성불할 경우 교화해야 할 대상이 없게 될 것이다. 교화할 대상이 없기 때문에 이타행利他行을 할 수 없으니, 행이 없는 성불은 (있을 수 없으므로) 이치에 맞지 않는다.
또 '일체중생이 앞으로 다 성불한다.'고 말하면서 '중생은 끝이 없다.'고 하니, 이것은 자어상위自語相違의 과실이 된다. 영원히 (중생이) 끝나지 않는다는 것은 영원히 성불하지 못한다는 말이기 때문이다.

---

36 순해탈분順解脫分: 수도 계위 중 십지 이전의 삼현위를 말함. 해탈解脫은 열반涅槃을 가리키고, 분分은 인因을 뜻한다. 삼승의 삼현위는 열반에 순응하여 해탈하기 위한 인이 된다는 뜻으로 이렇게 말한다. 유식의 수도 오위 중 자량위에 해당된다.
37 『顯揚聖教論』 권20 「攝勝決擇品」(T31, 581a27-b4). 여기서는 현재에만 반열반할 수 없다는 설을 비판함으로써 무성유정이 있다는 것을 입증하고 있다.
38 일체 중생이 모두 성불하면 마지막에는 중생이 없게 된다. 이렇게 될 경우 중생은 다함이 없다는 가르침과 서로 어긋난다. 또 마지막 성불하는 사람은 교화할 대상이 없으니 이타행을 할 수 없다. 이타행 없이 성불한다는 것 또한 맞지 않는다.

또 한 부처가 한 회會에 백천만억百千萬億 중생을 제도하여 (그들이) 지금 열반에 들면, 중생계가 점점 줄어들 것이다. 점점 줄어듦이 있는데 끝남이 있는 것이 아니라면, 줄어드는데 끝남이 없다는 말은 이치에 맞지 않는다. 만일 줄어듦이 없다면 멸도滅度[39]도 없어야 한다. 멸도가 있는데 줄어듦이 없다면 이치에 맞지 않기 때문이다. 이와 같은 진퇴(의 논리)는 성립될 수 없으니, 같은 유례類例(동유)를 찾을 수 없기 때문이다. 따라서 그 의미 또한 성립되지 않는다.

問。若立後師義。是說云何通。如顯揚論云。云何唯現在世。非般涅槃法。不應理故。謂不應言於現在世[1)]雖非般涅槃法。於餘生中復可轉爲般涅槃法。何以故。無般涅槃種性法故。又若於此生。先已積集順解脫分善根。何故不名般涅槃法。若於此生都未積集。云何後生能般涅槃。是故〈卷上第十張〉定有非般涅槃種性有情。瑜伽論中。亦同此說。又若一切皆當作佛。則衆生雖多必有終盡。以無不成佛者故。是則諸佛利他功德亦盡。又若衆生必有盡者。寂後成佛則無所化。所化無故利他行闕。行闕成佛不應道理。又若說一切盡當作佛。而言衆生無永盡者。則爲自語相違過失。以永無盡者永不成佛故。又如一佛一會。能度百千萬億衆生。今入涅槃。於衆生界漸損。以不若有漸損。則有終盡。有損無盡。不應理故。若無損者。則無滅度。有滅無損。不應理故。如是進退。終不可立。無同類故。其義不成。

1) ㉠ '世'는 『顯揚聖敎論』 권20(T31, 581a28)에는 '生'으로 되어 있다.

(일체 중생에게 모두) 불성이 있다고 주장하는 사람은 다음과 같이 회통한다.
저 신론新論[40]에서는 '전에는 무성無性(불성이 없음)이었지만 후에 전환하

---

39 멸도滅度 : 열반의 다른 말.
40 신론新論은 앞서 나온 『顯揚聖敎論』을 말한다. "謂不應言於現在生雖非般涅槃法。於餘

여 유성有性(불성이 있음)이 된다.'는 주장을 논파하고 있다. 저 『논』의 글에서 "현재세에 반열반법이 아니라 하더라도 나머지 생生에서 다시 전성轉成하여 반열반법이 된다고 말해서는 안 된다."라고 하였기 때문이다. 지금 건립하고자 하는 '본래 유성有性이었다.'는 주장은 앞서 없었던 것이 후에 전성轉成한 것임을 말하는 것은 아니다. 그러므로 저 『논』에서 논파하는 데 빠져들지 않는다. 또 저 교의敎義가 무성無性을 주장하는 것은, 대승을 구하지 않는 마음을 돌리기 위하여 무량시無量時[41]에 의거하여 이렇게 설한 것이다. 밀의密意[42]로 설한 것이므로 서로 어긋나지 않는다.

> 執皆有性論者通曰。彼新論文。正破執於先來無性。而後轉成有性義者。如彼文言。謂不應言於現在世。雖非般涅槃法。於餘生中可轉爲般涅槃法故。今所立宗。本來有性。非謂先無而後轉成。故不墮於彼論所破。又彼敎意立無性者。爲欲廻轉不求大乘之心。依無量時而作是說。由是密意。故不相違。

그가 (이전의) 비판에 대해 반박하면서 "마음이 있는 일체가 앞으로 모두 (보리를) 얻는다고 했으니, 부처 또한 마음이 있으므로 또한 다시 (보리를) 얻어야 할 것이다."[43]라고 하였는데, 이 의미는 그런 것이 아니다. 저 경에서 스스로 (그것을) 간별하고 있기 때문이다. 저 『열반경』에서 "중생도 이와 같아서, 모두 다 마음이 있다. 마음이 있는 모든 중생은 앞으로

生中復可轉爲般涅槃法。何以故。無般涅槃種性法故。"
41 무량시無量時 : 전제前際와 후제後際에 다함이 없는 것을 가리킨다.
42 밀의密義 : 불법의 오의奧義는 깊고 은밀하기 때문에 이와 같이 말한다.
43 마음이 있는~할 것이다 : 이는 앞부분에서 "무성유정(無性)이 있다는 데 집착하는 논사가 회통하여 말한다."라고 한 단락 가운데, "만일 '마음이 있는 일체는 장래에 (보리를) 얻을 것이다.'라고 한다면, 이미 보리를 얻은 사람도 장차 다시 (보리를) 얻어야 할 것인가?"라는 부분이다.

보리를 얻을 것이다."⁴⁴라고 하였다. 부처는 중생이 아니니 어찌 뒤섞일 수 있겠는가.

> 彼救難云。一切有心皆當得者。佛亦有心亦應更得者。是義不然。以彼經中自簡別故。彼云。衆生亦尒悉皆有心。凡有心者當得菩提。佛非衆生。何得相濫。

또 그가 다시 비판하면서, '만일 (일체중생) 모두가 부처가 되면 (중생이) 다함이 있다.'⁴⁵고 했는데, 이러한 비판은 도리어 스스로 세운 무성無性의 주장으로 귀결된다. 왜냐하면 그대가 주장하는 대로 무성유정은 본래 법이종자法爾種子⁴⁶를 구족하고 있어서 미래가 다하도록 종자가 다하지 않을 것이기 때문이다.

내가 지금 그대에게 묻고자 하니, 그대의 뜻에 따라 대답하기 바란다. 이와 같은 종자는 일체가 다 앞으로 과果를 생한다고 해야 하는가, 아니면 과를 생하지 않는다고 말해야 하는가. 만일 과果를 생하지 않는 것이 있다고 말한다면 과를 생하지 않기 때문에 종자가 아니다. 그러나 일체가 모두 장래에 과를 생한다고 말한다면 종자가 아무리 많다 하더라도 마침내 없어질 것이다. 그것은 (일체 종자가) 과를 생하지 않음이 없기 때문이다.⁴⁷

만약 '일체 종자가 모두 과를 생한다 하더라도 종자가 무궁하기 때문에 끝남이 없다.'고 말하는 것이 자어상위과自語相違過에 떨어지지 않는다면,

---

44 『大般涅槃經』 권27 「師子吼菩薩品」(T12, 524c7-9).
45 만일 모두가~다함이 있다 : 이는 앞부분에서 무성론자가 했던 "또 '법이法爾이기 때문에 무성유정(無性)이 없다.'고 주장한다면 중생의 끝이 있게 된다."는 비판을 말한다.
46 법이종자法爾種子 : 본래부터 있는 종자를 말한다.
47 이것은 일체 종자가 과를 생하기 때문에 종자가 아무리 많아도 마침내 모두 과가 되니 결국 종자가 다하게 된다는 말이다.

'일체 중생이 모두 성불하지만 중생이 무변無邊이기 때문에 중생 또한 끝남이 없다.'고 하는 것을 믿고 받아들여야 할 것이다.[48]

다시 그대가 비판하기를, 멸滅이 있는데……없다면[49]……

又彼難云。若皆作佛必有盡者。是難還着自無性宗。何者。如汝宗說。無性有情。本來具有。法尒種子。窮未來際。種子無盡。我今問汝。隨汝意答。如是種子當言一切皆當生果。當言亦有不生果者。若言亦有不生果者。不生果故則非種子。若言一切皆當生果者。是則種子雖多必有終盡。以無不生果者故。若言雖一切種子皆當生果。而種子無窮故無終盡。而無自語相違過者。則應信受一切衆生皆當成佛。而衆生無邊故無終盡。又汝難云。有滅無……〈卷上第十六張〉……[1)]

1) ㉮ 이하는 해인사 사간장본寺刊藏本에는 결락되었다. 최범술 복원본이 『韓國佛敎全書』(H1, 840ac)에 실려 있으나 이 문장은 『二障義』의 마지막 부분(H1, 813c10-814a22)으로 확인되어 번역하지 않았다.

---

48 일체 중생이 모두 성불하면 중생이 다 없어진다. 그러나 중생은 무변無邊이다. 이 두 명제는 서로 다르다. 그러나 '일체 종자가 과果를 생生하더라도 중생은 다함이 없다.'고 하는 상반된 주장이 자어상위과自語相違過에 떨어지지 않는다면, 마찬가지로 일체 중생이 성불한다는 주장과 중생이 끝이 없다는 상반된 두 주장 역시 배치되지 않을 것임을 보여 주고 있다.

49 멸滅이 있는데……없다면 : 이는 앞서 '유성론자에 대한 질문' 가운데 제기된 내용이다. 그 부분은 다음과 같다. "또 한 부처가 한 회會에 백천만억百千萬億 중생을 제도하여 (그들이) 지금 열반에 들면, 중생계가 점점 줄어드는가? 점점 줄어듦이 있으면 끝남이 있다. 줄어드는데 끝남이 없다는 말은 이치에 맞지 않는다. 만일 줄어듦이 없다면 멸도滅度도 없어야 한다. 멸도(滅)가 있는데 줄어듦이 없다면 이치에 맞지 않기 때문이다."

찾아보기

대혜도경종요

각각위인실단各各爲人悉檀 / 70
간혜지乾慧地 / 44
견분見分 / 46
결사結使 / 40
관삼세제불삼매觀三世諸佛三昧 / 51
관소觀照 / 46
관조반야觀照般若 / 25, 29, 39, 46
『광백론廣百論』 / 34
『광찬반야바라밀光讚般若波羅蜜』 / 81
『금강반야金剛般若』 / 81
『금고경金鼓經』 / 63

난법煖法 / 44
네 가지 변재(四辯) / 25
네 가지 실단悉檀 / 69
논의사論議師 / 65

다섯 가지 눈(五眼) / 25

단견斷見 / 71
『대반야경』 / 34, 37
대원경지大圓鏡智 / 37
『대지도론』 / 32, 39, 45, 47, 49, 51, 55, 57, 62, 65~67, 79
대치실단對治悉檀 / 70
『대품반야경』 / 79
대혜도 / 64
독자부犢子部 / 74
돈교頓敎 / 77
등류과等流果 / 38

마하摩訶 / 49
『마하반야摩訶般若』 / 81
마하반야바라밀 / 28
『마하반야바라밀경』 / 27, 62, 65, 83
『마하반야바라밀경』 「아비발치품阿鞞跋致品(불퇴품不退品)」 / 80
명언훈습名言熏習 / 30
무간지옥 / 27
무루無漏 / 40
무분별지無分別智 / 43
무상교無相敎 / 77
무위無爲 / 41

무학無學 / 43
문자반야(文字波若) / 29
미륵 / 66

바라밀波羅蜜 / 49
반야般若 / 25, 49
『반야경』 / 79
법성法性 / 63
『법화경法華經』 / 79
변계소집자성遍計所執自性 / 30
『보성론寶性論』 / 35
부정관不淨觀 / 44
불가설장不可說藏 / 74
『불성론佛性論』 / 36, 37
비량比量 / 68

사견邪見 / 41
사념처四念處 / 44
사제교四諦敎 / 77
살바다종薩婆多宗 / 74
상견常見 / 71
상분相分 / 46
상제常啼 / 26
상주교常住敎 / 77
『석론釋論』 / 33
석제환인釋提桓因 / 67
『섭대승론攝大乘論』 / 36
『성자승만경聖者勝鬘經』 / 35

세계실단世界悉檀 / 70
세속제世俗諦 / 31
세제일법世第一法 / 44
수미산왕 / 65
『승만경勝鬘經』 / 35
승의勝義 / 30
승의제勝義諦 / 31
시기尸棄 / 67
실상반야實相般若 / 25, 29
실제實際 / 63
심불상응행온心不相應行蘊 / 75
십지十地 / 43

안반安般 / 44
억양교抑揚敎 / 77
여래장如來藏 / 34
여섯 가지 해석법(六種釋) / 56
여여如如 / 63
오역죄五逆罪 / 27
『유가사지론』 / 30
유루有漏 / 40
유위有爲 / 41
유재석有財釋 / 56, 64
유학有學 / 43
의주석依主釋 / 57, 64
의타기성依他起性 / 30, 31
의타기자성依他起自性 / 30
『이야경二夜經』 / 70
이제二諦 / 72
인법忍法 / 44
『인왕경仁王經』 / 81

일승교一乘敎 / 77
일체종지一切種智 / 39

천안天眼 / 52
『천왕문반야天王問般若』/ 81
초분연기품제일初分緣起品第一 / 28
초지初地 / 43

자증분自證分 / 46
장조범지長爪梵志 / 75
점교漸敎 / 77
정법頂法 / 44
정식淨識 / 37
제일의실단第一義悉檀 / 69, 70
제일의제第一義諦 / 32, 65
중생동분衆生同分 / 75
『중아함中阿含』「본말경本末經」/ 66
지업석持業釋 / 64

하천河天 / 27
『해심밀경解深密經』/ 78
『현식론顯識論』/ 36
『화엄경』/ 53, 54, 85
희론戱論 / 25

법화종요

가마라迦摩羅 / 153
결정성 / 119
구도九道 / 107
굴마라屈摩羅 / 153
근본법륜根本法輪 / 157
『금광명경』/ 116

내도內道 / 120

녹야원 / 110
능전能詮 / 151
『니건자경』「일승품」/ 121

『대법론』/ 163
『대비경』/ 121
『대운밀장경』/ 127
『대지도론』/ 142, 161, 162
도분道分 / 120
등류인等流因 / 146

ㅁ

마정 설법 / 131
명주明珠 / 159
묘법妙法 / 108, 149
『묘법연화경』 / 107
무생법인 / 144
무성유정 / 114, 120

ㅂ

방편교 / 134
백련화白蓮花 / 152
백우 / 110
「법사품」 / 133
법신法身 / 115
『법화경』 / 114, 155
『법화론』 / 123, 126, 161, 162
별교 / 142
『보성론』 / 161, 162
보신불報身佛 / 126
『보운경寶雲經』 / 114, 127
보인報因 / 146
「보탑품」 / 126
복분福分 / 120
『본승경』 / 131
『본업경』 / 121, 125
본유과本有果 / 124
분타리分陀利 / 152
불승佛乘 / 118
불요의不了義 법문인가 / 154
「비유품」 / 145

ㅅ

사생四生 / 107
살달마분다리수다라薩達摩分陀利修多羅 / 149
살바야薩婆若 / 130, 143
『살차니건자경』 / 115
삼과三果 / 146
삼교三敎 / 146
삼승 / 109
삼승교三乘敎 / 134
삼승인과 / 143
삼유三有 / 121
삼인三人 / 146
삼인三因 / 146
삼종법륜三種法輪 / 157
삼초三草 / 145
「상불경보살품」 / 119
상이 없는 법륜(無相法輪) / 155
상이 없는 최상의 법륜(無相無上法輪) / 155
상이 있는 법륜(有相法輪) / 154
섭말귀본 / 158
섭말귀본법륜攝末歸本法輪 / 157
성문종성 / 155
성품의 원인 / 119
소전所詮 / 151
『승만경』 / 160
시기과 / 124, 126
「신해품」 / 157
심진대해수조삼매深進大海水潮三昧 / 127

『아함경』 / 154
「안락행품」 / 159
「약초유품」 / 145
양의 수레 / 110
「여래수량품」 / 124
여래장如來藏 / 115
『열반경』 / 130
영축산 / 110
오승五乘 / 145
외도外道 / 120
요의了義 법문인가 / 154
『유가사지론』 / 163
육바라밀 / 143
의주석依主釋 / 134
이승二乘 / 108, 120
인승 / 145
일법계 / 115
일불승 / 142
일승一乘 / 109, 130
일승과 / 124
일승실상一乘實相 / 113
일승의 가르침 / 115, 117
일승의 결과 / 115
일승의 원인 / 115
일승의 이치 / 115

작용의 원인 / 119, 120
증상만 / 119
지말법륜枝末法輪 / 157
지업석持業釋 / 134

천승 / 145
천제闡提 / 161

타는 법(所乘法) / 113
타는 사람(能乘人) / 113
통교 / 142

한 맛(一味) / 118
한 모양(一相) / 118
『해심밀경』 / 155, 163, 165
「화성유품」 / 160
『화엄경』 / 128

화엄경소 제3권

각수의 법문 / 189
겁파刼波 / 177
겨자씨 / 178
교문敎門 / 179
구경지究竟智 / 194, 195
극미極微 / 177

남방 부처님 / 189

대방광불화엄大方廣佛華嚴 / 180
대방광불화엄경 / 181
덕수德首보살 / 193
돈교頓敎 / 179
돌피 / 178
동남방 부처님 / 194, 195
동방 부처님 / 186
뛰어난 능력 법문 / 201

머물 것 없고 얻을 것 없는 지혜(無住無得智)

/ 186
명지불明智佛 / 193
모든 중생을 이롭게 하는 법문 / 191
목수目首보살 / 194, 195

방장 / 178
범천의 소리 / 199
범천의 수행 / 199
범천의 지혜(梵天智) / 199
법수法首 / 197
보문普門 / 179
보수寶首보살 / 192
봉황새 / 179
부처의 움직이지 않는 모습(佛不動相) /
186
북방 부처님 / 191
빛이 나오는 곳 / 184
빛이 비추는 곳 / 184

사과四果 / 177
삼신三身 / 180
삼현三賢 / 180
상방의 부처님 / 201
서남방 부처님 / 195
서북방 부처님 / 197

세키스이인(石水院) / 204
쇠를 단련하는 것 같은 청정한 법문 / 192
수미산 / 178
신행信行 / 184
십불十佛 / 180
십성十聖 / 180

재수財首보살 / 191
지관止觀 / 184
지수智首보살 / 199
지혜의 불(智慧火) / 189
진수進首 / 195, 197

어두움을 물리치는 지혜의 등불 법문 / 199
「여래광명각품」 / 182
원한을 항복시키는 지혜(伏怨智) / 201
위엄과 덕을 갖춘 지혜(具威德智惠) / 191
유소득有所得 / 187
유수濡首(문수)보살 / 185
이승二乘 / 177

태허太虛 / 177

하방 부처님 / 199
하백河伯 / 179
현수賢首 / 201
현수보살 / 184

자재한 지혜의 방편(自在智方便) / 197

십문화쟁론

결정상위과決定相違過 / 238
결정상위決定相違의 과실 / 235
공空 / 226

『금고경金鼓經』 / 230

대종성大種性 / 235

찾아보기 • 251

동유同喩 / 226
동일한 감로甘露 / 234
동체대비同體大悲 / 235

무성유정(無性) / 235

반열반법般涅槃法 / 239
반열반종성般涅槃種性 / 239
법이法爾 / 237
법이종자法爾種子 / 242
변계소집상遍計所執相 / 228
부분적인 일체(少分一切) / 237
부정과不定過 / 226
비량比量 / 226, 230

사事 / 228
사구四句 / 225
상락아정常樂我淨 / 234, 237
상위과相違過 / 238
손감집損減執 / 225
신론新論 / 240
『십문론十門論』 / 224
『십문화쟁론十門和諍論』 / 224

원음圓音 / 224
유有 / 226
『유가론』 / 231
의타기상依他起相 / 229
일과一果 / 234
일미一味 / 234
일승一乘 / 234
일인一因 / 234

자어상위과自語相違過 / 242
전체를 가리키는 일체(一切一切) / 237
『중관론』 / 230
증익집增益執 / 225

평등법성平等法性 / 235

『현양론』 / 238
『혜도경慧度經』 / 230

원효 元曉
(617~686)

원효는 신라 진평왕 39년(617)에 경상북도 압량군押梁郡에서 태어났고 속성은 설薛씨이다. 대략 15세 전후에 출가한 것으로 전해진다. 특정 스승에게 의탁하지 않고 낭지朗智·혜공惠空·보덕普德 등의 여러 스승에게서 두루 배웠다. 학문적 성향도 또한 그러하여, 특정 경론이나 사상에 경도되지 않고 다양한 사상과 경론을 두루 학습하고 연구했다. 34세에 의상義湘과 함께, 현장玄奘에게 유식학을 배우기 위해 당나라로 떠났지만, 상황이 여의치 않아 중간에 되돌아왔다. 45세에 재시도를 감행했으나, 도중에 "마음이 모든 것의 근본이며 마음 밖에 어떤 법도 있지 않다."는 깨달음을 얻고 되돌아왔다. 이후 저술 활동에 전념하여 80여 부 200여 권의 저술이 있었던 것으로 전해지며, 현재 이 가운데 22부가 전해진다. 원효는 오롯이 출가자로서의 삶에 갇혀 있지 않고, 세간을 두루 돌아다니면서 대중과 하나가 되어 불교를 전파하면서, 그들을 교화하는 데 힘을 기울였다. 그의 삶과 사상은 진속일여眞俗一如·염정무이染淨無二·화쟁和諍 등으로 집약할 수 있다. 신문왕 6년(686) 혈사穴寺에서 입적하였다. 고려 숙종이 화쟁국사和諍國師라는 시호諡號를 내렸다.

| 대혜도경종요 |

옮긴이 성재헌

동국대학교 불교학과를 졸업하고 동국역경원에서 근무하였으며, 현재 『한국불교전서』 번역위원으로 활동하고 있다. 역주서에 『자비도량참법집해』, 『선학입문』, 『무경실중어록』, 『불조진심선격초』, 『허정집』, 『사경지험기』, 『선문오종강요』 등이 있다.

교감 및 증의
한명숙(동국대학교 불교학술원 교수)

| 법화종요 |

옮긴이 이기운

경희대학교 철학과와 동국대학교 불교학과를 졸업하고, 동국대 대학원에서 「法華三昧의 思想體系 연구」로 박사학위를 받았다. 현재 동국대학교 불교학술원 조교수로 재직 중이다.

교감 및 증의
박해당(동국대학교 불교학술원 전임연구원)

| 화엄경소 제3권 |

옮긴이 최원섭

동국대학교 불교학과를 졸업하고, 동대학원에서 「영상미디어의 불교 주제 구현 연구 : 의상 "일승법계도"에 의거한 인물형을 원용하여」로 박사학위를 받았다. 금강대학교 HK교수를 역임하고 현재 동국대학교 외래강사이다. 번역서에 『정선精選 원효』(공역)가 있다.

교감 및 증의
최연식(동국대학교 사학과 교수)

| 십문화쟁론 |

옮긴이 이정희

동국대학교 대학원에서 「원효의 실천수행관 연구」로 박사학위를 취득하고, 동국대학교 불교문화연구원의 교수로 재직하였다. 논문으로 「원효의 三性說을 통한 空有사상 종합」, 「『십문화쟁론』과 관련된 몇 가지 문제점」 등이 있다.

교감 및 증의
박보람(동국대학교 불교문화연구원 연구초빙교수)